CANTA,
POVO DE DEUS

CANTA, POVO DE DEUS

Edições Loyola

Preparação: Carolina Rubira
Capa: Ronaldo Hideo Inoue
 Composição da obra *Páscoa* (1994), painel de
 Cláudio Pastro (1948-2016), © Apostolado Litúrgico, SP,
 sobre detalhe da ilustração generativa de fundo
 de © Phatharaporn (© Adobe Stock).
Diagramação: Sowai Tam
 Aberturas internas de capítulos compostas por
 Ronaldo Hideo Inoue a partir da montagem da ilustração
 de © Arcady sobre detalhe da ilustração generativa de
 © Phatharaporn (© Adobe Stock).

Edições Loyola Jesuítas
Rua 1822 n° 341 – Ipiranga
04216-000 São Paulo, SP
T 55 11 3385 8500/8501, 2063 4275
editorial@loyola.com.br
vendas@loyola.com.br
www.loyola.com.br

Todos os direitos reservados. Nenhuma parte desta obra pode ser reproduzida ou transmitida por qualquer forma e/ou quaisquer meios (eletrônico ou mecânico, incluindo fotocópia e gravação) ou arquivada em qualquer sistema ou banco de dados sem permissão escrita da Editora.

ISBN 978-85-15-00961-9

11ª edição revista: 2024

© EDIÇÕES LOYOLA, São Paulo, Brasil, 1994

109743

SUMÁRIO

Apresentação da nova edição 7

MISSAS COMPLETAS

    Missa dos bem-aventurados 10
    Missa do Coração de Jesus 11
    Missa do Espírito Santo 12
    Missa Maria, Mãe da Igreja 14
    Missa Palavra que Liberta 16
    Missa Cristo chama 17
    Missa caminhar juntos 18
    Missa celebrando o clamor do povo 19
    Missa do advento 21
    Missa de Natal 22
    Missa da alegria 24
    Missa de Páscoa 25

CANTOS PARA A MISSA

    Cantos de entrada 28
    Ato Penitencial 57
    Hino de louvor 60
    Aclamação ao Evangelho 62
    Credo 69
    Respostas às preces 70
    Canto das Oferendas 70
    Santo 82
    Gesto de Paz 85
    Cordeiro de Deus 86
    Comunhão 88
    Cantos de despedida 105

CANTOS MARIANOS	111
REFRÕES	125
LOUVAÇÕES	129
DIVERSOS	135
ORAÇÕES EUCARÍSTICAS	201
ÍNDICE ALFABÉTICO	229
RELAÇÃO DE AUTORES	237

APRESENTAÇÃO DA NOVA EDIÇÃO

> "O canto é próprio de quem ama"
> Santo Agostinho
> (Sermo 336, 1: PL 38,1472)

Já se passaram quase trinta anos desde a primeira edição de *Canta Povo de Deus*, livro destinado a subsidiar o canto nas celebrações litúrgicas.

O conteúdo dessa primeira publicação foi resultado de um esforço coletivo, e os textos que foram apresentados naquela ocasião procuraram espelhar os princípios sabiamente estabelecidos pelo Concílio Vaticano II em sua Constituição conciliar dedicada à Sagrada Liturgia – a Constituição *Sacrosanctum Concilium* (SC), especialmente em seu capítulo VI, dedicado à "música sacra".

De fato, por meio do Concílio, pudemos aprender que a música sacra não é mero elemento decorativo, mas é efetivamente "*parte integrante* da liturgia", visando "a glória de Deus e a santificação dos fiéis" (cf. SC 112). Por meio do canto da assembleia litúrgica, realiza-se a epifania do mistério de Cristo e sua Igreja: as muitas vozes dos fiéis tornam-se *una vox*, isto é, a *voz única* do "cordeiro imolado" (cf. Ap 5,6.9ss e 19,1-8) que eleva um "cântico de louvor" agora repetido pela Igreja "na maravilhosa variedade de suas formas" (cf. São Paulo VI, Constituição Apostólica *Laudis Canticum*, introdução).

Esta reedição apresenta algumas novidades: houve a introdução de alguns cantos novos – considerados mais adequados para exprimir o mistério pascal em nossa hora atual – e a introdução da adequação às mais recentes mudanças havidas nos textos litúrgicos.

No mesmo espírito da famosa frase atribuída a Santo Agostinho, ou seja, "quem canta reza duas vezes" (cf. Santo Agostinho, *Enarratio in Psalmum*, 72, 1: CCL 39, 986 [PL 36, 914]), fazemos votos de que este livro possa continuar ajudando na animação da vida litúrgica de nossas comunidades e de nossos encontros; a fim de descobrirmos, cada vez mais, no canto litúrgico "a dimensão essencial e terminal de todo louvor: ser a expressão da entrega de nossas vidas em Cristo, pela causa do Reino, para a glória de Deus Pai (Fl 2,11)" (CNBB, *A música litúrgica no Brasil*, [Série Estudos, 79], 56.)

> Padre Eliomar Ribeiro, SJ
> Diretor Geral de Edições Loyola

Missa dos bem-aventurados

1 ENTRADA

1. A vida pra quem acredita,
   não é passageira ilusão,
   e a morte se torna bendita
   porque é nossa libertação.

**Nós cremos na vida eterna
e na feliz ressurreição,
quando de volta à casa paterna
com o pai os filhos se encontrarão.**

2. No céu não haverá tristeza,
   doença nem sombra de dor.
   E o prêmio da fé é a certeza
   de viver feliz com o Senhor.

3. O Cristo será, neste dia,
   a Luz que há de em todos brilhar.
   A Ele imortal melodia,
   os eleitos hão de entoar.

2 MEDITAÇÃO

**A certeza que vive em mim
é que um dia verei a Deus.
contemplá-lo com os olhos meus
é a felicidade sem fim.**

1. O sentido de todo viver,
   eu encontro na fé e no amor.
   Cada passo que eu der
   será buscando o meu Senhor.

2. Peregrinos nós somos aqui,
   construindo morada no céu.
   Quando Deus chamar a si
   quem foi na terra amigo seu.

3 OFERENDAS

**Os olhos jamais contemplaram,
ninguém sabe explicar
o que Deus tem preparado,
pra aquele que em vida o amar.**

1. As lutas, a dor e o sofrer,
   tão próprios à vida do ser,
   ninguém poderá comparar
   com a glória sem fim do céu.

2. Foi Cristo quem nos mereceu
   com a morte, a vida e o céu,
   e ainda se entrega por nós,
   como oferta constante ao Pai.

4 COMUNHÃO

**Todo aquele que crê em mim,
um dia ressurgirá
e comigo então se assentará
à mesa do banquete de meu pai.**

1. Aos justos reunidos neste dia
   o Cristo então dirá:
   Oh venham gozar as alegrias
   que meu Pai lhes preparou.

2. A fome muitas vezes me abateu,
   fraqueza eu senti.
   Vocês, dando o pão que era seu,
   mais ganharam para si.

3. E quando eu pedi um copo d'água,
   me deram com amor
   e mais consolaram minha mágoa
   ao me verem sofredor.

4. Eu lembro que também estive
   preso, terrível solidão.
   vocês aliviaram este peso,
   com a sua compreensão.

5. O frio me castigava sem piedade,
   não tinha o que vestir.
   Num gesto de amor e de bondade,
   vocês foram me acudir.

6. Amigos, esta fé é verdadeira
   que leva para o céu
   aquele que Deus a vida inteira,
   nos irmãos sempre acolheu.

5 FINAL

1. Felizes os que vivem a pobreza,
buscando em Deus a fonte de seus bens. Quem chora e sente fome
à sua mesa do pão e da Palavra
lá nos céus,
pois terão o seu lugar no céu
e para sempre eles verão a Deus.

2. Felizes os que sofrem injustiças
por causa da Palavra do Senhor.
E todos os que forem perseguidos
por construir o reino de amor.

3. Felizes os que têm misericórdia
e fazem só o bem a seu irmão.
E aqueles que semeiam no caminho
o amor e a paz em cada coração.

4. Felizes os que amam a Verdade
e têm os olhos claros como a luz.
Aquele que de Deus faz a vontade,
levando com amor a sua cruz.

Missa do Coração de Jesus

6 ENTRADA

1. Não sei se descobriste
a encantadora luz
no olhar da mãe feliz
que embala o novo ser:
nos braços leva alguém,
em forma de outro eu;
vivendo agora em dois,
se sente renascer.

**A mãe será capaz de se esquecer
ou deixar de amar
algum dos filhos que gerou?
E se existir acaso tal mulher,
Deus se lembrará de nós
em seu Amor.**

2. O amor de mãe recorda
o amor de nosso Deus:
tomou seu povo ao colo,
quis nos atrair.
Até a ingratidão
inflama seu amor:
um Deus apaixonado
busca a mim e a ti.

7 MEDITAÇÃO

**Sou bom pastor, ovelhas guardarei,
não tenho outro ofício, nem terei
quantas vidas eu tiver,
eu lhes darei.**

1. Maus pastores, num dia de sombra,
não cuidaram e o rebanho
se perdeu.
Vou sair pelo campo, reunir
o que é meu; conduzir e salvar.

2. Verdes prados e belas montanhas
hão de ver o pastor, rebanho
atrás. Junto a mim, as ovelhas
terão muita paz;
poderão descansar.

8 ACLAMAÇÃO

**Aleluia, aleluia,
como o Pai me amou,
assim também eu vos amei.
Aleluia, aleluia,
como estou no Pai,
permanecei em mim.**

Vós todos que sofreis, aflitos,
vinde a mim.
Repouso encontrarão
os vossos corações.
Dou graças a meu Pai que revelou
ao pobre, ao pequenino,
o seu grande amor.

9 OFERENDAS

1. Muito alegre eu te pedi
   o que era meu. Partir,
   um sonho tão normal.
   Dissipei meus bens,
   o coração também. No fim,
   meu mundo era irreal.

   **Confiei no teu amor e voltei.
   Sim, aqui é o meu lugar.
   Eu gastei teus bens, Ó Pai,
   e Te dou este pranto
   em minhas mãos.**

2. Mil amigos conheci,
   disseram adeus.
   Caiu a solidão em mim.
   Um patrão cruel
   levou-me a refletir: meu pai
   não trata um servo assim.

3. Nem deixaste-me falar
   da ingratidão;
   morreu, no abraço,
   o mal que eu fiz. Festa,
   roupa nova, o anel, sandália aos pés;
   voltei à vida sou feliz.

10 COMUNHÃO

**Procuro abrigo nos corações,
de porta em porta desejo entrar:
/:se alguém me acolhe com gratidão,
faremos juntos a refeição.:/**

1. Eu nasci pra caminhar assim.
   Dia e noite, vou até o fim.
   O meu rosto o forte sol queimou,
   meu cabelo o orvalho já molhou:
   Eu cumpro a ordem do meu coração...

2. Vou batendo até alguém abrir.
   Não descanso, o amor me faz seguir.
   É feliz quem ouve a minha voz
   e abre a porta; entro bem veloz:
   Eu cumpro a ordem do meu coração...

3. Junto à mesa vou sentar depois
   e faremos refeição, nós dois.
   Sentirá seu coração arder;
   e esta chama tenho de acender:
   Eu cumpro a ordem do meu coração...

4. Aqui dentro, o amor nos entretém;
   e, lá fora, o dia eterno vem.
   Finalmente nós seremos um
   e teremos tudo em comum:
   Eu cumpro a ordem do meu coração...

11 FINAL

1. Se um dia caíres no caminho,
   não digas nunca a teu pobre
   coração: "És mau e traidor;
   ingrato e desleal.
   Nem olhes mais para o céu;
   não tens perdão".

   **Rancor destrói um coração que errou.
   Melhor usar de mansidão e amor.**

2. Corrige teu coração ferido,
   dizendo: "Amigo, coragem,
   vamos lá. Tentemos outra vez,
   chegar até o fim.
   E Deus é bom,
   Ele vai nos ajudar".

Missa do Espírito Santo

12 ENTRADA

**Nós estamos aqui reunidos,
como estavam em Jerusalém,
pois só quando vivemos unidos
é que o Espírito Santo nos vem.**

1. Ninguém para este vento passando,
   ninguém vê, e ele sopra onde quer.
   Força igual tem o Espírito quando
   faz a Igreja de Cristo crescer.
2. Feita de homens a Igreja é divina
   pois o Espírito Santo a conduz,
   como um fogo que aquece e
   ilumina, que é pureza,
   que é vida, que é luz.
3. Sua imagem são línguas ardentes,
   pois o amor é comunicação;
   e é preciso que todas as gentes
   saibam quanto felizes serão.
4. Quando o Espírito espalma
   suas graças, faz dos povos
   um só coração.
   Cresce a Igreja onde todas
   as raças, um só Deus,
   um só Pai louvarão.

13 ACLAMAÇÃO

1. Aleluia, cantamos vibrando,
   ao ouvir o evangelho de pé.
   Fala o Espírito Santo a nós
   quando a Palavra acolhemos
   com fé.
2. Aleluia, aleluia, nós cremos,
   mas iremos nós crer muito mais.
   Pois se aqui sons e letras
   colhemos, luz e graça
   em nossas almas semeais.
   Aleluia, Aleluia.

14 OFERENDAS

**Pão e vinho, Pai, poremos
nesta mesa uma vez mais.
é um pouco do que temos,
pelo muito que nos dais.**

1. Vós nos dais Jesus, o Cristo,
   mas o Cristo o que nos faz?
   Vem morrer crucificado,
   para vir ressuscitado
   e nos dar a sua paz.
2. Vós nos dais o Vosso Filho,
   para ser o nosso irmão
   e para termos a verdade,
   só amor, fraternidade,
   Ele deu-nos o perdão.
3. Vosso Filho, Pai, nos destes
   para nosso Redentor,
   pra livrar-nos do egoísmo,
   Ele veio nos salvar.
4. Vosso Filho, Pai, fizestes
   ser do mundo a salvação.
   Mas Jesus, que nos quer tanto,
   pelo Espírito que é Santo,
   confiou-nos sua missão.

15 COMUNHÃO

1. Senhor, vem dar-nos Sabedoria
   que faz ver tudo como Deus quis.
   E assim faremos da eucaristia
   o grande meio de ser feliz.

**Dá-nos, Senhor, estes dons, essa luz,
e nós veremos que Pão é Jesus.**

2. Dá-nos, Senhor, o Entendimento,
   que tudo ajuda a compreender,
   para nós vermos como é alimento
   o pão e o vinho que Deus quer ser.
3. Senhor, vem dar-nos divina Ciência,
   que como o Eterno, faz ver sem véus.
   Tu vês por fora, Deus vê a essência;
   pensas que é pão, mas é nosso Deus.
4. Dá-nos, Senhor, o teu Conselho,
   que nos faz sábios para guiar.
   Homem, mulher, jovem e velho,
   nós guiaremos ao Santo Altar.
5. Senhor, vem dar-nos a Fortaleza,
   A santa força do coração
   Só quem vencer vai sentar-se
   à mesa, para quem luta,
   Deus quer ser pão.

6. Dá-nos, Senhor, filial Piedade,
a doce forma de amar, enfim.
Para que amemos quem, na verdade,
aqui amou-nos até o fim.

7. Dá-nos, enfim, Temor sublime,
de não amá-los como convém.
O Cristo-Hóstia, que nos redime,
o Pai celeste, que nos quer bem.

Missa Maria, Mãe da Igreja

16 ENTRADA

1. Protegida por uma mulher
nossa família vem cantar;
E a seu Pai,
a Jesus Redentor
e ao Espírito Santo
ela quer adorar.

**Sendo normal num lar,
Deus quer também
na Igreja uma figura de mulher
que proteja os cristãos.
Maria, virgem mãe, somos teus
filhos e somos irmãos.**

2. A missão da mulher é velar
discretamente pelos seus.
Quem cuidou de Jesus,
olha agora por nós:
a família dos filhos de Deus.

17 ACLAMAÇÃO

1. Alguém do povo exclama:
"Como é grande, ó Senhor,
quem te gerou e alimentou!"
Jesus responde: "ó Mulher,
pra mim é feliz
quem soube ouvir a voz de Deus
e tudo guardou."

/:Aleluia, aleluia,
aleluia, aleluia!:/

2. Nem todo o que me diz:
"Senhor, Senhor!" chega ao céu,
mas só quem obedece ao Pai.

Jesus, se a Igreja louva
a tua Mãe louva é a Ti.
E espera que a conduzas
pela estrada aonde vais.

18 OFERENDAS

1. Sobe a Jerusalém
Virgem oferente, sem igual.
Vai, apresenta ao Pai teu menino,
luz que chegou no Natal.
E junto à sua cruz, quando
Deus morrer, fica de pé.
Sim, Ele te salvou,
mas o ofereceste por nós
com toda fé.

2. Nós vamos renovar
este sacrifício de Jesus:
morte e ressurreição,
vida que brotou
de sua oferta na cruz.
Mãe, vem nos ensinar,
a fazer da vida uma oblação.
Culto agradável a Deus
é fazer a oferta
do próprio coração.

19 COMUNHÃO

1. Quando teu Pai revelou
o segredo a Maria, que pela força
do Espírito conceberia,
a ti Jesus ela não hesitou
logo em responder:
"Faça-se em mim, pobre serva,

o que a Deus aprouver!"
Hoje imitando Maria, que é
imagem da Igreja, nossa família
outra vez te recebe e deseja
cheia de fé, de esperança
de amor dizer "sim" a Deus.
Eis aqui os teus servos, Senhor.

**Que a graça de Deus
cresça em nós sem cessar.
E de Ti, nosso Pai, venha o Espírito Santo
pra gerar e formar Cristo em nós.**

2. Por um decreto do Pai
ela foi escolhida
para gerar-te, ó Jesus,
que és origem da vida.
Cheia do Espírito Santo,
no corpo e no coração,
foi quem melhor
cooperou com a tua missão.
Na comunhão recebemos
o Espírito Santo, e vem contigo,
Jesus, o teu Pai sacrossanto.
Vamos agora ajudar-te
no plano da salvação.
Eis aqui os teus servos, Senhor.

3. No coração de Maria,
no olhar doce e terno,
sempre tiveste na vida
um apoio materno. Desde Belém,
Nazaré, só viveu para te servir.
Quando morrias na cruz,
tua mãe estava ali.
Mãe amorosa da Igreja,
quer ser nosso auxílio:
reproduzir nos cristãos
as feições de seu Filho.
Como ela fez em Caná,
nos convida a te obedecer.
Eis aqui os teus servos, Senhor.

4. De outra mãe, a Igreja,
um dia nascemos. Pelo batismo,
tua vida imortal recebemos,
sendo fiel, conservou tuas
palavras e as transmitiu
a nós, seus filhos amados,
e a ti conduziu.
Vendo que os homens
têm fome de amor e verdade,
tantos são pobres
e fracos sem paz e amizade.
Deste à Igreja a missão
de gerar-te nos corações.
Eis aqui os teus servos, Senhor.

20 FINAL

1. És Maria, a Virgem que sabe ouvir
e acolher com fé
a santa palavra de Deus;
Dizes sim, e logo te tornas mãe
dás à luz depois o Cristo
que vem nos remir.

**Virgem que sabe ouvir
o que o Senhor te diz,
crendo gerastes quem te criou.
Ó Maria, tu és feliz.**

2. Contemplando o exemplo
que tu nos dás,
nossa Igreja escuta,
acolhe a Palavra com fé.
E anuncia a todos,
pois ela é o pão
que alimenta, é luz
que a sombra da história desfaz.

Missa Palavra que Liberta

21 ENTRADA

A Bíblia é a Palavra de Deus
semeada no meio do povo,
que cresceu, cresceu,
e nos transformou, ensinando-nos
viver um mundo novo.

1. Deus é bom, nos ensina a viver.
   Nos revela o caminho a seguir:
   só no amor partilhando seus dons,
   sua presença iremos sentir.

2. Somos povo, o povo de Deus,
   e formamos o Reino de irmãos.
   E a Palavra que é viva nos guia
   e alimenta a nossa união.

22 ACLAMAÇÃO

Aleluia! Aleluia!
   No princípio era a Palavra,
   e a Palavra se encarnou.
   E nós vimos sua glória,
   seu amor nos libertou.

23 OFERENDAS

1. Numa terra distante daqui,
   um povo buscava a sua libertação.
   Este povo era um povo de escravos
   já sem esperança no seu coração.

Deste povo surgiu um profeta,
de sua vida ao Senhor fez oferta.
/:Ao ouvir a palavra de Deus que é amor,
o seu povo libertou:/

2. Mas, aqui, neste chão, nossa
   terra, um povo sofrido eleva
   suas mãos. Fala alto o Senhor
   por suas vozes que clamam
   justiça e libertação.

Este povo também tem profeta,
de sua vida ao Senhor faz oferta:
/:escutando a palavra de Deus lhe chamar,
quer seu povo libertar.:/

24 COMUNHÃO

Feliz o homem que ama o Senhor
e segue seus mandamentos.
O seu coração é repleto de amor,
Deus mesmo é seu alimento.

1. Feliz o que anda na lei do Senhor
   e segue o caminho
   que Deus lhe indicou:
   terá recompensa no Reino do céu,
   porque muito amou.

2. Feliz quem se alegra em servir ao irmão,
   segundo os preceitos
   que Deus lhe ensinou:
   verá maravilhas de Deus,
   o Senhor, porque muito amou.

3. Feliz quem confia na força
   do bem, seguindo os caminhos
   da paz e o perdão:
   será acolhido nos braços do Pai,
   porque muito amou.

4. Feliz quem dá graças de bom
   coração e estende sua mão
   ao sem-voz e sem-vez,
   terá no banquete um lugar
   para si, porque muito amou.

Missa Cristo chama

25 ENTRADA

1. Como membro desta Igreja
peregrina, recebi de Jesus
Cristo uma missão:
de levar a Boa-nova a toda gente,
a verdade, a paz e o perdão.

**Envia, envia, Senhor,
operários para a messe.
Escuta, escuta esta prece.
Multidões te esperam, Senhor!**

2. Por caminhos tão difíceis,
muita gente vai andando
sem ter rumo e direção.
Não conhecem a verdade
do Evangelho que liberta
e dá força ao coração.

3. A missão nos acompanha dia a dia
na escola, no trabalho e no lar.
Precisamos ser no mundo
testemunhas pra que Deus
possa em nós se revelar.

26 ACLAMAÇÃO

**Vai, vai, vai,
Vai, irmão, evangelizar!
A semente da palavra
vai ao mundo anunciar!**

1. Se a semente cai na estrada,
é pisada, machucada,
e não poderá nascer.
Só no coração que ama,
a semente nasce e cresce
e dá frutos cem por um!

2. Se a semente cai nas pedras,
ela seca e morre logo
e não poderá nascer...
Só no coração que ama,
a semente nasce e cresce
e dá frutos cem por um!

3. A semente nos espinhos
sufocada é abafada
e não poderá crescer...
Só no coração que ama,
a semente nasce e cresce
e dá frutos cem por um!

4. A semente em terra boa
é quem ouve a Palavra
e se esforça em viver:
Só no coração que ama,
a semente nasce e cresce
e dá frutos cem por um!

27 OFERENDAS

1. A fé é compromisso
que é preciso repartir
em terras bem distantes
ou em nosso próprio lar.
Nós somos missionários;
eis a nossa vocação.
Jesus convida todos,
ai de mim se eu me calar.

**Nesta mesa, ó Senhor,
apresentamos pão e vinho,
dons da terra e do trabalho.
Pela Igreja missionária
vos louvamos. Vede a messe
que precisa de operários.**

2. Há muitos consagrados
anunciando sem temer,
e tantos perseguidos,
dando a vida pela fé.
Mas quem faz de sua vida
um sinal de comunhão,
também dá testemunho,
nos convida à conversão.

28 COMUNHÃO

1. Todos somos evangelizadores
com a missão de anunciar
a mensagem de Cristo entre
os irmãos e com gesto concreto
transformar.
Mas dentre nós sairá alguém
que este apelo de Cristo escutou:
tu deixas tua família e
tua terra. Vai mais distante
anunciar o meu amor!

**Vai em nome de Cristo,
sendo fiel à tua missão!
Continuaremos todos unidos,
alimentados com o mesmo pão.**

2. Partilhando nosso pão e
nossa vida, na igualdade
vamos caminhar ao encontro
de quem não encontrou
nesta vida motivos pra lutar.
Pois a injustiça que fere
este mundo fere também
o nosso coração. E libertar
os que estão oprimidos
é também compromisso do cristão.

3. Todos somos a família do Senhor,
o povo eleito por ele escolhido,
e em torno à sua mesa na união
com sua palavra e seu pão
temos vivido.
Mas muita gente ainda não
conhece a Boa-nova que
nos transformou em cidadãos
do Reino que o Pai para seus
filhos desde sempre preparou.

29 FINAL

1. Do coração nativo
desta América Latina
ao céu sobe um clamor
de um povo sofredor.

**É Deus quem ouve
os clamores do seu povo,
por isso nos invoca
a anunciar um mundo novo.**

2. Se o coração do homem
não se evangelizar
não muda muita coisa,
continua a escravizar.

3. Na construção do Reino
somos todos operários.
Sentai vossos tijolos
e tereis vossos salários.

Missa caminhar juntos

30 ENTRADA

**Juntos como irmãos,
membros da Igreja,
vamos caminhando
vamos caminhando
juntos como irmãos
ao encontro do Senhor.**

1. Somos povo que caminha
num deserto como outrora,
lado a lado, sempre unidos,
para a Terra prometida.

2. Na unidade caminhamos.
Foi Jesus quem nos uniu.
Nosso Deus hoje louvemos.
Seu amor nos reuniu.

3. A Igreja está em marcha.
A um mundo novo vamos nós,
onde reinará a paz,
onde reinará o amor.

31 ACLAMAÇÃO

1. Porque és, Senhor, o Caminho,
   que devemos nós seguir:

**Nós te damos hoje e sempre,
toda glória e louvor.**

2. Porque és, Senhor, a Verdade,
   que devemos aceitar:
3. Porque és, Senhor, plena Vida,
   que devemos nós viver:

32 OFERENDAS

**Sabes, Senhor,
o que temos é tão pouco pra dar.
Mas este pouco nós queremos
com os irmãos compartilhar.**

1. Queremos nesta hora,
   diante dos irmãos,
   comprometer a vida,
   buscando a união.
2. Sabemos que é difícil
   os bens compartilhar;
   mas com a tua graça,
   Senhor, queremos dar.
3. Olhando teu exemplo,
   Senhor, vamos seguir,
   fazendo o bem a todos,
   sem nada exigir.

33 COMUNHÃO

1. É bom estarmos juntos
   à mesa do Senhor.
   E unidos na alegria,
   partir o Pão do amor.

**Na vida caminha
quem come deste pão.
Não anda sozinho
quem vive em comunhão.**

2. Embora sendo muitos,
   é um o nosso Deus.
   Com ele vamos juntos
   seguindo os passos seus.
3. Formamos a Igreja,
   o Corpo do Senhor,
   que em nós o mundo veja
   a luz do seu amor.
4. Foi Deus quem deu outrora,
   ao povo o pão do céu;
   porém, nos dá agora
   o próprio Filho seu.
5. Será bem mais profundo
   o encontro, a comunhão,
   se formos para o mundo
   sinal de salvação.
6. A nossa Eucaristia
   ajude a sustentar
   quem quer no dia a dia
   o amor testemunhar.

Missa celebrando o clamor do povo

34 ENTRADA

1. Há todo um povo que se levanta
   É imenso o seu clamor.
   Tem um só grito preso à garganta,
   não engoliu sua dor.
   A sua luta o fez tão forte!
   Ganha até se perder.

/:**Deus é sua força, sua teimosia,
a razão de seu viver**:/

2. Há todo um povo que não tem nada,
   sua lei é repartir.
   Tem uma história pobre e calada,
   não interessa ouvir.

Sua bandeira é a esperança
presa nas duas mãos.

3. Hoje a alegria de fé tamanha
faz a celebração.
Diz que a vitória não é estranha
para quem deu as mãos.
Deus, neste povo, mostra o futuro,
tudo que vai nascer.

35 ACLAMAÇÃO

1. Bem feliz é o manso e o pobre;
vão a terra conquistar.
Mansamente, vai a fonte
grande rio se tornar.

Aleluia, aleluia!
liberdade chegará!
Pelas mãos de todo um povo
o evangelho falará!

2. Cresce o joio e cresce o trigo
numa mesma plantação.
O futuro mostra à gente
o que vai poder ser pão.

36 OFERENDAS

Pouco a pouco, lentamente,
faz-se o pão em nossas mãos.
Pão que é vida, pão que é gente
se tornando refeição.

1. Nosso passo faz estrada
se for numa direção.
Um só trigo não é nada,
só tem força em comunhão.

2. O teu Reino está pertinho,
nós queremos ter lugar!
Povo é copo pro teu vinho,
pode encher e transbordar.

3. Ofertamos nosso povo
que acredita em "devagar".
Tudo é lento; pra ser novo,
custa vida transformar!

37 COMUNHÃO

1. Se calarem a voz dos profetas
as pedras falarão.
Se fecharem uns poucos caminhos,
mil trilhas nascerão.
Muito tempo não dura a verdade
nestas margens estreitas demais.
Deus criou o infinito,
pra vida ser sempre mais!

É Jesus este pão de igualdade.
Viemos pra comungar
com a luta sofrida do povo
que quer ter voz, ter vez, lugar.
Comungar é tornar-se um perigo,
viemos pra incomodar.
Com a fé e união, nossos passos
um dia vão chegar.

2. O Espírito é vento incessante
que nada há de prender.
Ele sopra até no absurdo
que a gente não quer ver.
Muito tempo não dura a verdade
nestas margens estreitas demais.
Deus criou o infinito,
pra vida ser sempre mais!

3. No banquete da festa de
uns poucos, só rico se sentou.
Nosso Deus fica ao lado dos
pobres, colhendo o que sobrou.
Muito tempo não dura a verdade
nestas margens estreitas demais.
Deus criou o infinito,
pra vida ser sempre mais!

4. O poder tem raízes na areia,
o tempo o faz cair.
União é a rocha que o povo
usou pra construir.
Muito tempo não dura a verdade
nestas margens estreitas demais.
Deus criou o infinito,
pra vida ser sempre mais!

5. Toda luta verá o seu dia nascer
da escuridão. Ensaiamos a festa
e a alegria fazendo comunhão.
Muito tempo não dura a verdade
nestas margens estreitas demais.
Deus criou o infinito,
pra vida ser sempre mais!

38 FINAL

Somos povo, a promessa!
É possível sonhar!
É um rio que começa,
somos feitos pro mar.

1. Água derramada
não se recolhe mais.
Já não pode a fonte voltar atrás.
O poder não muda nada,
nem ninguém.
Vida sempre
empurra para mais além.

2. Um só fio é pouco,
é fácil arrebentar.
Mas a corda unida
pode arrastar.
Para dar ao mundo
outra direção,
só fazendo a vida ser mutirão.

Missa do advento

39 ENTRADA

1. Senhor, vem salvar teu povo
das trevas da escravidão.
Só tu és nossa esperança,
és nossa libertação.

/:Vem, Senhor! Vem nos salvar.
Com teu povo, vem caminhar!:/

2. Contigo o deserto é fértil,
a terra se abre em flor;
da rocha brota água viva,
da treva nasce esplendor.

3. Tu marchas à nossa frente,
és força, caminho e luz.
Vem logo salvar teu povo,
não tardes, Senhor Jesus!

40 ACLAMAÇÃO

Envia tua palavra,
palavra de salvação,
que vem trazer esperança
aos pobres, libertação.

1. Tua Palavra de vida
é como a chuva que cai,
que torna o solo fecundo
e faz nascer a semente.
É água viva da fonte,
que faz florir o deserto,
é uma luz no horizonte,
é novo caminho aberto.

2. Ela nos vem no silêncio,
no coração de quem crê,
no coração dos humildes,
que vivem por teu poder.
Aos fracos ela dá força,
aos pobres, sabedoria,
e se tornou nossa carne,
nasceu da Virgem Maria.

3. Vem visitar nossa terra,
ó Sol de um novo dia
que rasga a treva da noite
e todo mundo alumia.
Olha teu povo cativo,
tem pena de sua dor,
porque és nossa esperança,
és nosso Deus Salvador.

41 OFERENDAS

Pão e vinho apresentamos com louvor.
E pedimos o teu reino! Vem, Senhor!

1. Pão e vinho repartidos entre irmãos.
   São o laço da unidade do teu povo.
   Nossas vidas são também
   pequenos grãos, que contigo
   vão formar o homem novo.

2. Eis aqui a nossa luta,
   dia a dia, pra ganhar
   com o trabalho nosso pão.
   Mas Tu és o alimento da alegria,
   que nos pobres fortalece o coração.

3. Vem, Senhor, vem caminhar
   à nossa frente, vem conosco
   toda a terra transformar.
   E no mundo libertado e transparente,
   os irmãos à mesma mesa vão sentar.

42 COMUNHÃO

/:Vem, ó Senhor,
com o teu povo caminhar,
teu corpo e sangue,
vida e força vem nos dar:/

1. A Boa-nova proclamai com alegria.
   Deus vem a nós ele nos salva
   e nos recria. E o deserto
   vai florir e se alegrar.
   /:Da terra seca, flores,
   frutos vão brotar:/

2. Eis nosso Deus, e ele vem
   para salvar, com sua força
   vamos juntos caminhar e construir
   um mundo novo e libertado
   /:do egoísmo, da injustiça
   e do pecado:/

3. Uma voz clama no deserto
   com vigor:
   "Preparai hoje
   os caminhos do Senhor!"
   Tirai do mundo a violência
   e a ambição,
   /:que não nos deixam ver
   no outro nosso irmão:/

4. Distribuí os vossos bens
   com igualdade, fazei na terra
   germinar fraternidade.
   O Deus da vida marchará
   com o seu povo,
   /:e homens novos viverão
   num mundo novo:/

5. Vem, ó Senhor, ouve o clamor
   da tua gente, que luta e sofre,
   porém crê que estás presente.
   Não abandones os teus filhos,
   Deus fiel,
   /:porque teu nome é
   Deus-conosco: Emanuel:/

Missa de Natal

43 ENTRADA

Aleluia, aleluia!
Glória a Deus nos altos céus!
E na terra paz aos homens,
bem-amados filhos seus!

1. Da flor plantada na terra
   nasceu um fruto divino.
   Um filho foi concebido,
   o céu nos deu um menino.

2. O "sim" da Virgem Maria
   gerou a luz da esperança,
   e Deus o mundo recria
   na forma de uma criança.

3. Alegres como os pastores,
cantemos graças a Deus.
Seu Filho vem, como pobre,
unir a terra e os céus.

44 ENTRADA 2

1. Nas terras do Oriente
surgiu dos céus uma luz
/:que vem brilhar sobre o mundo
e para Deus nos conduz:/

**Nasceu Jesus salvador,
aleluia, aleluia!
É ele o Cristo Senhor,
aleluia, aleluia!**

2. Nasceu-nos hoje um Menino,
um Filho que nos foi dado.
/:É grande e tão pequenino,
Deus forte é Ele chamado:/

3. Cantai com muita alegria,
que grande amor Deus nos tem.
/:Pequeno, pobre, escondido
nasceu por nós em Belém:/

4. Os pobres, os pequeninos
que não têm vez e nem voz.
/:Agora têm companheiro,
jamais irão ficar sós:/

45 ACLAMAÇÃO

Uma grande alegria
Aleluia, Aleluia!

O anjo de Deus anuncia
Aleluia, Aleluia!

Nasceu hoje o Salvador
Aleluia, Aleluia!

Nosso irmão, nosso Senhor
Aleluia, Aleluia!

Aleluia, aleluia
Aleluia, Aleluia!

46 OFERENDAS

**Que poderemos ao Senhor apresentar
quando seu filho,
de presente, ele nos dá?**

1. O infinito do universo
e o sorriso das crianças
nossas lutas e alegrias,
nossas dores e esperanças.

2. Toda flor que desabrocha,
toda lágrima que cai.
O clamor dos pequeninos,
todo riso e todo ai.

3. Nossos campos que florescem,
o suor de nossas mãos
e o trabalho do operário
que do trigo faz o pão.

4. Nossas vinhas cultivadas
e cuidadas com carinho,
o labor do vinhateiro
que da uva faz o vinho.

5. Pão e vinho vão tornar-se
Corpo e Sangue do Senhor.
Nossa vida também seja
transformada em seu amor.

47 COMUNHÃO

**No presépio, pequenino,
Deus é hoje nosso irmão
e nos dá seu corpo e sangue
nesta santa comunhão.**

1. Para os homens que erravam
nas trevas, lá no céu
resplandece uma luz.
Hoje Deus visitou nossa terra
e nos deu o seu Filho Jesus.

2. Duma flor germinada na terra,
fecundada por sopro de Deus,
hoje um novo começo desponta
e se abraçam
a terra e os céus.

3. Boas-novas de grande alegria
   mensageiros do céu
   vêm cantar
   e aos pastores um anjo anuncia:
   "Deus nasceu em Belém de Judá".

4. Para nós nasceu hoje um menino;
   do seu povo Ele é Salvador.
   Glória a Deus no mais alto
   dos céus, paz aos homens,
   aos quais tanto amor!

5. Para os pobres e fracos
   da terra em Belém nasceu hoje
   um irmão. Ele humilha
   os soberbos e fortes e
   se faz dos pequenos o pão.

6. Poderosos e grandes da terra
   nem souberam da grande alegria,
   mas pastores e pobres
   vieram adorar ao Senhor,
   com Maria.

7. Hoje o mundo é de novo criado
   e a glória se espalha na terra.
   Como irmãos, homens todos
   uni-vos, destruí vossas
   armas de guerra.

8. Como irmãos, homens todos
   uni-vos, reparti vossos bens
   justamente, dai as mãos,
   construí mundo novo, porque
   Deus visitou sua gente!

Missa da alegria

48 ENTRADA

**Alegres vamos à casa do pai,
e na alegria cantar seu louvor.
Em sua casa, somos felizes:
participamos da ceia do amor.**

1. A alegria nos vem do Senhor.
   Seu amor nos conduz pela mão.
   Ele é luz que ilumina o seu povo.
   Com segurança lhe dá a salvação.

2. O Senhor nos concede os seus bens,
   nos convida à sua mesa sentar.
   E partilha conosco o seu Pão.
   Somos irmãos ao redor deste altar.

3. Voltarei sempre à casa do Pai.
   De meu Deus cantarei o louvor.
   Só será bem feliz uma vida que
   busca em Deus sua fonte de amor.

49 ACLAMAÇÃO

1. Vai falar no Evangelho
   Jesus Cristo, Aleluia!
   Sua Palavra é alimento,
   que dá vida, Aleluia!

**Glória a ti, Senhor,
toda graça e louvor! (Bis)**

2. A mensagem de alegria
   ouviremos, Aleluia!
   De Deus as maravilhas
   cantaremos, Aleluia!

50 OFERENDAS

**Com alegria, ofereço o meu
sacrifício, e vou cantando
e louvando o Senhor.**

1. És nossa força, és nossa vida.
   E por isso queremos louvar-te,
   ao teu nome elevar nossas mãos.

2. Feliz o povo que te procura
   caminhando à luz do teu rosto
   e buscando a verdade, o amor.

51 COMUNHÃO

**Somos felizes, os convidados
a celebrar esta ceia do Senhor.
Na alegria nós viveremos:
Deus se fez pão por amor.**

1. Quando de Deus me aproximo,
   meu coração se alegra.
   Ele faz bem à minh'alma;
   junto de Deus sinto paz.

2. És tu, Senhor, a alegria
   do povo que te procura.
   És a razão da esperança
   de quem confia em ti.

3. Um dia em tua casa
   toda uma vida ilumina.
   Tua morada é segura;
   nela queremos ficar.

4. Feliz quem mora contigo,
   nunca se encontra sozinho.
   Sabe escolher o caminho
   do bem, do amor e da paz.

5. Conserva em nós tua graça.
   Dá-nos viver teu amor.
   Para que aos homens levemos
   tua mensagem, Senhor.

Missa de Páscoa

52 ENTRADA

**Cristo ressuscitou, aleluia!
venceu a morte com amor.
Cristo ressuscitou, aleluia!
venceu a morte com amor,
aleluia!**

1. Tendo vencido a morte, o Senhor
   ficará para sempre entre nós,
   para manter viva a chama do amor
   que reside em cada cristão
   a caminho do Pai.

2. Tendo vencido a morte, o Senhor
   nos abriu horizonte feliz,
   pois nosso peregrinar pela face
   do mundo terá seu final lá
   na casa do Pai.

53 ACLAMAÇÃO

**Aleluia, Aleluia!
glória a ti, Deus e Senhor!
Aleluia, Aleluia!
povos todos, exultai!**

1. Eis o dia do Senhor,
   prometido a nossos pais!

2. A ti, luz que ressurgiste,
   mil hosanas triunfais!

54 OFERENDAS

**Eu creio num mundo novo,
pois Cristo ressuscitou!
Eu vejo sua luz no povo,
por isso, alegre sou.**

1. Em cada pequena oferta,
   na força da união,
   no pobre que se liberta,
   eu vejo ressurreição!

2. Na mão que foi estendida
   no dom da libertação,
   nascendo uma nova vida,
   eu vejo ressurreição!

3. Nas flores oferecidas
   e quando se dá perdão,
   nas dores compadecidas,
   eu vejo ressurreição!

4. Nos homens que estão unidos,
   com outros partindo o pão,
   nos fracos fortalecidos,
   eu vejo ressurreição!

5. Na fé dos que estão sofrendo,
   no riso do meu irmão,
   na hora em que está morrendo,
   eu vejo ressurreição!

55 COMUNHÃO

Cristo, nossa Páscoa,
foi imolado, aleluia!
Glória a Cristo, rei,
ressuscitado, aleluia!

1. Páscoa Sagrada!
   Ó festa de luz!
   Precisas despertar,
   Cristo vai te iluminar!

2. Páscoa Sagrada!
   Ó festa universal!
   No mundo renovado
   é Jesus glorificado.

3. Páscoa Sagrada!
   Vitória sem igual!
   A cruz foi exaltada,
   foi a morte derrotada.

4. Páscoa Sagrada!
   Ó noite batismal!
   De tuas águas puras
   nascem novas criaturas.

5. Páscoa Sagrada!
   Banquete do Senhor!
   Feliz a quem é dado ser
   às núpcias convidado!

6. Páscoa Sagrada!
   Cantemos ao Senhor!
   Vivamos a alegria,
   conquistada em meio à dor!

Cantos de entrada

56 EIS O TEMPO DE CONVERSÃO

Eis o tempo de conversão,
eis o dia da salvação.
Ao pai voltemos, juntos cantemos.
Eis o tempo de conversão.

1. Os caminhos do Senhor
são verdade, são amor.
Dirigi os passos meus;
em vós espero, ó Senhor!
Ele guia ao bom caminho
quem errou e quer voltar.
Ele é bom, fiel e justo;
Ele busca e vem salvar.

2. Viverei com o Senhor.
Ele é o meu sustento.
Eu confio mesmo quando
minha dor não mais aguento.
Tem valor aos olhos seus
meu sofrer e meu morrer.
Libertai o vosso servo
e fazei-o reviver!

3. A palavra do Senhor
é a luz do meu caminho;
ela é vida, é alegria;
vou guardá-la com carinho.
Sua lei, seu mandamento
é viver a caridade.
Caminhemos todos juntos,
construindo a unidade!

57 Ó PAI, SOMOS NÓS O POVO ELEITO

/:Ó pai, somos nós o povo eleito
que Cristo veio reunir.:/

1. Pra viver a sua vida, Aleluia!
O Senhor nos enviou, Aleluia!

2. Pra ser Igreja peregrina, Aleluia!
O Senhor nos enviou, Aleluia!

3. Pra anunciar o evangelho, Aleluia!
O Senhor nos enviou, Aleluia!

4. Pra servir na unidade, Aleluia!
O Senhor nos enviou, Aleluia!

5. Pra celebrar a sua glória, Aleluia!
O Senhor nos enviou, Aleluia!

6. Pra construir um mundo novo, Aleluia!
O Senhor nos enviou, Aleluia!

7. Pra caminhar na esperança, Aleluia!
O Senhor nos enviou, Aleluia!

8. Pra ser sinal de salvação, Aleluia!
O Senhor nos enviou, Aleluia!

58 ABRE, SENHOR, OS MEUS LÁBIOS

1. Abre, Senhor, os meus lábios,
pois quero entoar a canção
que vem da fonte da vida
e toma o meu coração.

Abre, Senhor, os meus lábios
e toma o meu coração.

2. Tu és rochedo que salva
nas águas do mar desta vida.
É teu o abismo profundo,
é tua a montanha infinita.

3. Tu és um Deus diferente,
que rompe, liberta e alivia.
Um coração mesmo duro,
tu o transformas num dia.

4. Hoje eu canto a alegria,
de estar com teu povo unido.
Sim, somos teus consagrados,
reunidos ao som deste hino.

5. Quando a vida se torna
deserto de dura aflição;
que nós possamos ouvir-te,
mostrando-nos a direção.

59 A GENTE TEM UM MUNDO

A gente tem um mundo
pra celebrar.
É Deus que está no fundo
deste meu cantar.

1. Aqui nos reunimos
   pra agradecer.
   A vida é um presente,
   nela eu posso crer.

2. Eu vim pedir perdão
   por te desconhecer.
   Agora, em cada irmão,
   eu vou te receber.

60 O ESPÍRITO DO SENHOR

O Espírito do Senhor
repousa sobre mim
o Espírito do Senhor
me escolheu, me enviou! (Bis)

1. Para dilatar
   o seu Reino entre as nações,
   para anunciar
   a Boa-nova a seus pobres.
   Para proclamar
   a alegria e a paz,
   Exulto de alegria em Deus,
   meu Salvador.

2. Para dilatar
   o seu Reino entre as nações,
   consolar os corações
   esmagados pela dor.
   Para proclamar
   sua graça e salvação,
   acolher quem sofre e chora,
   sem apoio e sem consolo.

3. Para dilatar
   o seu Reino entre as nações,
   Para anunciar
   libertação e salvação.
   Para anunciar
   seu amor e seu perdão,
   para celebrar
   a sua glória entre os povos.

61 POR SUA MORTE

1. Por sua morte a morte viu o fim,
   do sangue derramado
   a vida renasceu.
   Seu pé ferido nova estrada abriu
   e neste homem
   o homem enfim se descobriu.

**Meu coração me diz: "o amor me amou
e se entregou por mim".
Jesus ressuscitou!
Passou a escuridão, o sol nasceu.
a vida triunfou: Jesus Ressuscitou!**

2. Jesus me amou
   e se entregou por mim.
   Os homens todos podem
   o mesmo repetir.
   Não temeremos mais a morte
   e a dor, o coração humano
   em Cristo descansou.

62 SENHOR E CRIADOR

1. Senhor e Criador que és nosso Deus
   Vem inspirar estes filhos teus.
   Em nossos corações
   derrama a tua paz,
   e o mundo renovado
   ao mundo mostrarás.

2. Sentimos que tu és a nossa luz,
   fonte de amor, fogo abrasador.
   Por isso é que ao rezar
   em nome de Jesus, pedimos,
   nesta hora, os dons do teu amor.

3. Se temos algum bem, virtude ou dom,
   não vem de nós, vem do teu favor,
   pois que sem ti ninguém,
   ninguém pode ser bom, só tu
   podes criar a vida interior.

4. Infunde, pois, agora em todos nós,
que como irmãos, vamos refletir
a luz do teu saber
e a força do querer a fim de que
possamos juntos construir.

5. E juntos cantaremos sem cessar,
cantos de amor para te exaltar.
És Pai, és Filho e és Espírito de paz.
Por isso em nossa mente
tu sempre reinarás. Amém, Aleluia.

63 SIM, EU QUERO

**Sim, eu quero que a luz de Deus
que um dia em mim brilhou,
jamais se esconda, e não se
apague em mim o seu fulgor.
Sim, eu quero, que o meu amor
ajude o meu irmão a caminhar
guiado por tua mão, em tua lei,
em tua luz, Senhor.**

1. Esta terra, os astros, o sertão em paz,
esta flor e o pássaro
feliz que vês não
sentirão, não poderão
jamais viver esta vida
singular que Deus nos dá.

2. Em minh'alma cheia do
amor de Deus palpitando
a mesma vida divinal há
um resplendor secreto do
Infinito Ser, há um profundo
germinar de eternidade.

3. Quando eu sou um sol a
transmitir a luz, e meu ser
é templo onde habita Deus,
todo céu está presente
dentro em mim, envolvendo-me
na vida e no calor.

4. Esta vida nova, comunhão
com Deus no batismo aquele
dia eu recebi; vai aumentando,
sempre vai me transformando
até que Cristo
seja todo o meu viver.

64 SENHOR, SE TU ME CHAMAS

**Senhor, se tu me chamas
eu quero te ouvir.
Se queres que eu te siga.
respondo: eis-me aqui. (Bis)**

1. Profetas te ouviram e seguiram
tua voz; andaram mundo afora e
pregaram sem temor.
Seus passos tu firmaste
sustentando seu vigor.
Profeta tu me chamas:
Vê, Senhor, aqui estou.

2. Nos passos de teu Filho,
toda a Igreja também vai,
seguindo teu chamado de ser
santa qual Jesus.
Apóstolos e Mártires se deram
sem medir; apóstolo me chamas:
Vê, Senhor, estou aqui.

3. Os séculos passaram, não passou
porém tua voz, que chama ainda
hoje, que convida a te seguir.
Há homens e mulheres
que te amam mais que a si,
e dizem com firmeza:
Vê, Senhor, estou aqui.

65 SENHOR, QUEM ENTRARÁ

1. /:Senhor, quem entrará
no santuário pra te louvar?:/
/:Quem tem as mãos limpas
e o coração puro, quem não é
vaidoso e sabe amar.:/

2. /:Senhor, eu quero entrar
no santuário pra te louvar.:/
/:Ó, dá-me mãos limpas e um coração

puro; arranca a vaidade
e ensina-me a amar.:/

3. /:Senhor, já posso entrar
no santuário pra te louvar.:/
/:Teu sangue me lava, teu fogo
me queima, o Espírito Santo
inunda meu ser.:/

66 CRISTÃOS, VINDE TODOS

1. Cristãos, vinde todos,
com alegres cantos,
Ó, vinde, ó, vinde até Belém.
Vede nascido, vosso Rei eterno.

**Ó, vinde adoremos
Ó, vinde adoremos
Ó, vinde adoremos o Salvador.**

2. Humildes pastores deixam
seu rebanho e alegres acorrem
ao Rei do Céu. Nós, igualmente,
cheios de alegria.

3. O Deus invisível de eternal
grandeza, sob véus de humildade,
podemos ver. Deus pequenino,
Deus envolto em faixas.

4. Nasceu em pobreza,
Repousando em palhas,
O nosso afeto lhe vamos dar.
Tanto amou-nos!
Quem não há de amá-lo?

5. A estrela do Oriente conduziu
os Magos e a este Mistério
envolve em luz. Tal claridade,
também, seguiremos.

67 NATAL É VIDA QUE NASCE

**Natal é vida que nasce,
Natal é Cristo que vem.
Nós somos o seu presépio,
e a nossa casa é Belém.**

1. Deus se tornou
nossa grande esperança.
E, como criança, no mundo nasceu.
Por isso vamos abrir nossa porta;
a Cristo o que importa é conosco viver.

2. Ele assumiu nossa vida terrena.
Ao céu nos acena
com gesto de amor.
Veio a todos salvar igualmente.
Queria somente ser nosso Pastor.

3. Deus infinito aos homens se iguala.
E a todos só fala palavras de paz.
Quer ser o nosso irmão mais fraterno.
Do seu Reino eterno
herdeiros nos faz.

68 HOJE É DIA DA GENTE

1. Hoje é dia de a gente se encontrar,
hoje é dia de a gente resolver;
o Senhor no mundo quer morar,
o que é que vamos responder?

**É natal! É natal!
O menino Jesus já nasceu
É natal! É natal!
E no meio de nós quer viver.**

2. Ele outrora não encontrou lugar,
a cidade não tinha mais pensão;
não sabia que Ele vinha dar
vida e paz, amor e salvação.

3. Se o mundo é tão pequeno assim,
que não pode a Cristo hospedar,
nossa vida é dimensão sem fim,
e é nela que ele quer morar.

69 DIZEI AOS CATIVOS

Dizei aos cativos: "Saí!"
Aos que estão nas trevas:
"Vinde à luz!".
/:Caminhemos para as fontes,
é o Senhor quem nos conduz:/

1. Foi no tempo favorável que eu
   te ouvi, te escutei, no dia
   da salvação socorri-te e ajudei.
   E assim te guardarei, te farei
   Mediador d'Aliança com o povo,
   serás seu Libertador.

2. Não terão mais fome e sede
   nem o sol os queimará,
   O Senhor se compadece qual Pastor
   os guiará... Pelos montes,
   pelos vales passarão
   minhas estradas, e virão de toda
   parte e encontrarão pousada.

3. Céus e terra, alegrai-vos,
   animai-vos e cantai;
   O Senhor nos consolou, dos aflitos
   se lembrou! Poderia uma mulher
   de seu filho se esquecer?
   Inda qu'isso acontecesse,
   nunca iria te perder!

70 DAS ALTURAS ORVALHEM OS CÉUS

(Refrão 1)
**Das alturas orvalhem os céus
e as nuvens, que chovam justiça.
Que a terra se abra ao amor
e germine o Deus Salvador.**

(Refrão 2)
**Alegrai-vos, irmãos, no Senhor.
Sem cessar eu repito: alegrai-vos.
Veja o mundo a vossa bondade,
perto está o Senhor em verdade.**

1. Foste amigo, antigamente,
   desta terra que amaste,
   deste povo que escolheste,
   sua sorte melhoraste,
   perdoaste seus pecados,
   Tua raiva acalmaste.

2. Vem, de novo, restaurar-nos!
   Sempre irado estarás,
   indignado contra nós?
   E a vida, não darás?
   Salvação e alegria, outra vez,
   não nos trarás?

3. Escutemos suas palavras,
   é de paz que vai falar;
   Paz ao povo, a seus fiéis,
   a quem dele se achegar.
   Está perto a salvação
   e a glória vai voltar.

4. Eis: Amor, fidelidade
   vão unidos se encontrar.
   Bem assim, Justiça e Paz
   vão beijar-se e se abraçar.
   Vai brotar Fidelidade
   e Justiça se mostrar.

5. E virão os benefícios
   do Senhor a abençoar
   e os frutos de amor
   desta terra vão brotar,
   a Justiça diante dele
   e a Paz o seguirá.

6. Glória ao Pai onipotente,
   ao que vem, glória e amor.
   Ao Espírito cantemos:
   Glória a nosso Defensor!
   Ao Deus Uno e Trino demos
   a alegria do louvor.

71 COMO O SOL NASCE DA AURORA

(No início e no fim canta-se)
Como o sol nasce da aurora,
de Maria nascerá
Aquele que a terra seca
em jardim converterá.
Ó Belém, abre teus braços
ao Pastor que a ti virá.

**Emanuel, Deus conosco,
vem ao nosso mundo, vem!**

1. Ouve, ó Pastor do teu povo,
   vem do alto céu onde estás! (R)

2. Vem teu rebanho salvar,
mostra o amor que lhes tens! (R)
3. Salva e protege esta vinha,
foi tua mão que a plantou. (R)
4. Salva e confirma este Eleito,
Ele, que é nosso pastor! (R)

72 MARCHA DA IGREJA

- Reunidos em torno dos nossos pastores,
Nós iremos a ti!
- Professando todos a uma só voz,
Nós iremos a ti!
- Armados com a força que vem do Senhor,
- Sob o impulso do Espírito Santo.

Igreja santa, templo do Senhor
Glória a ti, Igreja santa,
Ó, cidade dos cristãos!
que teus filhos, hoje e sempre,
vivam todos como irmãos!

- Com nossos anseios e desejos:
Nós iremos a ti!
- Com nossas angústias e nossas alegrias,
- Com nossa fraqueza e nossa bondade,
- Com nossa riqueza e nossa carência,
- Curvados ao peso de nosso trabalho,
- Curvados ao peso de nosso pecado,
- Confiantes por sermos filhos de Deus,
- Confiantes por sermos os membros de Cristo.

73 BENDITO SEJA, SEJA O SENHOR

Bendito seja, seja o Senhor
aquele que vem salvar o seu povo
bendito seja, seja o Senhor
aquele que ama e liberta o seu povo.

1. Do cativeiro, o Senhor nos chamou
e a terra ofereceu.
Um povo unido em marcha se pôs
e a força do mal se rompeu.

2. Dos inimigos, as armas quebrou
e a força dos fracos dobrou.
Em nossa frente avança o Senhor,
vitória Ele nos confiou.

3. Sua presença certeza nos traz
de termos a terra e a paz.
Em Jesus Cristo a palavra cumpriu
e a vida cantou e sorriu.

4. Num sopro novo a injustiça venceu.
Em nós a esperança cresceu.
Sua mão bendita abate o opressor,
reúne os pequenos no amor.

5. Bendito seja o Deus criador.
Bendito Jesus Redentor.
Benditos pobres que vivem a união
na terra, livres, reinarão.

74 AQUI CHEGANDO, SENHOR

1. Aqui chegando, Senhor,
que poderemos te dar?
Um simples coração
e uma vontade de cantar.
Recebe o nosso louvor
e tua paz vem nos dar.

2. A tua graça, Senhor,
melhor que a vida será.
E o teu amor, em nós,
será manancial de água
boa a jorrar,
pra nossa sede estancar!

75 CRISTO RESSUSCITOU

Cristo ressuscitou,
o sertão se abriu em flor,
da pedra água saiu,
era noite o sol surgiu,
glória ao Senhor!

1. Vocês, que tristes 'stão,
que gemem sob a dor,
Na dor da sua paixão
Deus se irmanou!

2. Vocês, que pobres são,
que temem o opressor,
Por sua ressurreição
Deus nos livrou!

76 DEUS CHAMA A GENTE

1. Deus chama a gente
pra um momento novo,
de caminhar junto do seu povo.
É hora de transformar o que
não dá mais; sozinho, isolado,
ninguém é capaz.

**Por isso vem, entra na roda
com a gente também,
você é muito importante. (Bis) Vem!**

2. Não é possível crer
que tudo é fácil,
há muita força que produz
a morte, gerando dor, tristeza
e desolação.

É necessário unir o cordão.

3. A força que hoje faz
brotar a vida,
atua em nós pela sua graça.
É Deus quem nos convida
pra trabalhar, o amor repartir
e as forças juntar.

77 FELIZES OS POBRES REUNIDOS

**Felizes os pobres reunidos,
no reino do pai vão habitar.
Eu vi um novo céu e nova terra,
onde os que lutam vão morar.**

1. Cristo veio à terra pra todos
terem vida e quem nele crer
não se perderá.
Passa o céu, junto com a terra,
mas sua palavra não passará.

2. Feliz aquele que pede, que implora,
que sofre, que chora,
que vive cansado.

Não desanime, tenha alegria,
porque vem o dia de ser consolado.

3. Não sei pra que renome e nobreza,
ciência e riqueza, sem amor, sem crer.
A vida é um sonho, um véu de fumaça,
de repente passa, a gente não vê.

4. Cristo, ainda hoje, sofre em
nosso meio, porque ele veio
oposto ao nobre;
pois vemos a sua bem-aventurança,
encher de esperança o coração pobre.

78 Ó VINDE, ENFIM, ETERNO DEUS

1. Ó vinde, enfim, eterno Deus!
Descei, descei dos altos céus.
Deixai a vossa habitação,
que a terra espera a salvação.

2. Que o céu roreje o Redentor,
baixai das nuvens, ó Senhor!
germine a terra o nosso Deus,
pra que nos abra os altos céus.

3. Por que tardais, ó bom Jesus,
em rebrilhar na vossa luz?
Em treva densa o mundo jaz;
trazei a luz, o amor, a paz!

4. Ó vinde, enfim, Senhor, a nós!
Ressoe no mundo a vossa voz.
No mundo brilhe o vosso olhar.
Ó, vinde, enfim, sem demorar.

79 O SENHOR NECESSITOU DE BRAÇOS

**O Senhor necessitou de braços
para ajudar a ceifar a messe.
E eu ouvi seus apelos de amor,
então respondi:
Aqui estou, aqui estou.**

1. Eu vim para dizer,
que eu quero te seguir,
eu quero viver com muito
amor o que aprendi.

2. Eu vim para dizer,
que eu quero te ajudar,
que eu quero assumir
a tua cruz e carregar...

3. Eu vim para dizer,
que eu vou profetizar,
eu quero ouvir
a tua voz e propagar...

4. Eu vim para dizer,
que eu vou te acompanhar
e com meus irmãos
um mundo novo edificar...

80 COMO O RAIAR, RAIAR DO DIA

**Como o raiar, raiar do dia,
a tua luz surgirá
e minha glória te seguirá.**

1. Penitência que me agrada,
é livrar o oprimido das algemas
da injustiça, abrigar o desvalido,
repartir comida e roupa
com o faminto e maltrapilho.

2. Teus clamores ouvirei,
tuas chagas sararão, se expulsares
de tua terra toda vil escravidão,
se com pobres e famintos
dividires o teu pão.

3. Tua noite será clara
como um dia de verão,
te guiarei pelo deserto,
te darei da força o pão, teu jardim
florescerá, vivas fontes jorrarão.

4. Sobre antigos alicerces
reconstrói nova cidade,
se prezares o meu nome,
se meu dia respeitares,
se por mim deixas teus planos
acharás felicidade!

81 O SENHOR ME CHAMOU A VIVER

1. O Senhor me chamou a viver,
a viver a alegria do amor.
Foi teu amor quem nos fez conhecer
toda a alegria da vida, Senhor.

**Senhor da vida,
teu amor nos faz recomeçar.
Eu sei que a nossa vida
é vida perdida pra quem não amar.**

2. Nunca é longo demais o caminho
que nos leva ao encontro do amor.
Foi teu amor que nos fez descobrir
toda a alegria da vida, Senhor.

3. O Senhor nos chamou a viver,
a viver como irmãos simplesmente.
Foi teu amor que nos fez conhecer
que o próprio Deus vive a vida da gente.

82 QUANDO O ESPÍRITO DE DEUS SOPROU

1. Quando o Espírito de Deus soprou,
o mundo inteiro se iluminou.
A esperança da terra brotou,
e um povo novo deu-se as mãos e caminhou.

**Lutar e crer, vencer a dor,
louvar o criador.
Justiça e paz hão de reinar.
E viva o amor!**

2. Quando Jesus a terra visitou,
a Boa-nova da justiça anunciou.
O cego viu, o surdo escutou e os
oprimidos das correntes libertou.

3. Nosso poder está na união, o mundo
novo vem de Deus e dos irmãos.
Vamos lutando contra a divisão,
e preparando a festa da libertação!

4. Cidade e campo se transformarão,
jovens unidos na esperança gritarão.
A força nova é o poder do amor, nossa
fraqueza é a força em Deus libertador.

83 IRMÃO SOL, COM IRMÃ LUZ

1. Irmão sol, com irmã luz,
   trazendo o dia pela mão.
   Irmão céu, de intenso azul,
   a invadir o coração, aleluia!

   **Irmãos, minhas irmãs,
   vamos cantar nesta canção,
   pois renasceu mais uma vez
   a criação das mãos de Deus.
   Irmãos, minhas irmãs,
   vamos cantar, aleluia,
   aleluia, aleluia.**

2. Minha irmã terra, que ao pé
   dá segurança de chegar.
   Minha irmã planta, que está
   suavemente a respirar, aleluia!

3. Irmã flor, que mal se abriu,
   fala do amor que não tem fim.
   Água irmã, que nos refaz e sai do
   chão cantando assim: aleluia!

4. Passarinhos, meus irmãos,
   com mil canções a ir e vir.
   Homens todos, meus irmãos,
   que nossa voz se faça ouvir: aleluia!

84 O QUE ERA NOITE

**O que era noite tornou-se dia,
o que era trevas resplandeceu!
O que era morte tornou-se vida
porque há um Deus que hoje nasceu!**

1. Sobre a terra pesa a noite,
   sobre os pobres pesa a opressão,
   sobre os braços dos pequeninos
   Jesus, Deus menino, traz a redenção!
   Há mulher pequena e pobre
   respondendo sim ao amor.
   Há um homem buscando guarida,
   na terra ferida, nasce o Salvador!

2. Há pastores pelos campos,
   há esperança ainda no ar.
   Paz ao povo de boa vontade,
   justiça e verdade enfim vão reinar!
   Caminheiros vêm de longe.
   Uma estrela vem do céu.
   Confundindo a reis e tiranos
   se cumprem os planos benditos de Deus!

3. Entre o campo e a cidade,
   Entre a noite e o alvorecer,
   cantam o galo, os anjos e o povo:
   Deus, menino-novo,
   pra nós quis nascer!
   /:Aleluia! Aleluia! Aleluia!:/

85 VEM, SENHOR JESUS

**Vem, vem, Senhor Jesus, vem
Vem, bem-amado Senhor! (Bis)**

1. Vem nos libertar, vem nos salvar.
   A injustiça é grande, o inimigo é forte.
   Vem, vencedor da morte!

2. Corre bem depressa, vem nos ajudar.
   O dia passou, a noite escurece.
   Fica sempre com a gente.

86 TERRA TODA ACLAMAI AO SENHOR

**Terra toda, aclamai ao Senhor
pois a nós seu poder revelou! (Bis)**

1. Toda a terra viu com alegria,
   que a vitória de Deus tem seu dia.
   Do seu povo o Senhor se lembrou
   e cumpriu sua promessa com amor.

2. Pois justiça, direito é com Deus,
   Ele vem pra defender os seus.
   Glória ao Pai, pelo Filho, no Amor,
   ao que vem seja todo louvor.

87 Ó VEM, SENHOR

**Ó vem, Senhor, não tardes mais!
Vem saciar nossa sede de paz!**

1. Ó vem, como chega a brisa do vento
   trazendo aos pobres justiça e bom tempo.

2. Ó vem, como chega a chuva no chão
trazendo fartura de vida e de pão.
3. Ó vem, como chega a luz que faltou.
Só tua palavra nos salva, Senhor.
4. Ó vem, como chega a carta querida.
Bendito carteiro do reino da vida.
5. Ó vem, como chega o filho esperado
Caminha conosco, Jesus bem-amado.
6. Ó vem, como chega o libertador
Das mãos do inimigo, nos salva, Senhor.

88 CRISTO ESTÁ VIVO

Cristo está vivo, ressuscitou
da morte vencida vida nova brotou! (Bis)

1. A tristeza que foi companheira da gente
deu lugar à alegria: "O Senhor está vivo!"
Sua lei, sua paz vêm nos deixar contentes.
Glória demos ao Pai que liberta os cativos.
2. "Ide e anunciai", esta é a nossa missão:
Preparar mundo novo pra que haja mais vida.
Solidários na Cruz e na Ressurreição,
à vitória final o Senhor nos convida.
3. Alegria, aleluia! Alegria, aleluia!
Alegria, aleluia! O Senhor ressurgiu!
Alegria, aleluia! Alegria, aleluia!
Alegria, aleluia! O Senhor está vivo!

89 EIS A PROCISSÃO

1. Eis a procissão do Rei, nosso Deus,
ao seu santuário, seguido dos seus!
2. À frente cantores, atrás, tocadores,
no meio vão jovens tocando tambores.
3. Uni-vos em coros, a Deus bendizei,
vós, moços e idosos, cantai vosso Rei!
4. Ó Deus, manifesta teu grande poder,
ofertas e dons irás receber!
5. Reprime os ferozes, os fortes que exploram,
que oprimem teus pobres e a guerra promovem.
6. Do sul e do norte os povos se achegam,
humildes se dobram, a ti, Deus, adoram.
7. Cantai ao Senhor, ó reinos da terra,
ao Deus poderoso, que tudo governa!
8. Seu grande poder nos céus resplandece,
Ele é nosso Deus, quem nos fortalece!

90 VAMOS TODOS AO BANQUETE

Vamos todos ao banquete,
para a mesa da criação
Cada qual com seu tamborete
tem um posto e uma missão!

1. Hoje levanto bem cedinho,
já me espera a comunidade.
Vou subindo alegre o caminho,
vou em busca de sua amizade.
2. Deus convida a todos os pobres
a essa mesa comum pela fé,
onde não há aproveitadores
e a ninguém lhe falta com quê.
3. Deus nos manda fazer do mundo
uma mesa onde haja igualdade.
Trabalhando e lutando juntos,
partilhando a propriedade.

91 OI, QUE PRAZER, QUE ALEGRIA

/:Oi, que prazer, que alegria
o nosso encontro de irmãos!:/

1. /:É como um banho perfumado,
gostosa é nossa união!:/
2. /:Sereno da madrugada,
gostosa é nossa união!:/
3. /:Senhor, tu nos abençoas,
gostosa é nossa união!:/
4. /:É vida que dura sempre,
gostosa é nossa união!:/

92 VEJO A MULTIDÃO

**Vejo a multidão em vestes brancas
caminhando alegre, jubilosa,
é aclamação de todo povo
que Jesus é seu Senhor.**

1. Também estaremos nós um dia
   assim regenerados pelo amor.
   Nesta esperança viveremos,
   somos a família dos cristãos.
   Nossa lei é sempre o amor.

2. Povo que caminha rumo à pátria,
   a nova cidadela dos cristãos.
   Passos firmes, muita fé nos olhos,
   muito amor carregam, são irmãos.
   Nossa lei é sempre o amor.

3. Rumo à liberdade, decididos.
   Nem sequer se voltam para trás,
   muita violência se fizeram,
   alcançaram com denodo a paz.
   Nossa lei é sempre o amor.

4. Nós aqui estamos ansiosos,
   Celebrando o dia do Senhor.
   Não nos custa crer, pois afinal,
   unidos já estamos no amor.
   Nossa lei é sempre o amor.

93 LOUVAI AO SENHOR

1. Louvai ao Senhor,
   ó nações, louvai. (Bis)
   Povos do universo,
   a Deus glorificai! (Bis)

2. Seu amor por nós
   dura para sempre. (Bis)
   Sua fidelidade
   dura eternamente! (Bis)

3. Verdadeiramente
   ressurgiu Jesus. (Bis)
   Cantemos aleluia,
   resplandece a luz! (Bis)

4. Suba nosso incenso
   a vós, ó Senhor! (Bis)
   Esta vigília santa,
   oferta de louvor! (Bis)

5. Nossas mãos orantes
   para os céus subindo. (Bis)
   Cheguem como oferenda
   ao som deste hino! (Bis)

6. Aleluia, irmãos,
   vinde com fervor! (Bis)
   Cantemos com alegria:
   Cristo é o Senhor! (Bis)

94 ESTAMOS AQUI, SENHOR

1. Estamos aqui, Senhor,
   viemos de todo lugar.
   Trazendo o pouco do que
   somos pra nossa fé partilhar.

2. Trazendo o nosso louvor,
   um canto de alegria.
   Trazendo a nossa vontade
   de ver raiar um novo dia. (Bis)

3. Estamos aqui, Senhor,
   cercando esta mesa comum.
   Trazendo ideias diferentes,
   mas em Cristo somos um.

4. E quando sairmos daqui,
   nós vamos para voltar,
   Na força da esperança,
   e na coragem de lutar. (Bis)

95 VINDE, CRISTÃOS!

1. Vinde, cristãos, vinde à porfia.
   Hinos cantemos de louvor,
   hinos de paz e de alegria,
   hinos dos anjos do Senhor:

   Glória a Deus nas alturas! (Bis)

2. Foi nesta noite venturosa
   do nascimento do Senhor,

que anjos de voz harmoniosa
Deram a Deus o seu louvor.

3. Vinde juntar-vos aos pastores,
vinde com eles a Belém!
Vinde, correndo pressurosos;
o Salvador, enfim, nos vem!

96 O PASSARINHO ENCONTROU

O passarinho encontrou
agasalho pra seus pequeninos.
O teu altar, ó Senhor,
é abrigo pros teus peregrinos.

1. Como é boa a tua Casa,
como é bom morar contigo.
Por ti suspira a minh'alma,
meu coração, ó Deus vivo!

2. Bem felizes os que moram
no solar de tua Casa.
Os que em ti se apoiam
celebrarão tua graça!

3. Quando pisam terra seca,
fazem dela um jardim.
Passando, vão sempre fortes,
e chovem bênçãos sem fim!

4. Pois um dia em tua casa
vale mais que mil lá fora.
A conviver com perversos,
prefiro estar à tua porta!

97 FIQUEI FOI CONTENTE

Fiquei foi contente com o que me disseram:
A gente vai pra casa do Senhor! Mas eu fiquei...
Fiquei foi contente com o que me disseram:
A gente vai pra casa do Senhor!

1. Nossos passos já pisam teu chão,
ó cidade bem fortificada!
Para lá vai subindo a nação,
as tribos do Senhor.
Pois já virou tradição, pra celebrar,
pra celebrar o nome do Senhor!

2. Pois é lá que estão os tribunais,
tribunais da justiça do rei.
Venham todos e peçam a paz
para Jerusalém!
Vivam tranquilos demais os que te amam;
dentro de ti, segurança e todo o bem.

3. Por aqueles que são meus irmãos,
os amigos a quem quero bem,
"Paz contigo!" será meu refrão.
Por causa deste templo,
que do Senhor é mansão; do nosso Deus,
eu te desejo a paz e todo bem.

98 CELEBREMOS COM ALEGRIA

Celebremos com alegria
o dia em que Jesus nasceu,
pois os anjos também cantam:
"Glória in excelsis Deo!"

1. Vinte e cinco de dezembro,
meia noite deu sinal,
que nasceu Jesus em palha:
Hoje é noite de Natal!

2. Cristo veio à nossa terra,
mas o povo o rejeitou,
preferiu a fome, a guerra,
sua paz não aceitou.

3. Recusemos a injustiça
e o mal que ela nos traz.
Aceitemos Jesus Cristo,
que é Príncipe da Paz!

99 DEUS VOS SALVE, A CASA SANTA

1. Deus vos salve, a casa santa
Casa santa do Senhor.
Onde os pobres se reúnem,
na justiça e no amor.

2. Deus vos salve a terra livre,
Conquistada em união,
pra servir como morada
e produzir nosso pão.

3. Deus vos salve a santa ceia,
   celebrada entre os irmãos,
   no altar da liberdade,
   da partilha e comunhão.

4. Salve, ó salve o Deus da vida,
   vencedor da escravidão.
   O teu nome é alegria,
   luz, verdade, paz, perdão.

5. Deus vos salve a luz do dia,
   salve o sol e salve o mar
   Deus nos salve a estrela
   guia que na noite vem brilhar.

100 Ó QUE COISA BONITA

1. Ó que coisa bonita! (Bis)
   Deus Pai Libertador,
   criar negra cor.
   Ó que coisa bonita!

2. Ó que coisa bonita! (Bis)
   Jesus é nosso irmão,
   sem separação.

3. Ó que coisa bonita! (Bis)
   O Espírito, a fé, a força, o Axé.
   Ó que coisa bonita!

4. Ó que coisa bonita! (Bis)
   Mãe por Deus escolhida,
   negra Aparecida.
   Ó que coisa bonita!

5. Ó que coisa bonita! (Bis)
   Celebrar Deus da Vida,
   com festa e comida.
   Ó que coisa bonita!

6. Ó que coisa bonita! (Bis)
   Esta reza, esta missa,
   clamor de Justiça.
   Ó que coisa bonita!

101 VENCE A TRISTEZA

/:Vence a tristeza, enxuga o pranto, ó meu povo
vem cantar um canto novo, o Deus da vida
aqui está.:/

1. Quem ama a Deus
   e está unido ao seu irmão
   não há por que ficar
   com medo e sem saber...
   O que vai ser do mundo de amanhã?
   Quem da fome vai sobreviver
   Está em nós a luz do amor
   que vai vencer.

2. O pobre grita
   e o seu grito não é em vão.
   E cada esforço
   em nome dele vai valer.
   É por isso que vou a cantar.
   Deus amigo, me escuta e me vê.
   Semente boa está na terra
   e vai nascer.

3. Como é bonito, ó meu Deus,
   a terra, o mar,
   a flor, o pássaro,
   e uma mão plantando a paz.
   Tudo é nosso e nós somos irmãos.
   O futuro é a gente que faz.
   Deus é amor
   e quem amar sempre é capaz.

102 VEJAM QUE BELO

/:Vejam que belo,
como é tão bom!:/

1. Vejam com é bonito
   ter o povo reunido
   para fazer da terra
   novo mundo redimido.

2. Vejam que coisa boa,
   que perfume qual orvalho,
   quando se faz alegre
   a tristeza do trabalho.

3. Vejam que maravilha,
   nessa bênção que não passa,

quando o Senhor derrama
sobre nós a sua graça.

103 A NÓS DESCEI, DIVINA LUZ

A nós descei, divina luz!
A nós descei, divina luz!
Em nossas almas acendei
o amor, o amor de Jesus!
O amor, o amor de Jesus!

1. Vinde Santo Espírito e do céu mandai
luminoso raio!
Luminoso raio!
Vinde Pai dos pobres, doador dos dons,
luz dos corações!
Luz dos corações!
Grande Defensor, em nós habitai
e nos confortai!
E nos confortai!
Na fadiga pouso, no ardor brandura
e na dor ternura!
E na dor ternura!

2. Ó luz venturosa, divinais clarões
encham os corações!
Encham os corações!
Sem um tal poder, nada há no vivente,
nada há de inocente!
Nada há de inocente!
Lavai o impuro e regai o seco,
sarai o enfermo!
Sarai o enfermo!
Dobrai a dureza, aquecei o frio,
livrai do desvio!
Livrai do desvio!

3. Aos fiéis, que oram com vibrantes sons,
dai os sete dons!
Dai os sete dons!
Dai virtude e prêmio e no fim dos dias
eterna alegria!
Eterna alegria!

104 A NÓS DESCEI

A nós descei, divina luz!
A nós descei, divina luz!
/:Em nossas almas acendei
o amor, o amor de Jesus!:/

1. Vós sois a alma da Igreja,
vós sois a vida, sois o amor.
/:Vós sois a graça benfazeja
que nos irmana no Senhor.:/

2. Divino Espírito, descei!
Os corações vinde inflamar
/:e as nossas almas preparar
para o que Deus
nos quer falar.:/

105 VIMOS SUA ESTRELA

Vimos sua estrela no Oriente
e viemos adorar o rei da gente.

1. Onde foi que nasceu
o Rei dos Judeus?

2. Em Belém da Judeia,
conforme diz Miqueias.

3. No lugar da estrebaria,
se deteve a estrela-guia.

4. Encontraram com alegria
o Menino com Maria.

5. E abrindo os seus tesouros,
deram incenso, mirra e ouro.

6. Glória ao Pai e ao Menino
e ao Espírito Divino.

106 DENTRO DE MIM

1. Dentro de mim existe uma luz
que me mostra por onde
deverei andar.
Dentro de mim também mora Jesus
que me ensina a buscar
o seu jeito de amar.

/:Minha luz é Jesus, e Jesus me conduz
pelos caminhos da Paz.:/

2. Dentro de mim existe um farol
que me mostra por onde
deverei remar.
Dentro de mim
Jesus Cristo é o Sol
que me ensina
o seu jeito de sonhar.

3. Dentro de mim existe um amor
que me faz entender o meu irmão.
Dentro de mim
Jesus Cristo é o calor
que aqueceu pra valer
meu coração.

107 EU VIM PRA CELEBRAR

1. Eu vim pra celebrar
a vida e cantar
bem junto de Ti.
O que eu estou vivendo
é Deus acontecendo,
é gesto de amor.
O tempo faz crescer
e tudo o que eu viver
é só esperar.
Eu vim pra caminhar
bem junto de Ti.

2. Eu vim para alegrar,
é tempo de ficar
bem junto de Ti.
E todos aproveitam,
de amor se enfeitam
pra ser feliz.
Eu vou cantar somente
amor pra toda gente
se encontrar.
Com todos vou ficar
bem junto de Ti.

3. Eu vim pra descobrir
o céu e repartir
bem junto de Ti.
Do povo eu faço parte
e venho aqui buscar-te
pra construir.
O amor já nos chamou
e a gente se lançou
em busca da paz.
Eu vim aqui
pois ele está
bem junto a Ti.

4. Eu vim para abraçar
a todos que encontrar
bem junto de Ti.
O céu já começou
e com sorriso vou
lutar pra viver.
É Deus a minha festa,
e quero todos
nesta dança feliz.
Eu quero sempre
todos juntos de Ti.

108 NAÇÕES DA TERRA

1. Nações da Terra, louvai
as maravilhas do Senhor.
Agradecei...
Prostrai-vos ante o trono
do Senhor, do nosso Deus!

**Louvai em coro alegre,
em vozes fortes,
com instrumentos, louvai!
Cantai, se o sol aquece,
se a chuva desce,
por toda a vida,
louvai, louvai!**

2. Igreja viva do Pai,
povo escolhido,
povo amado por seu Deus,
na cruz redimido
pelo sangue do Senhor.

109 POVO QUE ÉS PEREGRINO

1. /:Povo que és peregrino
em busca da salvação:/
/:ergue teus olhos ao alto,
vê tua libertação! :/

2. /:A terra que te prometo,
ei-la a manar leite e mel!:/
/:Lembra-te disso, meu povo,
minha promessa é fiel!:/

3. /:Atravessando o deserto,
faz da tua sede esperança.:/
/:Vence o cansaço, a fadiga,
grande será tua herança!:/

4. /:Se a noite for prolongada
e não houver mais luar,:/
/:pensa que são como estrelas
os passos do teu andar!:/

5. /:Povo que tens como guia
Cristo que ressuscitou:/
/:rompe as correntes do medo,
novo sol já despontou!:/

110 EU OLHEI PRO CÉU

1. Eu olhei pro céu.
Eu olhei pro céu.
Eu vi uma flor.
Eu vi uma flor.
Era o eterno Amor.
Era o eterno Amor.
O Espírito Santo.
O Espírito Santo.

**O Espírito Santo era o eterno amor.
Eu olhei pro céu eu vi uma flor.
O-lê-lê-o, o-lê-lê-á, o-lê-lê-ô, o-lê-lê-á.
O-lê-lê-o, o-lê-lê-á, o-lê-lê-ô, o-lê-lê-á.**

2. Eu olhei pro céu e vi uma estrela.
Oi que coisa bela, é Jesus que vem.
**É Jesus que vem, oi que coisa bela.
Eu olhei pro céu, eu vi uma estrela.
O-lê-lê-ô...**

3. Eu olhei pro céu, eu vi um jasmim.
É louvar sem fim, pra Deus nosso Pai.
**Pra Deus nosso Pai, é louvor sem fim.
Eu olhei pro céu, vi um jasmim.
O-lê-lê-ô...**

4. Ao Espírito Santo e a Jesus que vem,
glória sempre Amém a Deus nosso Pai.
**A Deus nosso Pai, glória sempre, Amém.
Ao Espírito Santo e a Jesus que vem.
O-lê-lê-ô...**

111 HOJE UMA LUZ BRILHOU

**Hoje uma luz brilhou,
grande alegria nos traz,
canta meu povo,
canta ao Senhor,
Jesus chegou, trazendo a paz.**

1. Ao mundo desunido Jesus mostrou,
que a paz se encontra, plantando amor.
Surgiu a luz do alto na escuridão,
trazendo a todos a salvação.
A vida em plenitude desceu do céu,
e nós vivemos no amor de Deus.
E agora proclamamos em alta voz:
o Deus da vida vive entre nós!

112 TODA A BÍBLIA É COMUNICAÇÃO

**Toda a Bíblia é comunicação
de um Deus amor, de um Deus irmão.
É feliz quem crê na revelação,
quem tem Deus no coração.**

1. Jesus Cristo é a palavra,
pura Imagem de Deus Pai.
Ele é vida e verdade,
a suprema caridade.

2. Os profetas sempre mostram
a vontade do Senhor.
Precisamos ser profetas,
para o mundo ser melhor.

3. Nossa fé se fundamenta
na palavra dos apóstolos.
João, Mateus, Lucas e Marcos,
transmitiram esta fé.

4. Vinde a nós, ó Santo Espírito,
vinde nos iluminar.
A palavra que nos salva
nós queremos conservar.

113 ALELUIA, BATEI PALMAS

Aleluia!
Batei palmas, povos todos!
Cantai músicas alegres, aleluia!
Aleluia!
Deus é grande e poderoso,
pois governa o mundo inteiro,
Aleluia!

1. Nos mandou levar a todos
a mensagem do amor.
Ele fez sua Aliança
com o povo, que escolheu!

2. O Senhor é vencedor,
triunfante sobre o céu.
Ele é Rei de toda a terra,
cantai hino de vitória!

3. Deus domina o mundo inteiro,
assentado no seu trono.
Reuniu os povos todos:
todos são povo de Deus!

114 Ó QUANTO É BOM O BOM DEUS

1. Ó quanto é bom o bom Deus,
ternura e compaixão!
Ó quanto é bom o bom Deus!
Nos guia pela mão!

Um clarão se fez pra nós: amor!
Um caminho se abriu.
Nossos passos vão à luz do sol,
a bondade nos sorriu.

2. Vamos cantar para olhar de frente
para o irmão. O essencial é buscar
fraterna união.

3. Ó quanto é bom o bom Deus,
queremos proclamar! Vamos lutar
por saber: o amor irá vencer.

115 UM DIA ESCUTEI TEU CHAMADO

1. Um dia escutei teu chamado,
divino recado batendo no coração.
Deixei deste mundo as promessas
e fui bem depressa
no rumo de tua mão.

Tu és a razão da jornada,
tu és minha estrada,
meu guia e meu fim.
No grito que vem do meu povo
te escuto de novo chamando por mim.

2. Os anos passaram ligeiro,
me fiz um obreiro
do reino de Paz e Amor.
Os mares do mundo navego
e às redes me entrego,
tornei-me teu pescador.

3. Embora tão fraco e pequeno,
caminho sereno
com a força que vem de ti.
A cada momento que passa
revivo esta graça,
serei teu sinal aqui.

116 ANTES QUE TE FORMASSES

1. Antes que te formasses
dentro do seio de tua mãe.
Antes que tu nascesses,
te conhecia e te consagrei.
Para ser meu profeta
entre as nações eu te escolhi.
Irás onde enviar-te
e o que eu mando proclamarás.

Tenho de andar, tenho de arriscar.
Ai de mim se não o faço.
Como escapar de ti? Como calar,
se tua voz arde em meu peito?
Tenho de andar, tenho de lutar,
Ai de mim se não o faço.
Como escapar de ti? Como calar,
se tua voz arde em meu peito?

2. Não temas arriscar-te
porque contigo eu estarei.
Não temas anunciar-me,
em tua boca eu falarei.
Entrego-te meu povo,
vai arrancar e derrubar.
Para edificares,
destruirás e plantarás.

3. Deixa os teus irmãos,
deixa teu pai e tua mãe.
Deixa a tua casa,
porque a terra gritando está.
Nada tragas contigo,
pois a teu lado eu estarei.
É hora de lutar, porque meu povo
sofrendo está.

117 DERRAMA, DEUS, TEU ESPÍRITO

1. Derrama, Deus, teu Espírito
sobre os jovens, sobre os velhos,
sobre os homens e as mulheres
do Norte ao Sul deste mundo.

**Derrama, Deus, teu Espírito
Sobre os jovens e sobre os velhos!
Derrama, Deus, teu Espírito
dentro do coração do homem!**

2. Senhor, que venha o teu fogo suave
e penetre os corações,
em cada boca que fala,
nos olhos, nas mãos dos homens.

3. Envia, Cristo, o teu Sopro Santo
aos que creem e aos que não creem,
ao que ama e ao que duvida
e sobre aquele que é só.

4. Inflama, Deus, com teu Fogo-Amor
nossas palavras humanas,
nosso canto, nossa língua
e também nossos silêncios.

5. Envia, Deus, teu Espírito
aos que fazem o futuro,
aos que a vida preservam
e também criam a beleza.

6. Derrama, Deus, teu Espírito
sobre as casas e as cidades,
sobre as águas, sobre os campos
e sobre tudo o que vive.

118 HÁ MISTÉRIO NAS ÁGUAS, POR ISTO

**Há mistério nas águas por isto:
vida e morte elas trazem no fundo.
E era assim que na morte do Cristo
escondias a vida do mundo! (Bis)**

1. Vossa bênção, Senhor, redentora
para as águas da chuva e do mar,
na enxurrada vi flor ir embora...
E já vi tanta onda matar.

2. Vossa bênção, Senhor, à pureza
dessas fontes que brotam do chão,
água-irmã que nos limpa e embeleza
e entre as pedras parece oração.

119 SENHOR, QUE QUERES QUE EU FAÇA?

**Senhor, que queres que eu faça?
Senhor, que queres de mim?
Mostra-me os teus caminhos!
Senhor, que queres de mim?**

1. Eu quero tua mão se abrindo,
teu rosto sorrindo
pedindo perdão.
Eu quero tua vida
sorrindo e nunca
exigindo amor, gratidão.

2. Eu quero justiça, bondade,
   amor e igualdade
   paz e comunhão
   Eu quero meu povo eleito
   buscando seu jeito de libertação.

3. Eu quero que venhas a mim
   no meu céu sem fim
   onde tudo é novo.
   Não quero que chegues sozinho
   no mesmo caminho
   vem vindo meu povo.

120 UM POUCO ALÉM DO PRESENTE

1. Um pouco além do presente,
   alegre o futuro anuncia
   a fuga das sombras da noite,
   a luz de um bem novo dia.

   **Venha teu reino, Senhor,
   A festa da vida recria
   /:A nossa espera e ardor,
   transforma em plena alegria:/
   aê, êa, aê, aê, aê...**

2. Botão de esperança se abre,
   prenúncio da flor que se faz.
   Promessa de tua presença
   que vida abundante nos traz.

3. Saudade da terra sem males,
   do Éden de plumas e flores,
   da paz e justiça imanadas,
   num mundo sem ódio nem dores.

4. Saudade de um mundo sem guerras,
   anelos de paz e inocência.
   De corpos e mãos que se encontram
   sem armas, sem morte, violência.

5. Saudade de um mundo sem donos,
   ausência de fortes e fracos
   derrota de todo sistema que
   cria palácios, barracos.

6. Já temos preciosa semente,
   penhor do teu Reino agora

   futuro ilumina o presente,
   tu vens e virás sem demora.

121 LOUVAI O CRIADOR

**Louvai, louvai,
Louvai o Criador!
Cantai, cantai
Cantai a Deus que é nosso Pai!**

1. Cantai salmos de alegria,
   cantai salmos de gratidão,
   cantai salmos de louvor,
   ao Deus que é Pai
   e nosso irmão.

2. Louvai, homens,
   terra inteira!
   Louvai com todo fervor.
   Louvai a Deus que é somente
   misericórdia e amor.

3. Louvando e sempre cantando,
   caminhando em direção
   ao Deus que nos acompanha
   para o encontro com o irmão.

122 A BANDEIRA DO DIVINO

1. Os devotos do Divino
   vão abrir sua morada,
   pra Bandeira do Menino
   ser bem-vinda, ser louvada.

2. Deus vos salve este devoto
   pela esmola em vosso nome.
   Dando água a quem tem sede,
   dando pão a quem tem fome.

3. A Bandeira acredita
   que a semente seja tanta.
   Que essa mesa seja farta,
   que esta casa seja santa.

4. Que o perdão seja sagrado,
   que a fé seja infinita.
   Que o homem seja livre,
   que a justiça sobreviva.

5. Assim como os três reis magos
que seguiram a estrela-guia.
A Bandeira segue em frente
atrás de melhores dias.

6. No estandarte vai escrito
que Ele voltará de novo.
Que o Rei será bendito,
Ele nascerá do povo.

123 VITÓRIA, TU REINARÁS (I)

/:Vitória, tu reinarás!
Ó Cruz! Tu nos salvarás!:/

1. Nós vamos à Cidade
e lá eu irei sofrer.
Serei crucificado,
mas hei de reviver!

2. Vocês não são do mundo,
do mundo os escolhi!
Se o mundo os odeia,
primeiro odiou a mim!

3. Vocês vão ter no mundo
tristezas e aflição,
mas eu venci o mundo,
coragem, e vencerão!

4. Se o grão, que cai por terra,
não morre, fica só...
Se morrer, germina e cresce,
seu fruto será maior!

5. Pois era necessário
um só sofrer por todos.
E, assim, os separados
formarem um só Povo.

6. Escutem meu Mandamento,
reparem como os amei!
Por todos eu dei a vida,
se amem, assim, vocês!

7. Se alguém quer ser meu servo,
me siga e, então, verá.
Esteja onde eu estiver,
meu Pai o honrará!

124 VITÓRIA, TU REINARÁS (II)

/:Vitória, tu reinarás!
Ó Cruz! Tu nos salvarás!:/

1. Brilhando sobre o mundo
que vive sem tua luz,
tu és um sol fecundo
de amor e de paz, ó Cruz.

2. Aumenta a confiança
do pobre e do pecador,
confirma nossa esperança
na marcha para o Senhor.

3. À sombra dos teus braços
a Igreja viverá,
por ti no eterno abraço
o Pai nos acolherá.

125 FOI NESTA NOITE VENTUROSA

1. Foi nesta noite venturosa,
em que nasceu o Salvador,
que os anjos com voz amorosa,
no céu entoaram com fervor:
   "Glória a Deus nas alturas!"

2. Juntemo-nos aos pastorzinhos,
vamos com eles a Belém,
com eles cantemos alegres
o Salvador que hoje nos vem.
   "Glória a Deus nas alturas!"

3. Mas o que vejo! Ai que pobreza!
É este o grão-Deus dos mortais!
Na palha, em presépio e nudez!
Anjos, dizei-me a quem cantais!
   "Glória a Deus nas alturas!"

4. Ah, sim: Deus sois, o Pai dos pobres.
Já reconheço os teus sinais,
que um anjo deu aos pastorzinhos.
Anjos, sei já por que cantais!
   "Glória a Deus nas alturas!"

126 QUANDO TU, SENHOR

/:Quando tu, Senhor,
teu Espírito envias
todo mundo renasce,
é grande alegria!;/

1. Ó minh'alma, bendize ao Senhor:
"ó Deus grande em poder e amor,
o esplendor de tua glória reluz,
e o céu é teu manto de luz".

2. Firme e sólida a terra fundaste,
com o azul do oceano a enfeitaste!
E rebentam tuas fontes nos vales,
correm as águas e cantam as aves.

3. Lá do alto tu regas os campos,
cresce a relva e os viventes se
fartam. De tuas obras a terra
encheste, todas belas e sábias
fizeste.

4. Que se sumam da terra os perversos,
e minh'alma te entoe os seus versos!
Glória ao Pai, pelo Filho, no Amor,
ao Deus vivo eterno louvor!

127 VEM, ESPÍRITO SANTO DE AMOR

Vem, vem, vem,
Vem, Espírito Santo de amor!
Vem a nós!
traz à Igreja um novo vigor!

1. Presente no início do mundo,
presente na criação.
Do nada geraste a vida.
Que a vida não sofra no irmão.

2. Presença de força os profetas
que falam sem nada temer.
Contigo sustentam o povo
na luta que vão empreender.

3. Presença que gera esperança,
Maria por ti concebeu.
No povo renasce a confiança,
ó Espírito Santo de Deus.

4. Presença com força de vida,
presença de transformação.
Tiraste a vida da morte,
em Cristo, na Ressurreição.

5. Presença na Igreja nascente,
os povos consegues reunir.
Na mesma linguagem se entendem,
o amor faz a Igreja surgir.

128 GLORIFICADO SEJA

1. De todos os cantos viemos,
para louvar o Senhor,
Pai de eterna bondade,
Deus vivo e libertador.
Todo o povo reunido
num canto novo, um louvor.

**Glorificado seja,
Bendito seja Jesus Redentor.**

2. Os pais e mães de família
venham todos celebrar
a força nova da vida,
vamos alegres cantar.
A juventude e as crianças
todos reunidos no amor!

3. Lavradores e operários,
todo povo lutador,
trazendo nas mãos os frutos
e as marcas de sofredor.
A vida e a luta ofertamos
no altar de Deus Criador!

4. Do passado nós trazemos
toda a lembrança de quem
deu sua vida e seu sangue,
como Jesus fez também.
Do presente, todo o esforço
por um futuro sem dor!

129 OLHA A GLÓRIA DE DEUS

**Olha a Glória de Deus
brilhando, Aleluia! (4x)**

1. Nosso Deus é o artista do universo,
   é a fonte da luz, do ar, da cor.
   É o som, é a música, é a dança,
   é o mar jangadeiro e pescador.
   /:É o seio materno sempre fértil,
   é beleza, é pureza e é calor.:/

   Aleluia! Aleluia!
   Vamos criar que é pra glória de Deus brilhar!

2. Nosso Deus é caminho e caminhada
   do seu povo para a libertação,
   onde quer que esteja um oprimido
   é Javé que promove a redenção.
   /:Ele quebra a força do tirano
   e garante a vitória da união.:/

   Aleluia! Aleluia!
   Vamos lutar que é pra glória de Deus brilhar!

3. Nosso Deus é a voz que se levanta,
   é o canto, o gemido e o clamor.
   É o braço erguido para a luta,
   é o abraço em nome do amor.
   /:É o pé conquistando novo espaço,
   é a terra, é o fruto, é a flor.:/

   Aleluia! Aleluia!
   Vamos amar que é pra glória de Deus brilhar!

4. Nosso Deus está brilhando
   noite e dia pelos campos e praças do país.
   É presença na voz da meninada
   que convoca um futuro mais feliz.
   /:É a infinita razão da plena vida,
   todo o povo cantando hoje bendiz!:/

   Aleluia! Aleluia!
   Vamos cantar que é pra glória de Deus brilhar!

130 NAS HORAS DE DEUS, AMÉM

1. /:Nas horas de Deus, Amém!
   Pai, Filho, Espírito Santo,:/
   /:luz de Deus em cada canto,
   nas horas de Deus, Amém!:/

2. /:Nas horas de Deus, Amém!
   Que o bem nos favoreça,:/
   /:que o mal não aconteça,
   nas horas de Deus, Amém!:/

3. /:Nas horas de Deus, Amém!
   Que o coração do meu povo:/
   /:de amor se torne novo
   nas horas de Deus, Amém!:/

4. /:Nas horas de Deus, Amém!
   Que a colheita seja boa,:/
   /:que ninguém mais vague à toa,
   nas horas de Deus, Amém!:/

5. /:Nas horas de Deus, Amém!
   Deus abençoe os artistas,:/
   /:as crianças e as catequistas,
   nas horas de Deus, Amém!:/

131 ESTAMOS AQUI, SENHOR

Estamos aqui, Senhor
Estamos aqui, Senhor

Pra louvar o teu nome Jesus redentor
Pra louvar o teu nome Jesus redentor

Estamos aqui, Senhor
Estamos aqui, Senhor

Pra ouvir tua Palavra que é vida e amor
Pra ouvir tua Palavra que é vida e amor

Viemos aqui, Senhor
Viemos aqui, Senhor

Com instrumentos e danças cantar teu amor
Com instrumentos e danças cantar teu amor

Viemos aqui, Senhor
Viemos aqui, Senhor

Partilhar com os irmãos alegria e dor
Partilhar com os irmãos alegria e dor

Estamos aqui, Senhor
Estamos aqui, Senhor

Celebrando a esperança Deus libertador
Celebrando a esperança Deus libertador

Estamos aqui, Senhor
Estamos aqui, Senhor

Pois a tua presença nos une no amor
Pois a tua presença nos une no amor

132 O AMOR DE DEUS

1. O amor de Deus se mostra em pleno sol,
   flore o jardim, dá vida ao beija-flor.
   Brinca no mar e as nuvens põe no céu
   pra me dizer: "Grande é seu valor."

2. O amor de Deus vem antes e depois
   e vai além dos sonhos que aprendi.
   Não se desfaz nem mesmo ao dizer não.
   É a luz que diz: "Filho, é por aqui".

3. O amor de Deus renova os corações.
   Fala de paz reparte sempre o pão,
   Fere o temor, enfrenta os desafios,
   Me faz dizer: "Tudo bem, irmão".

4. O amor de Deus compõe e recompõe.
   Estende a mão, jamais exclui alguém.
   Frente ao rancor se firma no perdão,
   fazendo ver: "Eu te quero bem."

133 LOUVADO SEJA

Povos todos, louvai ao Senhor
Exaltemos juntos seu nome e seu louvor!

1. As maravilhas do poder de Deus
   por toda a terra clamam para nós:
   que ele é grande, onipotente!
   Louvado seja o Deus da criação!

2. As maravilhas do amor de Deus
   por toda a história clamam para nós:
   que ele é bondade, misericórdia!
   Louvado seja o Deus da salvação!

134 CANTE AO SENHOR

1. Cante ao Senhor a terra inteira,
   sirva ao Senhor com alegria.
   Venha ao seu encontro alegremente.
   Venha ao seu encontro alegremente.

O Senhor é bom, eterno é seu amor!
O Senhor é bom, eterno é seu amor!

2. Vinde, aproximai-vos dando graças.
   Todos cantai hinos de alegria:
   Bendizei, louvai seu Santo Nome.
   Bendizei, louvai seu Santo Nome.

3. O Senhor é bom, nós repetimos.
   Sua misericórdia é sem limites,
   Seu amor, fiel, é para sempre.
   Seu amor, fiel, é para sempre.

135 VEM, Ó SANTO ESPÍRITO

Vem, ó Santo Espírito,
manda do céu a todos nós
um raio da tua luz, um raio de luz.
Vem, ó Pai dos pobres.
Vem, doador de tantos dons,
luz de cada coração, dos corações.

1. Consolador perfeito,
   hóspede doce da alma,
   suave alegria, suave alegria.
   Na fadiga, repouso;
   no calor, restauro.
   Em todo pranto, conforto.
   Em todo pranto, conforto.

2. Luz beatíssima,
   invade os nossos corações.
   Sem a tua força, nada,
   nada existe no homem.
   Lava o que é impuro,
   aquece o que é frio.
   Eleva o decaído.
   Eleva o decaído.

3. Doa a todos os teus fiéis
   que confiam sempre em ti,

os teus santos dons,
os teus santos dons.
Doa virtude e prêmio,
doa morte santa.
Doa alegria eterna.
Doa alegria eterna.

136 UM HINO AO DIVINO

1. Presente tu estás desde o princípio,
   nos dias da criação, Divino espírito!
   És sopro criador que a terra fecundou
   E a vida no universo despertou!

2. Presente tu estás desde o Egito,
   vencendo a opressão, Divino Espírito!
   És fogo e claridão, luz da libertação
   de um povo em movimento de união!

3. Presente tu estás em Jesus Cristo,
   na cruz, ressurreição, Divino Espírito!
   Boa-nova de perdão, carinho entre os irmãos,
   ardor na militância e na missão!

4. Presente tu estás desde o início
   Nos primeiros cristãos, Divino Espírito!
   Firmeza e novidade, estrela da unidade.
   Amor concreto, solidariedade!

5. Presente tu estás no sacrifício,
   na dor das multidões, Divino Espírito!
   Clamor e profecia, ternura e ousadia.
   Sabor do nosso pão de cada dia!

137 EIS-ME AQUI, SENHOR!

**Eis-me aqui, Senhor! Eis-me aqui, Senhor!
Pra fazer tua vontade, pra viver no teu amor!
Pra fazer tua vontade, pra viver no teu amor!
Eis-me aqui, Senhor!**

1. O Senhor é o Pastor que me conduz.
   Por caminho nunca visto me enviou.
   Sou chamado a ser fermento, sal e luz
   e por isso respondi: aqui estou!

2. Ele pôs em minha boca uma canção.
   Me ungiu como profeta e trovador
   da história e da vida do meu povo.
   E por isso respondi: aqui estou!

3. Ponho a minha confiança no Senhor.
   Da esperança sou chamado a ser sinal.
   Seu ouvido se inclinou ao meu clamor
   e por isso respondi: aqui estou!

138 EIS-ME AQUI, SENHOR, ENVIA-ME!

**Eis-me aqui, Senhor, envia-me!
Eis-me aqui, eu quero te seguir.
Tu serás Senhor da minha vida!
Eis-me aqui, Senhor.**

1. Escuta e vai, não olhes para trás.
   Eu te darei as forças pra seguir.
   Sempre que cansares na luta do meu Reino,
   contigo estarei.

2. Para partir, não leves nem sandálias.
   Eu te darei as forças pra seguir.
   Sempre que cansares na luta do meu Reino,
   contigo estarei.

3. Quem escutará a voz do Cristo forte?
   Quem partirá seguindo os teus passos?
   Quem falará do Reino do meu Pai?
   Quem será, Senhor?

139 JAVÉ, O DEUS DOS POBRES

**Javé, o Deus dos pobres, do povo sofredor
Aqui nos reuniu pra cantar o seu louvor.
Pra nos dar esperança, e contar com sua mão
Na construção do reino, reino novo, povo
   irmão.**

1. Sua mão sustenta o pobre,
   ninguém fica ao desabrigo,
   dá sustento a quem tem fome
   com a fina flor do trigo.

2. Alimenta os nossos sonhos,
   mesmo dentro da prisão,
   ouve o grito do oprimido,
   que lhe toca o coração.

3. Cura os corações feridos,
mostra ao forte o seu poder;
dos pequenos é a defesa:
deixa a vida florescer.

140 Ó SENHOR, NÓS ESTAMOS AQUI

1. Ó Senhor, nós estamos aqui,
junto à mesa da celebração;
simplesmente atraídos por vós
desejamos formar comunhão.

Igualdade, fraternidade,
Nesta mesa nos ensinais.
As lições que melhor educam
Na Eucaristia é que nos dais.

2. Todos cantam o vosso louvor
pois em vós todos somos irmãos.
Ouviremos com fé, ó Senhor, os apelos de libertação.

3. Este encontro convosco, Senhor,
incentiva a justiça e a paz;
nos inquieta e convida a sentir os apelos
que o pobre nos faz.

4. Acolheis com o vosso perdão,
todo homem disposto a crescer
ao redor desta mesa, Senhor, a unidade
podemos viver!

141 O SENHOR RESSURGIU

O Senhor Ressurgiu, aleluia, aleluia!
É o Cordeiro Pascal, aleluia, aleluia!
Imolado por nós, aleluia, aleluia!
É o Cristo, Senhor, ele vive e venceu, aleluia!

1. O Cristo, Senhor ressuscitou.
A nossa Esperança realizou:
vencida a morte para sempre,
triunfa a Vida eternamente!

2. O Cristo remiu a seus irmãos,
ao Pai os conduziu por sua mão.
No Espírito Santo unida esteja
a família de Deus que é a Igreja!

3. O Cristo, nossa Páscoa se imolou,
seu Sangue da morte nos livrou:
incólumes o Mar atravessamos,
e à Terra Prometida caminhamos!

142 QUANDO CHAMASTE OS DOZE PRIMEIROS

1. Quando chamaste os doze primeiros pra te seguir,
sei que chamavas todos os que haviam de vir.

Tua voz me fez refletir, deixei tudo pra te seguir.
Nos teus mares eu quero navegar.

2. Quando pediste aos doze primeiros:
Ide e ensinai.
Sei que pedias a todos nós: Evangelizai!

3. Quando enviaste os doze primeiros de dois em dois,
sei que enviavas todos os que viessem depois.

143 RESSUSCITOU

Ressuscitou, ressuscitou, ressuscitou!
Aleluia!
Aleluia, aleluia, aleluia, ressuscitou!

1. Ó morte, onde estás, ó morte?
Que és tu, ó morte? Qual a tua vitória?

2. Alegria, irmãos, alegria!
Nós hoje cantamos: o Senhor ressurgiu.

3. Com Cristo, nós ressuscitamos.
Juntos proclamamos: o Senhor nos salvou.

144 SENHOR, EIS AQUI O TEU POVO

Senhor, eis aqui o teu povo,
Que vem implorar teu perdão;
É grande o nosso pecado,
Porém, é maior o teu coração.

1. Sabendo que acolheste Zaqueu, o Cobrador,
   e assim lhe devolveste tua paz e teu amor.
   Também nos colocamos ao lado
   dos que vão buscar no teu altar a graça
   do perdão.
2. Revendo em Madalena a nossa própria fé,
   chorando nossas penas diante dos teus pés.
   Também nós desejamos o nosso amor
   te dar,
   porque só muito amor nos pode libertar.
3. Motivos temos nós de sempre confiar,
   de erguer a nossa voz, de não desesperar.
   Olhando aquele gesto que ao Bom Ladrão
   salvou,
   não foi, também, por nós, teu sangue
   que jorrou?

145 VEM E SEGUE-ME

Vem e segue-me! Vem, sou teu Pastor!
Vem, eu te farei do meu povo servidor!
Vem, eu te farei do meu povo servidor!

1. Porém eu não sei falar, sou ainda uma
   criança.
   A quem eu te enviar, falarás da esperança.
2. Falarás do novo Reino, da justiça e
   da verdade.
   Onde houver escravidão, levarás
   a liberdade.
3. Eu te faço um profeta, pra arrancar e
   destruir,
   sobre reinos e nações pra plantar e
   construir.

146 VENCENDO O PECADO, VEM!

1. Vencendo o pecado, vem!
   Senhor glorioso, vem!
   És nosso consolador!
   Tu és nossa vida,
   se nós somos alegres devemos a ti.

Alegres cantamos:
Jesus ressurgiu! Jesus ressurgiu!
A Igreja reveste a veste da glória, da vida,
   do amor!

2. O povo aclamando vem para a liturgia, vem!
   É ressurreição do amor!
   É vida pra todos nós!
   É canto, é festa, é celebração.
3. Com roupas festivas, vem!
   Sorriso nos lábios, vem!
   O fraco fortalecido, feridas cicatrizadas!
   Num rosto tristonho a alegria voltou.

147 CRISTO VENCEU, ALELUIA!

Cristo venceu, aleluia!
Ressuscitou, aleluia
O Pai lhe deu glória e poder!
Eis nosso canto, Aleluia!

1. Este é o dia em que o amor venceu!
   Brilhante luz iluminou as trevas.
   Nós fomos salvos para sempre!
2. Suave aurora veio anunciando
   que uma nova era foi inaugurada.
   Nós fomos salvos para sempre!
3. No coração de todo homem nasce
   a esperança de um novo tempo.
   Nós fomos salvos para sempre!

148 ESPÍRITO DE DEUS

1. Espírito de Deus, manda-nos dos céus,
   um raio de luz, um raio de luz!
   Pai dos miseráveis, com teus dons afáveis,
   vem aos corações!
2. Consolo que acalma, hóspede da alma,
   doce alívio, vem, doce alívio, vem!
   No labor descanso, na aflição remanso,
   no calor aragem!
3. Enche, ó luz bendita, chama que crepita,
   o íntimo de nós, o íntimo de nós.

Sem a luz que acode, nada o homem pode,
nenhum bem há nele!

4. Lava o que há impuro, rega o seco e o duro,
cura o que é doente, cura o que é doente.
Dobra o que enrijece, ao que é frio aquece,
reconduz o errante.

5. Dá à tua Igreja o que mais deseja,
os teus sete dons, os teus sete dons!
Dá em prêmio ao forte uma santa morte,
alegria eterna! Amém! Amém!

149 SEDUZISTE-ME, SENHOR

**Seduziste-me, Senhor, e eu me deixei seduzir:
numa luta desigual, dominaste-me, Senhor,
e foi tua a vitória.**

1. Vantagens e honras são perdas para mim,
diante do conhecimento deste bem supremo
que é Cristo, meu Senhor.

2. Para conhecê-lo fui longe e me perdi.
Agora que o encontrei,
não quero mais deixá-lo.

3. Nada sou na minha justiça que é só aparência,
mas tudo sou na justiça de Deus
que nasce da Fé em Cristo.

4. Quero conhecê-lo ainda mais e a força da sua ressurreição.
Sei que conhecê-lo é sofrer e morrer com Ele,
mas a vida é mais forte.

150 SE EU NÃO TIVER AMOR

**Se eu não tiver amor, eu nada sou, Senhor!
Se eu não tiver amor, eu nada sou, Senhor!**

1. O amor é compassivo, o amor é serviçal.
O amor não tem inveja, o amor não busca o mal.

2. O amor nunca se irrita, não é nunca descortês.
O amor não é egoísta, o amor não é dobrez.

3. O amor desculpa tudo, o amor é caridade.
Não se alegra com a injustiça, é feliz só na verdade.

4. O amor suporta tudo, o amor em tudo crê.
O amor guarda a esperança, o amor sempre é fiel.

5. Nossa fé, nossa esperança junto a Deus terminarão.
Mas o amor será eterno, jamais passará, irmão.

151 SE OUVIRES A VOZ DO VENTO

1. Se ouvires a voz do vento chamando sem cessar,
se ouvires a voz do tempo mandando esperar.

**A decisão é tua, a decisão é tua!
São muitos os convidados,
São muito os convidados.
Quase ninguém tem tempo.
Quase ninguém tem tempo.**

2. Se ouvires a voz de Deus chamando sem cessar,
se ouvires a voz do mundo querendo te enganar.

3. O trigo já se perdeu, cresceu, ninguém colheu.
E o mundo passando fome, passando fome de Deus.

152 VINDE, ESPÍRITO DE DEUS

1. Vinde, Espírito de Deus, e enchei os corações dos fiéis com vossos dons.
Acendei neles o amor como um fogo abrasador, vos pedimos, ó Senhor!

E cantaremos Aleluia!
E a nossa terra renovada ficará,
Se o vosso Espírito, Senhor, nos enviais!

2. Vós que unistes tantas gentes, tantas
línguas diferentes numa fé, na unidade.
Pra buscar sempre a verdade e servir o
vosso Reino com a mesma caridade.

153 A PÁSCOA NÃO É SÓ HOJE

1. Pela alegria que reina em toda parte,
na natureza tão cheia de esplendor;
no ar festivo, nas cores vivas,
eu sinto a tua, a minha páscoa, ó Senhor.

**A Páscoa não é só hoje,
a Páscoa é todo dia.
Se eu levar o Cristo em minha vida,
tudo será uma eterna alegria!**

2. Toda beleza, promessa ou esperança,
todo esforço, trabalho e amor.
Tudo é Páscoa, tudo é vida,
pois neste dia o Senhor ressuscitou!

154 QUEM TEM A GRAÇA

1. Quem tem a graça
de em vossa casa poder morar?
Quem a justiça busca e conquista,
com Deus está!

**Vamos entrando com alegria
pois em família todos são irmãos!
E se esta casa de Deus é grande,
maior ainda o seu coração!**

2. Quem com a verdade,
sem falsidade ama o seu irmão;
quem não difama,
o mal não trama no coração.

3. Quem não se vende
contra o inocente, e detesta o mal;
quem não explora,
na dor não falta, promete e faz!

155 LOUVEMOS TODOS JUNTOS

1. Louvemos todos juntos o nome do Senhor,
por nós fez maravilhas, eterno é seu amor!

2. Louvemos pelo Cristo, que veio nos salvar,
por nós deu o seu sangue, sem fim quis nos amar!

3. Louvemos por Maria, a mãe de todos nós,
com ela venceremos o inimigo mais atroz.

4. Louvemos com pandeiros, sanfonas, violões,
louvemos com cirandas, com sambas e baiões.

5. Louvemos pela terra, que nos dá de comer,
a terra é de todos, pra todos deve ser.

6. Louvemos pelos pobres que vivem na união,
na luta dos pequenos, Jesus se faz irmão!

156 LÁ VEM, LÁ VEM

1. O sertão seco pela chuva a suspirar,
dos oprimidos geme o peito em oração,
Vem, ó Senhor, nos libertar, não tardes mais,
junta esse povo e realiza a promissão.

**Lá vem, lá vem,
Já se aproxima a redenção.**

2. A voz do anjo sussurrou nos teus ouvidos:
"Ave Maria, serás mãe da Salvação".
Maria-Igreja, vai dizer aos oprimidos
que a terra nova já se encontra em gestação.

3. Das encurvadas as cabeças se levantam,
dos explorados unem-se as cansadas mãos.
E os gemidos vão virando um forte canto,
o pobre unido é sinal de redenção.

157 TE LOUVO, MEU SENHOR

1. Te louvo, meu Senhor, pois olhaste para mim.
Caídos e humilhados têm sempre o teu favor.
Se eu não tinha nada, bastou-me dizer sim:
és o meu socorro, meu Deus, meu salvador.

Teu amor sempre faz maravilhas:
a quem se faz menor estende tua mão;
és a luz dos teus filhos e filhas,
vigor de quem não fecha o coração!

2. Te louvo, meu Senhor, o teu nome é sem igual,
fizeste grandes coisas em mim que nada sou.
O teu nome é santo, superas todo mal,
e onde houver bondade tua mão já transbordou.

3. Te louvo, meu Senhor, pois assim é teu poder:
dispersa os prepotentes, acolhe quem sofreu,
fere os poderosos, mas nutre e faz crescer
quem se reconhece pequeno filho teu.

4. Te louvo, meu Senhor, que promessa é
pra cumprir:
famintos conheceram a graça dos teus bens,
ricos foram sem nada conseguir.
Com misericórdia teu povo Tu manténs.

158 NÃO FIQUEM TRISTES

Não fiquem tristes, vou pro céu,
mas volto, eu vou pro céu, mas volto,
Vou preparar para vocês um bom lugar.

1. Quando eu falei que ia embora, eu vi tristeza,
é bem fraca a natureza, mas se fortificará.
É bem melhor para vocês que eu vá embora,
se eu não for pro céu agora, o Divino não virá.

2. O Espírito Santo vem trazer sabedoria,
força, paz e alegria para o povo pecador.
Depois eu volto com poder e majestade,
julgar toda humanidade e abrasar tudo em
meu amor.

159 ME CHAMASTES PARA CAMINHAR

1. Me chamastes para caminhar na vida
contigo.
Decidi para sempre seguir-te e não
voltar atrás.
Me puseste uma brasa no peito e uma
flecha na alma.
É difícil agora viver sem lembrar-se me ti.

Te amarei, Senhor. Te amarei, Senhor.
Eu só encontro a paz e a alegria
bem perto de ti.

2. Eu pensei muitas vezes calar e não dar
nem respostas.
Eu pensei na fuga esconder-me, ir longe
de ti.
Mas tua força venceu-me e ao final eu fiquei
seduzido.
É difícil agora viver sem saudades de ti.

160 CONHEÇO UM CORAÇÃO

1. Conheço um coração tão manso, humilde
e sereno.
Que louva ao Pai por revelar Seu Nome
aos pequenos.
Que tem o Dom de amar, que sabe perdoar
e deu a vida para nos salvar!

Jesus, manda teu Espírito,
para transformar meu coração (Bis)

2. Às vezes no meu peito bate um coração
de pedra.
Magoado, frio, sem vida, aqui dentro ele
me aperta.
Não quer saber de amar, nem saber perdoar
Quer tudo e não sabe partilhar.

3. Lava, purifica e restaura-me de novo.
Serás o nosso Deus e nós seremos o
Seu povo.
Derrama sobre nós, a água do amor,
o Espírito de Deus nosso Senhor!

Ato Penitencial

161 SENHOR, TEM PIEDADE DE NÓS

Senhor, tem piedade de nós.
Cristo, tem piedade de nós.
Senhor, tem piedade de nós.

162 KYRIE ELEISON (I)

Kyrie Eleison, Eleison.
Kyrie Eleison, Eleison.

1. S.: Ó Cristo glorioso,
vós que sentado à direita do Pai,
com todo poder e majestade,
levai conosco nossa humanidade.

Kyrie Eleison, Eleison.
Kyrie Eleison, Eleison.

2. S.: Ó Cristo que lavais
nossas vestes no vosso sangue,
purificai-nos de todo pecado.

Christe Eleison, Eleison.
Christe Eleison, Eleison.

3. S.: Ó Cristo, dai-nos
sempre o vosso Espírito
e fazei de nós testemunhas
de vosso reino até os confins da terra.

Kyrie Eleison, Eleison.
Kyrie Eleison, Eleison.

163 KYRIE ELEISON (II)

Kyrie Eleison. Kyrie Eleison.
Kyrie Eleison. Kyrie Eleison.
Christe Eleison. Christe Eleison.
Christe Eleison. Christe Eleison.
Kyrie Eleison. Kyrie Eleison.
Kyrie Eleison. Kyrie Eleison.

164 KYRIE ELEISON (III)

Kyrie, tem piedade de nós ó Senhor, Eleison. (Bis)
Christe, tem piedade de nós ó Senhor, Eleison. (Bis)
Kyrie, tem piedade de nós ó Senhor, Eleison. (Bis)

165 KYRIE ELEISON (IV)

Kyrie Eleison. Kyrie Eleison. Kyrie Eleison.
Christe Eleison. Christe Eleison. Christe Eleison.
Kyrie Eleison. Kyrie Eleison. Kyrie Eleison.

166 CORAÇÃO DE JESUS

1. Coração de Jesus, obra de misericórdia do Pai,
para nos conceder o perdão, tende piedade de nós!
Senhor, tende piedade de nós!

2. Coração de Jesus, gerado no Espírito Santo,
para nos conceder a unção, tende piedade de nós!
Cristo, tende piedade de nós!

3. Coração de Jesus, cheio de graça e verdade de um Filho,
para nos conceder salvação, tende piedade de nós!
Senhor, tende piedade de nós!

167 SENHOR QUE VIESTES SALVAR

1. Senhor que viestes salvar
os corações arrependidos.

/:Piedade, piedade,
Piedade de nós:/

2. Ó Cristo que viestes chamar
os pecadores humilhados.
3. Senhor que intercedeis por nós
junto a Deus Pai que nos perdoa.

168 EU CANTO A ALEGRIA, SENHOR

**Eu canto a alegria Senhor
De ser perdoado no amor (Bis)**

1. Senhor, tende piedade de nós.
2. Cristo, tende piedade de nós.
3. Senhor, tende piedade de nós.

169 SENHOR, TENDE PIEDADE

1. Senhor, tende piedade
e perdoai a nossa culpa.
E perdoai a nossa culpa.
Porque nós somos vosso povo
que vem pedir vosso perdão.
2. Cristo, tende piedade...
3. Senhor, tende piedade...

170 SENHOR, TENDE PIEDADE DE NÓS

S: Senhor, tende piedade de nós,
piedade de nós.
T: Senhor, tende piedade de nós,
piedade de nós.
S: Cristo, tende piedade de nós.
T: Cristo, tende piedade de nós,
piedade de nós.
S: Senhor tende piedade de nós,
piedade de nós.
T: Senhor, tende piedade de nós,
piedade de nós.

171 SENHOR, TEM PIEDADE DE NÓS

S: Senhor, tem piedade de nós.
T: Senhor, tem piedade de nós.
S: Cristo, tem piedade de nós.
T: Cristo, tem piedade de nós.
S: Senhor, tem piedade de nós.
T: Senhor, tem piedade de nós.

172 A DEUS PEDIMOS PERDOAR

Solo: A Deus pedimos perdoar
Ass.: **As nossas faltas.**

Solo: Porque invocamos, em Jesus,
Ass.: **O vosso Nome.**

Solo: Vimos a vida oferecer
Ass.: **Que vos pertence.**

Solo: Pra o Sacrifício celebrar
Ass.: **Do vosso Filho.**

Solo: Caminhamos para Vós, Deus,
cheios de esperança
de nos banhar no rio
profundo do vosso amor.
E assim:
Ass.: **Da morte a vida surgir,
do mal o bem reaver,
dos escravos cadeias caírem,
das trevas fazermos a luz,
do canto fazer um louvor,
/:Para vos bendizer
e adorar, Senhor!:/**

173 SENHOR, PIEDADE DE NÓS

1. Senhor, piedade de nós!
Somos o teu povo pecador...
Toma nossa vida de pecado e dor,
enche-nos do Espírito de amor.

2. Cristo, piedade de nós!
Somos o teu povo pecador...
Toma nossa vida de pecado e dor,
enche-nos do Espírito de amor.

3. Senhor, piedade de nós!
Somos o teu povo pecador...
Toma nossa vida de pecado e dor,
enche-nos do Espírito de amor.

174 SENHOR, CONFESSO QUE ERREI

1. Senhor, confesso que errei,
Do bem que desviei, peço perdão!

**Senhor, o seu perdão
me abre o coração:
Com amor também acolho o meu irmão!**

2. Senhor, o amor eu não vivi,
e triste me senti, peço perdão!

3. Senhor, ensina-me a viver,
feliz eu quero ser, peço perdão!

175 EU CONFESSO

1. Eu confesso a Deus e a vós irmãos,
tantas vezes pequei, não fui fiel.
Pensamentos e palavras, atitudes e omissões.
Por minha culpa, tão grande culpa.

**Senhor piedade, Cristo piedade,
tem piedade, ó Senhor!
Senhor piedade, Cristo piedade,
tem piedade, ó Senhor!**

2. Peço à Virgem Maria, nossa Mãe,
e a vós, meus irmãos, rogueis por mim
a Deus Pai que nos perdoa e nos sustenta
em Sua mão, por seu amor, tão grande amor.

176 LAVAI-ME, SENHOR, LAVAI-ME!

Solo: Lavai-me, Senhor, lavai-me,
e bem limpo eu vou ficar! (Ass: Bis)
Solo: Senhor, vós me lavareis
de tão limpo eu vou brilhar! (Ass: Bis)

Misericórdia de mim, Deus de bondade.
Misericórdia por tua compaixão!
Vem me lavar das sujeiras do pecado,
vem me livrar de tamanha perdição!
Reconheço toda minha maldade,
diante de mim a vastidão de minha ofensa.
Foi contra ti, meu Senhor, o meu pecado
E pratiquei o que é mau em tua presença.

Solo: Mostrai-nos vossa bondade,
salvai-nos, ó Redentor! (Ass: Bis)
Solo: Senhor, eu peço, escutai-me,
a vós chegue o meu clamor. (Ass: Bis)

177 ORÊ PORIAHU (*Guarani*)

1. Orê Poriahu
Verekô Ñandejara. (Bis)

2. Orê Poriahu
Verekô Jesus Cristo. (Bis)

3. Orê Poriahu
Verekô Ñandejara. (Bis)

178 EU VI A ÁGUA

1. Eu vi, eu vi, foi a água a manar,
do lado direito do Templo a jorrar:

**Amém, amém, amém, aleluia!
Amém, amém, amém, aleluia!**

2. E quantos foram por ela banhados,
cantaram o canto dos que foram salvos:

3. Louvai, louvai e cantai ao Senhor,
porque ele é bom e sem fim, seu amor:

4. Ao Pai a glória e ao Ressuscitado
e seja o Divino pra sempre louvado!

179 PERDOAI-NOS, Ó PAI

**Perdoai-nos, ó Pai, as nossas ofensas,
Como nós perdoamos a quem nos ofendeu.**

1. Se eu não perdoar o meu irmão,
o Senhor não me dá o seu perdão.

2. Eu não julgo para não ser julgado,
perdoando é que serei perdoado.

3. Vou ficar sempre unido em comunhão
ao Senhor e também ao meu irmão.

4. Vou levar para a vida a união,
que floresce nesta santa comunhão.

5. Vivo em Cristo a vida de cristão
sou mensagem de sua reconciliação.

Hino de louvor

180 GLÓRIA A DEUS LÁ NAS ALTURAS

1. Glória a Deus lá nas alturas
e na terra Paz aos homens
que são por Ele muito amados.
Ó Senhor Deus, nós vos louvamos,
vos bendizemos e adoramos.

2. E nós vos glorificamos
e vos damos muitas graças,
por vossa glória tão imensa.
Senhor Jesus, Filho Unigênito,
Cordeiro Santo de Deus Pai.

3. Vós podeis tirar o mal,
todo pecado deste mundo.
Tende piedade de nós todos.
Vós que tirais todo pecado,
vinde acolher a nossa súplica.

4. Vós que estais eternamente
à direita de Deus Pai,
tende piedade de nós todos.
Porque só vós é que sois Santo,
porque só vós sois o Senhor.

5. E só vós sois o Altíssimo,
Senhor Jesus, o Cristo.
Só vós sois o Senhor Altíssimo.
Só vós com o Espírito Santo,
na glória de Deus Pai. Amém!

181 GLÓRIA NOS ALTOS CÉUS

1. Glória a Deus nos altos céus,
paz na terra a seus amados,
a vós louvem, Rei celeste,
os que foram libertados.

2. Deus e Pai, nós vos louvamos,
adoramos, bendizemos;
damos glória ao vosso nome,
vossos dons agradecemos!

3. Senhor nosso, Jesus Cristo,
Unigênito do Pai,
Vós de Deus Cordeiro Santo,
nossas culpas perdoai!

4. Vós que estais junto do Pai
como nosso intercessor,
acolhei nossos pedidos,
atendei nosso clamor.

5. Vós somente sois o Santo,
o Altíssimo, o Senhor,
com o Espírito divino,
de Deus Pai no esplendor! Amém!

182 GLÓRIA A DEUS NAS ALTURAS

1. Glória a Deus nas alturas
e paz na terra
aos homens por ele amados
aos homens por ele amados!

2. Senhor Deus rei dos céus
Deus Pai todo poderoso
nós vos louvamos!
nós vos bendizemos!

3. Nós vos adoramos
nós vos glorificamos
nós vos damos graças
por vossa imensa glória!

4. Senhor Jesus Cristo
Filho unigênito
Senhor Deus, Cordeiro de Deus
Filho de Deus Pai.

5. Vós que tirais o pecado do mundo,
tende piedade de nós.
Vós que tirais o pecado do mundo,
acolhei a nossa súplica.

6. Vós que estais à direita do Pai,
tende piedade de nós!
Tende piedade de nós!
Tende piedade de nós!

7. Só vós sois o Santo,
só vós o Senhor,

só vós o Altíssimo
Jesus Cristo.

8. Com o Espírito Santo
na glória de Deus Pai,
na glória de Deus Pai,
Amém!

183 GLÓRIA NAS ALTURAS

Glória a Deus nas alturas
E paz na terra aos homens por Ele amados.
Senhor Deus, Rei dos céus, Deus Pai,
Todo-Poderoso.
Nós vos louvamos, vos bendizemos,
vos adoramos, vos glorificamos.
Nós vos damos graças por vossa imensa glória.

Senhor Jesus Cristo, Filho unigênito.
Senhor Deus, Cordeiro de Deus, Filho de Deus Pai.
Vós que tirais o pecado do mundo,
tende piedade de nós.
Vós que tirais o pecado do mundo,
acolhei a nossa súplica.
Vós que estais à direita do Pai,
tende piedade de nós.

Só Vós sois o Santo, só Vós o Senhor,
só Vós o Altíssimo, Jesus Cristo.
Com o Espírito Santo, na glória de Deus Pai,
Amém!

184 GLÓRIA A DEUS NAS ALTURAS

Glória a Deus nas alturas,
e paz na terra aos homens por ele amados.
(Bis)

Senhor Deus, rei dos céus,
Deus Pai todo-poderoso:
Nós vos louvamos, vos bendizemos,
vos adoramos, vos glorificamos,
nós vos damos graças
por vossa imensa glória.

Senhor Jesus Cristo,
Filho unigênito.
Senhor Deus, Cordeiro de Deus,
Filho de Deus Pai.

Vós que tirais o pecado do mundo,
tende piedade de nós.
Vós que tirais o pecado do mundo,
acolhei a nossa súplica.
Vós, que estais à direita do Pai,
tende piedade de nós.

Só vós sois o santo,
só vós o senhor,
só vós o altíssimo Jesus Cristo
com o Espírito Santo,
na glória de Deus Pai,
na glória de Deus Pai.

Amém! Amém!
Amém! Amém! Amém!

185 GLÓRIA, GLÓRIA, ALELUIA

**Glória, glória, glória, aleluia! (Bis)
glória, glória, glória,
a Deus nos altos céus,
paz na terra a todos nós!**

1. Deus e Pai nós vos louvamos
adoramos, bendizemos,
damos glória ao vosso nome,
vossos dons agradecemos!

2. Senhor nosso, Jesus Cristo
unigênito do Pai.
vós de Deus, cordeiro santo,
nossas culpas perdoai!

3. Vós que estais junto do Pai
como nosso intercessor
acolhei nossos pedidos
atendei nosso clamor.

4. Vós somente sois o santo,
o altíssimo Senhor,
com o Espírito divino
de Deus Pai no esplendor.

Aclamação ao Evangelho

186 TODA PALAVRA DE VIDA

1. Toda palavra de vida
é Palavra de Deus,
toda ação de liberdade
/:é a divindade
agindo entre nós!:/

**Boa-nova em nossa vida
Jesus semeou.
O evangelho em nosso peito
é chama de amor.**

2. Todo grito por justiça que sobe
do chão é clamor e profecia
/:que Deus pronuncia
para conversão.:/
/:Aleluia, aleluia, bendita
a palavra que faz libertar.:/

187 ALÊ! ALELUIA!

**Alê, alê, aleluia. (Bis)
Alê, alê, aleluia,
Alê, aleluia! (Bis)**

Vamos ouvir, aleluia!
Jesus falar, aleluia!
O Evangelho, aleluia, alê,
vai nos libertar. (Bis)

188 A PALAVRA DE DEUS É A VERDADE

**A palavra de Deus é a verdade,
sua lei liberdade!**

A lei do Senhor é perfeita, consolo para
a alma,
o testemunho do Senhor é verdadeiro,
sabedoria dos humildes.

189 A PALAVRA DE DEUS OUVIDA

A palavra de Deus ouvida
é a verdade que nos liberta,
que nos chama à nova vida,
nos educa e nos converte.

190 MARIA, GUARDAVAS TUDO

1. Maria, guardavas tudo
com grande atenção,
palavras e gestos de Cristo
em teu coração.

**Ensina, Maria,
tua gente a escutar.
Desperta teus filhos
que o Pai quer falar.**

2. Maria, falavas pouco,
deixavas falar.
Aprende-se mais ouvindo,
aprende-se a amar.

191 FALA, SENHOR

**Aleluia, aleluia,
Aleluia, aleluia!**

1. Fala, Senhor,
teus amigos escutam.

2. Quem ama a Deus
guarda a sua palavra.

192 QUE ALEGRIA, CRISTO RESSURGIU!

Que alegria! Cristo ressurgiu.
No Evangelho ele vai falar.
Entoemos nosso canto
de louvor e gratidão,
sua palavra vamos aclamar.

**Aleluia, Aleluia, Aleluia, Aleluia,
Aleluia, Aleluia, Aleluia, Aleluia.**

193 PELA PALAVRA DE DEUS

Pela palavra de Deus
saberemos por onde andar.
Ela é luz e verdade,
precisamos acreditar.

1. Cristo me chama, ele é Pastor,
sabe meu nome: Fala, Senhor!
2. Sei que a resposta vem do meu ser
"Quero seguir-te para viver".
3. Mãos estendidas pedem meu pão.
Devo parti-lo com meu irmão.

194 Ó CRISTO, PALAVRA

Ó Cristo Palavra,
Palavra da vida
da vida mais plena.
Quem vive a Palavra
tem vida mais viva,
tem vida mais plena.

195 SENHOR, QUE A TUA PALAVRA

Senhor, que a tua palavra
transforme a nossa vida.
Queremos caminhar
com retidão na tua luz!

1. No Senhor está
toda a graça e salvação,
nele encontramos
o amor e o perdão.
2. Não vacilará
quem confia no Senhor.
Ele nos sustenta,
nos conduz pela mão.
3. O Senhor é bom,
é ternura e compaixão,
seu amor nos chama
a viver como irmãos.

196 PALAVRA NÃO FOI FEITA

Palavra não foi feita
para dividir ninguém.
Palavra é uma ponte
onde o amor vai e vem,
onde o amor vai e vem.

1. Palavra não foi feita para dominar.
Destino da palavra é dialogar.
Palavra não foi feita para opressão.
Destino da palavra é a união.
2. Palavra não foi feita para a vaidade.
Destino da palavra é a eternidade
Palavra não foi feita pra cair no chão.
Destino da palavra é o coração.
3. Palavra não foi feita pra semear
a dúvida, tristeza ou o mal-estar.
Destino da palavra é a construção
de um mundo mais feliz e mais irmão.

197 A PALAVRA SE FEZ CARNE

Aleluia, aleluia
Aleluia, aleluia, aleluia (Bis)

1. A palavra se fez carne.
A palavra se fez pão.
A palavra se fez pobre.
Fez-se Evangelização. (Bis)
2. Cristo ressurgiu dos mortos
pela glória de Deus Pai,
garantiu-nos vida nova
pra vivermos como iguais. (Bis)

198 JESUS CRISTO VEM FALAR

Jesus Cristo, vem falar!
sempre falas com amor.
Nas feições da juventude,
eu te vejo, meu Senhor.

O homem não vive somente de Pão
mas de toda Palavra da boca de Deus.

199 CHEGOU A HORA DA ALEGRIA

Chegou a hora da alegria:
/:Vamos ouvir esta palavra
que nos guia!:/

1. Tua palavra
vem chegando bem veloz.
Por todo canto
hoje se escuta a tua voz.
Nada se cria sem a força
e o calor que sai da boca
de Deus nosso criador.
Aleluia, aleluia...

2. A tua lei, ó meu Senhor,
é perfeição,
conforta a alma
e nos educa pra união.
O mandamento de meu Deus
é retidão. É luz nos olhos
e prazer no coração.
Aleluia, aleluia...

3. Esta é a palavra
da certeza e da justiça
que nos liberta
da opressão e da cobiça.
É mais que ouro, é mais que sol,
a tua lei. Dos teus caminhos,
meu Deus, não desviarei.
Aleluia, aleluia...

4. Bendita seja
esta palavra do Senhor,
mel saboroso
e alimento para o amor.
O céu proclama a tua glória,
ó meu Senhor! A terra inteira
canta um hino de louvor.
Aleluia, aleluia...

200 INCLINEMOS O OUVIDO

Inclinemos o ouvido do coração
para escutar o Evangelho.
Atenção, atenção!

201 PERTO DE NÓS

Perto de nós está tua Palavra.
Que esteja na boca, no coração,
na vida do teu povo. (Bis)

202 FALA, SENHOR

Fala, Senhor,
Falas da vida.
Só tu tens palavras eternas.
Queremos te ouvir!

203 A PALAVRA DE DEUS É LUZ

A Palavra de Deus é Luz
que nos guia na escuridão.
É fermento de paz,
De justiça e perdão. (Bis)

1. Que a tua Palavra, Senhor,
renove o nosso coração,
fortifique a nossa esperança,
e nos faça viver como irmãos.

204 TODOS OS POVOS DA TERRA

Aleluia, aleluia, aleluia!
Aleluia, aleluia, aleluia!
Todos os povos da terra,
da terra sem males, louvem ao Pai.

1. O Evangelho é a Palavra
de todas as culturas.
/:Palavra de Deus
na língua dos homens.:/

2. O Evangelho é a chegada
de todos os caminhos,
/:Presença de Deus
na marcha dos homens:/

3. O Evangelho é o destino
de toda a história.
/:História de Deus
na história dos homens:/

205 A BÍBLIA NOS ENSINA

**A Bíblia nos ensina:
povo santo, caminhai!
Caminhai, caminhai
na estrada de Deus Pai.**

1. É hora de escutar
com amor e atenção
a Palavra do Senhor
que traz a libertação!

2. A Palavra do Senhor
vai entrar no coração
do romeiro que caminha
procurando a Redenção.

3. A Palavra do Senhor
alumia os caminhos
do romeiro sofredor
nesta terra de espinhos.

4. O Senhor é nossa Luz,
Ele vence a escuridão.
No mundo da injustiça
não queremos viver, não.

206 VOZ QUE CLAMA NO DESERTO

Solo: Aleluia, aleluia!
Todos: Aleluia, aleluia!

1. Voz que clama no deserto (todos)
"preparai-lhe um caminho, (todos)
uma estrada ao Senhor!" (todos)

2. "Todo vale aterrado, (todos)
todo monte nivelado (todos)
e vereis o Salvador!" (todos)

207 ALELUIA, ALEGRIA, MINHA GENTE

**Aleluia, alegria, minha gente,
Aleluia, aleluia!**

1. O Senhor ressuscitou,
minha gente. Ele está vivo
em nosso meio, aleluia!

2. Ele falou: Sou eu mesmo,
minha gente, olhem os meus pés
e minhas mãos, aleluia!

3. Ele falou: Ressuscitei,
minha gente, feliz quem acredita,
sem ter visto, aleluia!

4. Ele explicava as escrituras,
minha gente, e nos ardia
o coração, aleluia!

5. Ele falou: Se alguém me ama,
minha gente, minha palavra
guardará, aleluia!

208 A PALAVRA DE DEUS JÁ CHEGOU

**A palavra de Deus já chegou
nova luz clareou para o povo,
:/quando a Bíblia sagrada se abriu
todo pobre já viu mundo novo:/**

1. Quem vivia como cego enxergou,
quem andava espalhado
se ajuntou. Por todo canto
já nasceu comunidade
e no caminho da verdade
muita gente já entrou.

2. A semente da Palavra
se espalhou, caiu no campo
coração do lavrador.
Pela favela a semente
germinou e na colheita vai
ter festa, meu Senhor.

209 A PALAVRA É A SEMENTE

**A palavra é a semente
que Jesus jogou no chão;
no chão da tua mente,
no chão do teu coração.**

1. Semente que caiu na pedra,
semente que não quis brotar:
Há muito coração de pedra
que não tem vida pra dar.

2. Há gente que não tem ouvido,
   há gente que não quer ouvir;
   quem ouve logo frutifica
   cem por um, milhão por mil.

210 TODOS DE PÉ VAMOS OUVIR

1. Todos de pé vamos ouvir
   a Palavra do Senhor,
   o Evangelho da alegria,
   o Evangelho do amor.

**Aleluia, aleluia,
Aleluia, aleluia.**

2. Quando a gente não sentir
   mais razão para viver,
   a Palavra de Jesus
   nos dá força pra sofrer.

211 TODA SEMENTE

1. Toda semente
   é um anseio de frutificar,
   e todo fruto
   é uma forma da gente se dar.

**Põe a semente na terra!
Não será em vão.
Não te preocupe a colheita,
plantas para o irmão. (Bis)**

2. Toda palavra
   é um anseio de comunicar,
   e toda fala
   é uma forma da gente se dar.

3. Todo tijolo
   é um anseio de edificar,
   e toda obra
   é uma forma da gente se dar.

4. Todo poema
   é um anseio de se expressar,
   e todo canto
   é uma forma da gente se dar.

212 EIS QUE VEM PALAVRA VIVA

Aleluia, aleluia, aleluia! (Bis)

1. Eis que vem Palavra viva,
   penetrante e eficaz,
   Verbo de Deus que nos salva,
   fonte de amor e paz!

2. Vamos todos com alegria
   aclamar o nosso Deus,
   sua Palavra é que nos guia
   e nós somos filhos seus!

213 VIVA A VIDA

**Viva a vida,
Viva a Palavra de Deus! (Bis)**

1. É bom escutar
   O que Deus quer falar! (Bis)

2. É bom praticar
   O que Deus quer falar! (Bis)

214 A VOSSA PALAVRA, SENHOR

**A vossa palavra, Senhor,
é sinal de interesse por nós! (Bis)**

1. Como o pai ao redor de sua mesa,
   revelando seus planos de amor.

2. É feliz quem escuta a Palavra,
   e a guarda no seu coração.

3. Neste encontro da Eucaristia,
   aprendemos a grande lição!

215 O EVANGELHO É A BOA-NOVA

**O Evangelho é a boa-nova
Que Jesus veio ao mundo
anunciar! (Bis)**

1. Ele é o Caminho, a Verdade
   e a Vida da ovelha perdida
   que o Pai mandou salvar! (Bis)

2. Ele pediu que a sua Boa-nova,
que o mundo hoje renova,
fosse a Igreja anunciar! (Bis)

3. O Pai mandou que Ele aqui viesse
um dia para nos dar a alegria
de viver no seu amor! (Bis)

4. A sua Igreja é a coluna da verdade
comunhão na caridade,
para o mundo transformar! (Bis)

216 VAMOS TODOS BENDIZER

1. Vamos todos bendizer, alê, alê,
Jesus Cristo vai falar, luiá, luiá!
A Palavra de viver, alê, alê,
e que vai nos transformar, luiá, luiá!

2. Cristo quer um coração, ação, ação,
onde o amor possa morar, orar, orar.
E que saiba perdoar, doar, doar,
sem fingir ou reclamar, amar, amar.

3. Aleluia, Aleluia, luiá, luiá. (2x)
Aleluia, Aleluia, luiá, luiá. (2x)

217 ALELUIA: MINHA REDE TÃO VAZIA

Aleluia, aleluia! Aleluia, aleluia!
Minha rede tão vazia rompeu de
peixes, por tua voz! Me entregaste
um novo dia: que não me prendam
meus próprios nós!

218 ALELUIA: BEM-AVENTURADOS

Aleluia, aleluia, aleluia,
Aleluia, aleluia, aleluia!

Bem-aventurados aqueles
que ouvem a Palavra de Deus.
Bem-aventurados aqueles
que praticam a Palavra de Deus.

219 VAI FALAR

Vai falar, vai falar,
no Evangelho Jesus vai falar! (Bis)
Oxalá, nossa luz,
seja sempre o Cristo Jesus! (Bis)

220 AI DE MIM SE EU NÃO DISSER

Ai de mim se eu não disser
a verdade que ouvi.
Ai de mim se eu me calar
quando Deus me mandar falar.

1. Muitos homens anunciaram
a Palavra da salvação.
Transformando suas vidas
na mais bela pregação.

2. Eu também vou anunciando
a mensagem que Deus me diz.
Meu viver vai se tornando
cada dia mais feliz.

221 A PALAVRA DO SENHOR

A palavra do Senhor
não voltará vazia, amém! Amém!
E se nós nos calássemos
as pedras clamariam, amém! Amém!
Amém! Amém! Amém! Amém! (Bis)

222 HONRA, GLÓRIA, PODER E LOUVOR

Honra, glória, poder e louvor
a Jesus nosso Deus e Senhor! (Bis)

É ele o Pão que se vai repartir,
o pão da Palavra que vamos ouvir.

223 JESUS CRISTO, ALELUIA

Jesus Cristo, Aleluia!
Hoje e sempre vai falar!

1. Com muito amor, Aleluia!
Com novo ardor, Aleluia!
Eu quero ouvir a Palavra do Senhor.

2. Com muito amor, Aleluia!
Com novo ardor, Aleluia!
Eu vou viver a Palavra do Senhor.

224 PONHO-ME A OUVIR

**Aleluia! Aleluia!
Aleluia! Aleluia! (Bis)**

1. Ponho-me a ouvir:
o que o Senhor dirá?
Ele vai falar,
vai falar de Paz!

2. Pela minha voz,
e pelas minhas mãos
Jesus Cristo vai,
vai falar de paz!

225 PALAVRA BONITA

Vamos ouvir uma Palavra bonita
Que sair aqui agora! (Bis)
É a Palavra de Jesus Cristo,
Filho de Nossa Senhora! (Bis)
Aleluia, Aleluia, Aleluia
Aleluia, Aleluia!
É a Palavra de Jesus Cristo,
Filho de Nossa Senhora! (Bis)

226 DEIXA-ME FICAR EM PAZ

Deixa-me ficar em paz, Senhor,
para ouvir tua Palavra
no coração do meu silêncio.
Deixa-me ficar em paz!

227 VEM, SENHOR

Vem, Senhor, falar ao coração.
Vem, Senhor, queremos compreender-te.
Vem, Senhor, vem nos iluminar.
Vem, Senhor, é clara a tua voz.
Vem, Senhor, é nosso o teu caminho.
Vem, Senhor, é teu nosso viver.

228 SHEMÁ, ISRAEL

Shemá, Israel, Adonai elohenu,
Adonai ehad! (3x)

Escuta Israel, o Senhor é nosso Deus,
Um é o Senhor! (3x)

229 É COMO A CHUVA QUE LAVA

**É como a chuva que lava,
é como o fogo que arrasa;
tua Palavra é assim não passa
por mim sem deixar um sinal.**

1. Tenho medo de não responder,
de fingir que não escutei.
Tenho medo de ouvir teu chamado
virar pr'outro lado e fingir que não sei.

2. Tenho medo de não perceber,
de não ver teu amor passar.
Tenho medo de estar distraído,
magoado ou ferido e então me fechar.

3. Tenho medo de estar a gritar
e negar-te meu coração.
Tenho medo do Cristo que passa,
oferece uma graça e eu lhe digo que não.

230 BUSCAI PRIMEIRO

1. Buscai primeiro o Reino de Deus
e a sua justiça.
E tudo mais vos será acrescentado.
Aleluia. Aleluia.
**Aleluia, aleluia,
Aleluia, aleluia, aleluia!**

2. Se vos perseguem por causa de mim,
não esqueçais o porquê.
Não é o servo maior que o Senhor.
Aleluia, Aleluia.

231 EU VIM PARA ESCUTAR

1. Eu vim para escutar...
**Tua palavra, Tua palavra,
Tua palavra de amor!**
2. Eu gosto de escutar...
3. Eu quero entender melhor...
4. O mundo ainda vai viver...

232 A PALAVRA VAI CHEGANDO

A Palavra de Deus vai chegando, vai. (Bis)
1. É Jesus que hoje vem nos falar. (Bis)
2. É Palavra de Deus aos pequenos. (Bis)
3. É Palavra de libertação. (Bis)
4. Como o sol a brilhar no horizonte. (Bis)
5. É semente fecunda na terra. (Bis)
6. É a experiência do povo. (Bis)

233 PROCISSÃO DA BÍBLIA

1. Quero levar esta Bíblia.
Ir cantando em procissão;
ir feliz como quem leva
a luz do céu em sua mão!
Ergo bem alto esta Bíblia:
Ei-la entre nós e o bom Deus!
É bênção que à terra desce,
é prece que sobe aos céus!

2. Quero nas mãos este Livro.
Vou levá-lo aonde for!
Eu O levo pela vida,
e Ele me leva ao Senhor!
Quero beijar esta Bíblia,
como beijo sempre, sim!
Mão de Pai que me abençoa,
e Mãe sorrindo pra mim!

3. Quero deixar este Livro
qual um coração no altar;
Coração de Deus, aberto,
ansioso por se revelar!
Ficam perfumes em gente
Que só lida com a flor.
Assim deixe em nós a Bíblia
a luz de Deus, o seu Amor!

Credo

234 CREIO EM DEUS PAI

Creio em Deus Pai, Todo-Poderoso.
Criador do Céu a da Terra.
Creio em Jesus Cristo,
seu único Filho, nosso irmão,
o qual foi concebido do Espírito Santo,
nasceu de Maria Virgem.
Padeceu sob os poderes
de Pôncio Pilatos,
foi crucificado, morto e sepultado,
desceu aos infernos.
Ao terceiro dia ressurgiu dos mortos.
Subiu aos céus, subiu aos céus.
E está sentado à mão direita
de Deus Pai, Todo-Poderoso.
De onde há de vir a julgar os
vivos e mortos.
Creio no Espírito Santo,
na santa Igreja Católica,
na comunhão dos Santos,
na remissão dos pecados,
na ressurreição da carne,
na Vida Eterna, Amém!

235 CREIO, SENHOR

Creio, Senhor,
mas aumentai minha fé.

1. Eu creio em Deus,
   Pai onipotente,
   criador da terra e do céu.

2. Creio em Jesus,
   nosso Irmão,
   verdadeiramente Homem-Deus.

3. Creio também
   no Espírito de Amor,
   grande dom que a Igreja recebeu.

Respostas às preces

236 Ó SENHOR

Ó Senhor, escutai a nossa prece!

237 ATENDEI

Atendei, atendei nossa prece,
Nossa prece atendei, ó Senhor.

238 TRANSFIGURA, SENHOR

Transfigura, Senhor,
nosso coração.

239 SENHOR, DEUS DOS AFLITOS

Senhor, Deus dos aflitos,
Ouve nossos gritos, Senhor!

240 Ó SENHOR, NESTE DIA

Ó Senhor, ó Senhor neste dia
escutai nossa prece!

241 ESCUTA-NOS

Escuta-nos, Senhor da glória.

242 NÓS TE DAMOS

Nós te damos, muitas graças
te pedimos, ó Senhor!

243 OUVI-NOS

Ouvi-nos, Senhor Jesus,
ouvi-nos e atendei-nos!

244 OUVE-NOS

Ouve-nos, amado Senhor Jesus.

Canto das Oferendas

245 VOU TE OFERECER A VIDA

1. Vou te oferecer a vida e tudo
   que já sei viver, tempo e
   trabalho, amor que eu espalho,
   coisas que me fazem crer.

2. Vou te oferecer o pranto,
   aquilo que é meu sofrer,
   paz que ainda não sei
   e tudo que errei:
   São coisas que me fazem crer.

Pão e vinho são sinais do teu
amor, nele eu vou saber viver.
Alegria e dor eu vou te oferecer,
são coisas que me fazem crer.

246 ACEITA, Ó PAI

Aceita, ó Pai a nossa oferta
transforma tudo o que te damos
por Jesus Cristo te pedimos
pois é com ele que contamos.

1. Ofertamos ao Senhor a nossa luta
   para o mundo mais fraterno construir.
   Começando em nossa casa, na família, pra
   depois se difundir.

2. Ofertamos ao Senhor com alegria
   nossa vida em sacrifício e oblação
   por famílias e povos que não sabem
   o que é ser fraterno, ser cristão.

247 PREPARO ESTA MESA

1. Preparo esta mesa do povo
   cristão; oferto cantando
   o vinho e o pão.

2. Preparo minha casa,
   Jesus vai chegar, vou ver
   o que falta na vida do lar.

3. Preparo minha rua mostrando
   alegria, vou ser bom vizinho
   de noite e de dia.

4. Preparo meu bairro e
   a minha cidade, mostrando
   na vida minha caridade.

5. Preparo este mundo
   pra ser de Jesus, vivendo
   a justiça da qual vem a luz.

6. Preparo também o meu coração,
   Jesus sempre chega
   em qualquer irmão.

248 SE MEU IRMÃO ME ESTENDE A MÃO

1. Se meu irmão me estende a mão
   e pede um pouco de meu pão
   e eu não respondo ou digo não,
   errei de rumo e direção.
   Nesta mesa de Perdão,
   o pão e o vinho elevarei
   e pensando em meu irmão
   o meu Senhor receberei.
   quero ver no meu irmão a imagem
   dele meu irmão que até nem tem
   o necessário pra ter paz.

   **Quero ser pro meu irmão
   a resposta dele
   Eu que vivo mais feliz
   e às vezes tenho até demais.**

2. O corpo e o sangue do Senhor,
   o corpo e o sangue de um irmão.
   O mesmo pai e o mesmo amor
   o mesmo rumo e direção.
   Nesta mesa do Senhor,
   sou responsável pela paz
   de quem no riso e na dor
   comigo vai buscar o pai.

249 OS GRÃOS QUE FORMAM A ESPIGA

1. Os grãos que formam a espiga
   se unem pra serem pão.
   Os homens que são Igreja,
   se unem pela oblação.

   **Diante do altar, Senhor,
   entendo minha vocação:
   Devo sacrificar a vida por meu irmão.**

2. O grão caído por terra
   só vive se vai morrer.
   É dando que se recebe,
   morrendo se vai viver.

3. O vinho e o pão ofertamos,
   são nossa resposta de amor.
   Pedimos humildemente,
   aceita-nos, ó Senhor.

250 NÃO SE DEVE DIZER

Não se deve dizer: nada posso ofertar.
Pois as mãos mais pobres são as que
mais se abrem para tudo dar.

1. O Senhor só deseja que em nós
   tudo seja constante servir.
   Quando nada se tem, só resta
   dizer: Senhor, eis-me aqui!
2. Com as mãos bem abertas, trazendo
   as ofertas de vinho e de pão,
   surge o nosso dever de tudo
   fazer com mais doação.
3. Alegrias da vida, momentos
   de lida eu posso ofertar,
   pois nas mãos do Senhor
   um gesto de amor não se perderá.

251 VIVO O OFERTÓRIO DE MARIA

1. Vivo o ofertório de Maria,
   dando aquele "Sim",
   sempre até o fim,
   firme e fiel por toda vida.

**Eis-me aqui, Senhor,
Pai de bondade,
Faça-se em mim a tua vontade!**

2. Vivo o ofertório deste povo,
   que no vinho e pão
   dá seu coração
   com desejo grande de ser novo.

252 O SONHO DE TANTAS MARIAS

1. O sonho de tantas Marias,
   viemos aqui ofertar.
   O pranto de todas mulheres,
   viemos aqui ofertar.
   A luta de todos os dias,
   o leite da vida, a esperança nas mãos.
   Profeta da nova história,
   mulher companheira da libertação.

As mulheres latinas: índias, negras,
Marias, Conceição, Margarida,
oferendas de amor.
Operárias sofridas, lavradoras
mulheres, pão e vinho na mesa,
paz e ressurreição.

2. O sangue caído na terra,
   viemos aqui ofertar.
   O grito da mulher do povo,
   viemos aqui ofertar.
   O canto, a dança ameríndia
   da mulher latina que traz
   comunhão. A justiça,
   o trabalho suado,
   a fé partilhada, nosso mutirão.
3. Mulheres deste continente,
   viemos aqui ofertar.
   Irmãs campesinas da gente,
   viemos aqui ofertar.
   A terra que o pobre espera,
   o pé no caminho faz revolução.
   Um povo de fé na história,
   Judite e Rute
   buscando este chão.

253 EM PROCISSÃO

1. Em procissão vão o pão e o vinho
   acompanhados de nossa devoção,
   pois simbolizam aquilo que
   ofertamos: nossa vida
   e o nosso coração.

**Ao celebrar a nossa Páscoa,
ao vos trazer nossa oferta
Fazei de nós, ó Deus de amor
imitadores do redentor.**

2. A nossa Igreja que é mãe deseja
   que a consciência do gesto
   de ofertar se atualize
   durante toda vida, como
   Cristo se imola sobre o altar.

3. O pão e o vinho serão em breve
o corpo e o sangue do Cristo
salvador. Tal alimento nos una
num só corpo para a glória
de Deus e seu louvor.

4. Eucaristia é sacrifício, aquele
mesmo que Cristo ofereceu.
O mundo e o homem serão
reconduzidos para a nova
aliança com seu Deus.

254 MINHA VIDA TEM SENTIDO

1. Minha vida tem sentido,
cada vez que eu venho aqui,
e te faço o meu pedido
de não me esquecer de ti.
Meu amor é como este pão,
que era trigo, que alguém plantou
depois colheu.
E depois tornou-se salvação
e deu mais vida
e alimentou o povo meu.

/:Eu te ofereço este pão
Eu te ofereço meu amor.:/

2. Minha vida tem sentido
cada vez que eu venho aqui
e te faço meu pedido
de não me esquecer de ti.
Meu amor é como este vinho,
que era fruto que alguém plantou,
depois colheu.
E depois encheu-se de carinho
e deu mais vida e
saciou o povo meu.

/:Eu te ofereço vinho e pão
Eu te ofereço o meu amor.:/

255 SENHOR, SENHOR DO MUNDO

Senhor, Senhor do mundo
Nossa oferta é só te amar

/:somos pobres para ter
mas tão ricos para dar:/

1. Pelo pão e pelo vinho,
pela chuva e o roçado,
pela planta e a colheita,
ó Senhor, muito obrigado.

2. Pela lua e pela noite,
pelo dia tão louvado,
pelo sol e pela brisa,
ó Senhor, muito obrigado.

3. Pelos pais e pelos filhos
pelo amor glorificado
pela fé e a esperança,
ó Senhor, muito obrigado.

256 OFERTAMOS AO SENHOR

Ofertamos ao Senhor
um mundo novo!
O futuro do seu povo (Bis)

1. Ofertamos o homem que chora
não vendo a aurora do mundo em
mudança, e ofertamos a esperança
dos que descobrem a ressurreição.

2. Ofertamos o homem que espera
por nova era de vida em plenitude
e o que não tem quem o ajude
a trocar morte por ressurreição.

3. Ofertamos a Meta e a procura,
a luta dura entre o velho
e o novo; a noite escura do povo
e a madrugada da ressurreição.

257 BENDITO SEJA DEUS PAI

1. Bendito seja Deus Pai
do universo criador.
Pelo pão que nós recebemos,
foi de graça e com amor.

O homem que trabalha,
Faz a terra produzir.

O trabalho multiplica os dons
Que nós vamos repartir.

2. Bendito seja Deus Pai
do universo o criador.
Pelo vinho que nós recebemos,
foi de graça e com amor.

3. E nós participamos
da construção do mundo novo,
com Deus, que jamais despreza.
Nossa imensa pequenez.

258 O PÃO AMASSADO

1. O pão amassado, a uva pisada,
eis a oblação.
Pastores sofridos, o pobre
esquecido, o povo sem pão.

**Quero ser fiel a Deus
respondendo à vocação.
Quero ser, junto do povo,
o irmão entre os irmãos.**

2. O tempo e a idade, o bem
e a verdade, a paz e o perdão.
Vigor esperança, amor,
confiança jamais faltarão.

3. A dor e a alegria, a vida vazia
de tantos irmãos cansados,
vencidos, também oprimidos,
oferta serão.

259 QUE PODEREI RETRIBUIR

1. Que poderei retribuir ao Senhor
por tudo aquilo que Ele me deu?

**Oferecerei o seu sacrifício
e invocarei o seu Santo nome.**

2. Que poderei oferecer ao meu Deus
pelos imensos benefícios
que me fez?

3. Eu cumprirei minha promessa
ao Senhor, na reunião
do povo santo de Deus.

4. Vós me quebrastes os grilhões
da escravidão, e é por isso
que hoje canto vosso Amor.

260 AS NOSSAS MÃOS SE ABREM

1. As nossas mãos se abrem,
mesmo na luta e na dor,
e trazem pão e vinho,
para esperar o Senhor.

**Deus ama os pobres
e se fez pobre também.
Desceu à terra
e fez pousada em Belém.**

2. As nossas mãos se elevam,
para, num gesto de amor,
retribuir a vida,
que vem das mãos do Senhor.

3. As nossas mãos se encontram
na mais fraterna união.
Façamos deste mundo
a grande "casa do pão"!

4. As nossas mãos sofridas
nem sempre têm o que dar,
mas vale a própria vida
de quem prossegue a lutar.

261 AS MESMAS MÃOS

1. As mesmas mãos que plantaram
a semente, aqui estão.
O mesmo pão que a mulher
preparou, aqui está.
O vinho novo que a uva sangrou,
jorrará no nosso altar!

**A liberdade haverá.
A igualdade haverá.
E, nesta festa onde a gente é irmão,
o Deus da vida se faz comunhão.**

2. Na flor do chão brilha
o sonho da paz mundial.
Na luz acesa é a fé

que palpita hoje em nós.
Do livro aberto o amor se
derrama total, no nosso altar.

3. Benditos sejam os frutos
da terra de Deus
Bendito seja o trabalho
e a nossa união
Bendito seja Jesus que
conosco estará, além do altar.

262 NESTA PRECE, SENHOR

**Nesta prece, Senhor,
venho te oferecer
o crepitar da chama,
a certeza do dar.**

1. Eu te ofereço o sol que brilha
forte, te ofereço a dor do meu
irmão! A fé na esperança
e o meu amor!

2. Eu te ofereço as mãos que estão
abertas, o cansaço do passo
mantido. Meu grito mais forte
de louvor!

3. Eu te ofereço o que vi de belo
no interior dos corações.
A coragem de me transformar!

263 COM AS MÃOS ABERTAS

**Com as mãos abertas, estou
trazendo as ofertas, Senhor! (Bis)**

1. Trazendo nas mãos os calos
da enxada, vida marcada de
lavrador. Os frutos e o canto,
quase lamento, neste momento
te entrego, Senhor.

2. Oferta pequena de pouco salário.
Luta de operário trazemos também.
Todo sacrifício das mãos que
suaram e este pão assaram para
o nosso bem.

3. Tudo é teu, Senhor, nós somos
teu povo, neste gesto novo vamos
celebrar: nosso compromisso,
nossa esperança na eterna Aliança
pra nos libertar.

264 CORES DA VIDA

1. O verde da mata eu te dou,
o verde da vida, meu Senhor.
O verde pitanga, eu te dou.
O verde-conquista, meu Senhor.

**Pois tudo isso, meu Senhor,
nos vem de tuas mãos.
Por isso mesmo, a ti Senhor,
trazemos nas mãos.**

2. O branco-morada eu te dou,
o branco do trigo, meu Senhor.
O branco da mesa eu te dou.
O branco-partilha, meu Senhor.

3. O vermelho da roupa eu te dou,
o vermelho da veia, meu Senhor.
O vermelho do vinho eu te dou
O vermelho-alegria, meu Senhor.

4. O preto do quadro eu te dou.
O preto no branco, meu Senhor.
O preto da massa eu te dou.
O preto-esperança, meu Senhor.

5. O azul horizonte eu te dou,
o azul mundo novo, meu Senhor.
O azul-povo-igreja eu te dou.
O azul lá do morro, meu Senhor.

265 QUE PODEREI AO MEU SENHOR

**Que poderei ao meu Senhor
retribuir por tantos dons que o
seu amor me concedeu?
Eu vou sair e oferecer a todo irmão
fruto dos dons que ele meu deu.**

1. Senhor, eu quero te oferecer meu coração.
Senhor, eu quero te oferecer a vocação.

Ó Senhor, ó meu Senhor, é todo teu o meu amor.

2. Senhor, eu quero te oferecer a juventude.
Senhor eu quero te oferecer minha saúde.
Ó Senhor, ó meu Senhor, é todo teu o meu amor.

3. Senhor, eu quero te oferecer cada momento,
as minhas esperanças, meu viver, meu pensamento.
Ó Senhor, ó meu Senhor, é todo teu o meu amor.

4. Senhor, eu quero te oferecer tudo o que faço
as minhas alegrias, meu trabalho, meu cansaço.
Ó Senhor, ó meu Senhor, é todo teu o meu amor.

266 A TI, Ó DEUS, CELEBRA A CRIAÇÃO

A ti, ó Deus, celebra a criação
que aqui trazemos neste vinho e pão.

1. O infinito dos céus e dos mares,
a beleza, o perfume da flor,
A magia dos nossos luares,
a ti cantam por nós, seu louvor.

2. O silêncio, o orvalho da noite
e a dança dos ventos, Senhor;
toda vida que a terra germina,
a ti cantam por nós, seu louvor.

3. Ouve a prece da mãe natureza,
que espera de ti redenção.
Renovada a terra se alegre,
ao teu nome, uma só louvação!

267 OUVINDO O APELO DE DEUS

Ouvindo o apelo de Deus,
que resposta nós daremos?
Ofertamos ao Senhor
tudo aquilo que nós temos.

1. Nós temos alegria e é isto que
te damos neste mundo de agora
em que todos caminhamos.

2. No altar nós colocamos o sorriso
desta vida. Nossas horas de
angústia e a esperança nesta lida.

3. Aqui te apresentamos a história
do teu povo que, buscando tua
graça, te oferece um mundo novo.

4. A tua gente oferta pão e vinho
em teu louvor. Sobre o altar nós
deixamos alegria, vida e amor.

268 QUEREMOS, SENHOR

Queremos, Senhor, a ti ofertar
a vida de um povo que quer te amar.

1. As nossas crianças
com sua inocência; os nossos
velhinhos com a sua experiência.

2. Os jovens que querem
a vida mudar; as mães
de família nas lidas do lar.

3. A mão do pedinte
que quer compreensão,
a angústia no rosto
por não ter mais pão.

4. O povo do bairro
lutando pra ter uma vida
mais digna de filhos de Deus.

5. As mãos calejadas
do trabalhador, na luta
da vida regada na dor.

6. Pastores e povo na busca do bem
enquanto aguardam
Jesus, que a nós vem.

269 O PÃO, O TRIGO, A TERRA

O pão, o trigo, a terra
recebe, Senhor, nossa oferta!

**O vinho, a uva, a festa
recebe, Senhor, nossa oferta!**

1. Recebe, Senhor, nossos passos,
caminho de pedra e dor.
/:As mãos, o trabalho, o suor:
é nossa oferta, Senhor.:/

2. Recebe, Senhor, nossos dons,
teu povo em busca de chão.
/:A vida, a partilha, a união:
é nossa oferta senhor.:/

3. Recebe, Senhor, a esperança,
a força da comunidade.
/:O sonho, a luta, a coragem:
é nossa oferta Senhor.:/

270 NESTA MESA DA IRMANDADE

1. Nesta mesa da irmandade,
a nossa comunidade
se oferece a ti, Senhor.
Nosso sonho e nossa
luta, nossa fé, nossa conduta,
te entregamos com amor.

**Novo jeito de sermos Igreja
Nós buscamos, Senhor,
na tua mesa. (Bis)**

2. Neste pão te oferecemos
os mutirões que fazemos.
A partilha, a produção,
neste vinho a alegria
que floresce cada dia dentro
de nossa união.

3. Nesta Bíblia bem aberta
encontramos a luz certa,
para aqui te oferecer. Ela
reúne teu povo na busca do mundo
novo onde os pobres vão viver.

4. Nosso coração inteiro, Deus
humano e companheiro,
deixamos no teu altar.
Nosso canto e a memória
do martírio e da vitória
nós trazemos pra te dar.

271 TUDO O QUE TEMOS

**Tudo o que temos,
Senhor, nós vamos dar.
Nossa vida, nosso mundo,
tudo isso tu nos dás.
Senhor, aceita nossa oferta.
É com amor que damos.
É com amor que damos.**

1. O pão trabalhado do trigo.
Do trigo plantado na terra.
Da terra o sustento do homem.
O homem pra louvar a Deus.

2. O vinho que alegra a festa,
é o mesmo que será teu sangue.
Suor do trabalho da gente,
na mesa nós pomos, Senhor.

3. Labuta diária dos pobres
buscando uma vida melhor.
Crianças chorando de fome
esperam o pão, ó Senhor.

272 NOSSOS PRESENTES

**Ó Deus presente,
nossos presentes
nós te ofertamos.**

1. Trazemos pão e vinho
da memória e tradição
da eterna aliança
sempre nova no cristão.
O corpo todo entregue
por amor em comunhão.

**ô ô ô... ô ô ô
É tudo teu, Deus-Amor. (Bis)**

2. Os frutos produzidos
nestas terras conquistadas.
As flores dos jardins
de tantas casas ocupadas.

As dores e vitória
   desta nossa caminhada.

3. Trazemos novo mapa
   da história alternativa.
   A nova humanidade
   solidária e combativa.
   Lugares onde habita
   a esperança sempre viva!

4. No peito a saudade
   das pessoas tão queridas.
   Nos olhos tantos sonhos
   de um futuro com mais vida.
   Nos pés a marcha lenta
   Para a terra prometida.

273 BRINDE AO AMOR

1. Ó Maria, serve o vinho.
   Um copo pra todos nós.
   Um pão pra todas as fomes.
   Um só canto em toda voz!

   O mesmo canto,
   o mesmo copo.
   Um grande brinde
   ao nosso amor.

2. Nos beijemos, irmãos, todos.
   Mulheres, jovens, crianças.
   Os velhos contando histórias.
   Comunhão de esperanças.

3. A luz sangra em nosso peito.
   Cheiro bom transborda no ar.
   Em cada rosto um sorriso.
   Muito axé pra partilhar.

4. Tantos trigos num só pão.
   Tantas uvas para o vinho.
   Todos num só coração.
   Tanta fé, tanto carinho.

5. Palavras de amor bem claras,
   verde-vida-flor-semente.
   E a glória se faz em nós
   divina e humanamente!

274 BENDITO SEJAS

1. Bendito sejas, ó Rei da glória!
   Ressuscitado, Senhor da Igreja.
   Aqui trazemos as nossas ofertas.

   Vê com bons olhos nossas humildes ofertas.
   Tudo que temos seja pra ti, ó Senhor.

2. Vidas se encontram no altar de Deus.
   Gente se doa, dom que se imola.
   Aqui trazemos as nossas ofertas.

3. Maior motivo de oferenda,
   pois o Senhor ressuscitou
   para que todos tivessem vida.

4. Irmãos da terra, irmãos do céu!
   Juntos cantemos glória ao Senhor.
   Aqui trazemos as nossas ofertas.

275 CADA VEZ QUE EU VENHO

1. Cada vez que eu venho para te falar,
   na verdade eu venho para te escutar.
   Fala-me da Vida, preciso te escutar.
   Fala-me da verdade, que vai me libertar.

2. Cada vez que eu venho para oferecer,
   na verdade eu venho para receber.
   Dá-me o pão da Vida, que vai me alimentar!
   Dá-me a água viva, que vai me saciar!

276 É PROVA DE AMOR

1. É prova de amor junto à mesa partilhar,
   É sinal de humildade nossos dons
   apresentar.

   Acolhei as oferendas deste vinho e deste pão
   e o nosso coração também.
   Senhor, que vos doastes totalmente por
     amor,
   fazei de nós o que convém.

2. Quem vive para si empobrece seu viver.
   Quem doar a própria vida, vida nova há de
   colher.

3. Oferta é bem servir por amor ao nosso irmão,
é reunir-se nesta mesa e celebrar a redenção.

277 EU TE OFEREÇO O MEU VIVER

1. Eu te ofereço o meu viver,
o meu agir, meu pensamento.
A minha força, minha fraqueza,
eu fui chamado para a doação!

Neste ofertório renovarei o meu desejo de servir.
Mesmo sabendo que nada sou:
Eis-me, Senhor, aqui estou.

2. Quem me seguir terá que sofrer,
tomar a cruz e ser pregado.
A cruz sem ti, quem vai suportar?
Porém contigo não é nada.

3. Minha alegria é ser presença,
é ser sinal de esperança.
Farei da vida uma oblação
que tu fizeste ao Pai de todos nós.

278 NESTA MESA A MAIS QUERIDA

Nesta mesa a mais querida,
Pão e vinho vamos pôr...
Ninguém vive sem comida,
Ninguém vive sem amor.

1. Pra que haja em toda parte
pão que é vida da família,
o cristão seu pão reparte
e seus dons de amor partilha.

2. Esta missa é festa santa,
mesa posta, o santo altar,
e a lição que aqui se canta:
conviver, servir e amar.

3. Alegrias repartindo,
partilhando o amor e a paz,
este mundo fica lindo,
esta vida a vida traz.

279 OFERTAS SINGELAS

1. Ofertas singelas pão e vinho sobre a mesa colocamos.
Sinal do trabalho que fizemos e aqui depositamos.

É teu também nosso coração...
Aceita, Senhor, a nossa oferta
que será depois na certa o teu próprio ser.
(Bis)

2. Recebe, Senhor, da natureza todo o fruto que colhemos.
Recebe o louvor de nossas obras e o progresso que fizemos.

3. Sabemos que tudo tem valor depois que a terra visitaste.
Embora tivéssemos pecado, foi bem mais o que pagaste.

280 PAI, NO ALTAR COLOCAMOS

Pai, no altar colocamos
estes filhos que querem toda vida te dar.

1. Recebe o desejo mais puro de seguir Jesus Cristo
na pobreza total. (Bis)

2. Recebe com o vinho e o pão a oblação dessas vidas
a serviço do irmão. (Bis)

3. Recebe o seguir destes filhos de imitarem o Cristo
na obediência à missão. (Bis)

281 UM CORAÇÃO PARA AMAR

1. Um coração para amar, pra perdoar e sentir,
Para chorar e sorrir, ao me criar tu me deste.
Um coração pra sonhar, inquieto e sempre a bater,
Ansioso por entender as coisas que tu disseste.

/:Eis o que venho te dar,
Eis o que ponho no altar.
**Toma, senhor, que ele é teu,
Meu coração não é meu!:/**

2. Quero que o meu coração seja tão cheio
de paz.
Que não me sinta capaz de sentir ódio
ou rancor.
Quero que a minha oração possa me amadurecer,
leve-me a compreender as consequências
do amor.

282 A TI, MEU DEUS!

1. A Ti, meu Deus, elevo meu coração.
Elevo as minhas mãos, meu olhar,
minha voz.
A Ti, meu Deus, eu quero oferecer
meus passos e meu viver,
meus caminhos, meu sofrer.

**A tua ternura, Senhor, vem me abraçar.
E a tua bondade infinita me perdoar.
Vou ser o teu seguidor e te dar o meu coração,
eu quero sentir o calor de tuas mãos.**

2. A Ti, meu Deus, que és bom e que tens amor,
ao pobre e ao sofredor, vou servir e esperar.
Em Ti, Senhor, humildes se alegrarão,
cantando a nova canção de esperança e
de paz.

283 ACEITA, SENHOR, NOSSOS DONS

Aceita, Senhor, nossos dons,
aceita, Senhor, nosso pão.
Aceita, Senhor, nosso vinho,
aceita, Senhor, nossa gente
sofrida, oprimida, esquecida.
Aceita esta dor que machuca demais.

1. Aceita, também, nossa fome
de paz. Aceita, Senhor,
nossa fome de amor.
Aceita, Senhor, este humano
calor dos povos latinos
que querem viver sem fome e
sem medo num mundo de paz,
na paz da justiça
de homens iguais.

**Aceita, Senhor, Nosso Deus, os dons
que por certo são teus. (Bis)**

2. Aceita, também, nossos povos,
Senhor, crianças e jovens
sedentos de amor.
E todos aqueles sem voz e sem vez,
com fome de paz, e de amor,
e de pão, que esperam os ventos
da renovação à luz
do que disse Jesus, nosso Irmão.

**Aceita, Senhor, Nosso Deus, os dons
que por certo são teus. (Bis)**

284 QUEM DISSE QUE NÃO SOMOS NADA

**Quem disse que não somos nada
que não temos nada para oferecer.
Repare as nossas mãos abertas
trazendo as ofertas do nosso viver.**

1. A fé na nossa caminhada
de fraternidade exige comunhão.
Só resta-nos doar a vida, pois
o compromisso é nossa vocação.
Ô, ô, ô, ô recebe, Senhor!

2. Trazemos a nossa pobreza, gente
que deseja servir aos irmãos.
Os dons que nós oferecemos serão
transformados em revelação.
Ô, ô, ô, ô recebe, Senhor!

3. Coragem de quem dá a vida
seja oferecida neste vinho e pão.
É força que destrói a morte e
muda nossa sorte, é Ressurreição.
Ô, ô, ô, ô recebe, Senhor!

285 JUNTO AO PÃO E AO VINHO, SENHOR

**Junto ao Pão e ao Vinho, Senhor,
vão as mãos calejadas do irmão
que trabalha a massa, o mundo,
fermentando a libertação.**

1. Pão e Vinho serão, para nós,
corpo e Sangue, Jesus Comunhão.
Nossa vida terá mais sentido
na entrega, no amor, doação.

2. Na oferta, o nosso pedido
pra que haja uma transformação.
Mais comida pra todo este povo
no milagre da repartição.

3. Toda a história vamos ofertar
nesta mesa – sinal de união.
Onde Cristo vem ser para nós
corpo e Sangue – nossa salvação.

286 OFERTAR NOSSA VIDA QUEREMOS

1. Ofertar nossa vida queremos,
como gesto de amor, doação.
Procuramos criar mundo novo,
trazer para o povo a libertação.

**De braços erguidos, a Deus ofertamos
aquilo que somos e tudo que amamos.
Os dons que nós temos
compartilharemos, aqueles que sofrem
sorrir os faremos.**

2. A injustiça que fere e que mata,
tanto homem, criança e mulher,
faz o jovem viver sem sentido,
frustrado, perdido,
distante da fé.

3. Como o pão e o vinho se tornam
corpo e Sangue de Cristo Jesus,
transformemos a realidade
pra ser de verdade
esperança e luz!

4. Juventude, milhões pelo mundo,
tanto anseio de libertação!
Gente nova, sem cercas e muros,
constrói seu futuro,
liberta o irmão.

5. Na família, primeira escola,
aprendemos a lei do amor.
Nos estudos, uma habilidade,
com seriedade, buscamos, Senhor.

287 OFERTAR PRA MEU POVO

**Ofertar pra meu povo é dar a vida
A vida inteira oferecida! (Bis)**

1. Ao irmão migrante não há lugar.
Ao desempregado quer trabalhar.
A todo estudante e ao professor,
índio, operário e agricultor.

2. Ao prisioneiro a libertação.
Ao envelhecido a renovação.
Nossos dons aqui vão se transformar
em vida e coragem no caminhar.

3. Faltou pão e água, vamos repartir.
Não nos acolheram, pra onde ir?
Tudo é sofrimento e desolação,
transformai, Senhor, tal situação.

288 PÃO E VINHO TE DAREI

Pão e vinho te darei, Senhor!

1. O pão me dá sustento
e o vinho dá vigor.

2. O pão do meu trabalho
difícil de ganhar.

3. Por este que tem fome
e aquele que tem sede.

4. Por este que mendiga
o pão do teu amor.

5. Ofertas que se tornam
teu corpo redentor.

Santo

289 SANTO (I)

Santo, Santo, Santo é o Senhor Deus do universo,
o céu e a terra proclamam a vossa glória.
Hosana, Hosana, Hosana nas alturas.
Bendito o que vem em nome do Senhor
Hosana, Hosana, Hosana nas alturas.

290 SANTO (II)

Santo, santo, santo,
Senhor Deus do universo,
O céu e a terra proclamam a vossa glória.
Hosana, hosana, hosana, hosana, hosana
nas alturas.

291 SANTO (III)

(de repetição)
Santo, Santo, Santo é o Senhor. (Bis)
Ó Deus do Universo, Deus, nosso Criador.
No céu, na terra brilha o esplendor
da tua imensa glória,
ó Deus nosso Senhor!
Bendito seja aquele que vem,
aquele que vem vindo em nome do Senhor.
Hosana, Hosana, Hosana, ó Salvador.
Ó vem nos consolar, no teu imenso amor!
Ó vem nos alegrar no teu imenso amor!
Vem nos santificar no teu imenso amor!

292 SANTO (IV)

Santo, Santo, Santo, é o Senhor.
Deus do universo, do homem o Criador.
Santo, Santo, Santo é o Senhor.
Céus e terra cantam seu amor.
Bendito que vem em nome do Senhor.
Bendito que vem em nome do Senhor.
Hosana nas alturas. Hosana nas alturas.

293 SANTO (V)

Santo, santo,
santo é o Senhor! (Bis)
No céu, na terra,
em coro as criaturas
proclamam vossa glória,
hosana nas alturas. (Bis)
Bendito o que vem
em nome do Senhor.
Hosana nas alturas,
ó Deus Libertador. (Bis)

294 SANTO (VI)

Santo, Santo é o Senhor,
Senhor Deus do universo.
Ó Senhor Deus do universo.
Os céus e a terra vos proclamam
e cantam toda a vossa glória!
Bendito é o que vem
em nome de Deus, o Senhor.
Em nome de Deus, o Senhor.
Hosana cantem os homens todos!
Hosana cantem os homens todos!

295 SANTO (VII)

Santo, Santo, Santo
é o Senhor Deus do universo!
Céus e terras estão cheios
da vossa glória.
Hosana nas alturas!
Bendito aquele que vem
em nome do Senhor.
Hosana nas alturas!

296 SANTO (VIII)

Santo, Santo, Santo,
Senhor Deus do universo!

O céu e a terra proclamam,
proclamam a vossa glória!
O santo, o justo, o verdadeiro Deus!
Hosana, hosana, hosana nas alturas!
Hosana, hosana, hosana nas alturas!
/:Bendito o quem vem
em nome do Senhor!:/
O santo, o justo, o verdadeiro Deus!
Hosana, hosana, hosana nas alturas!
Hosana, hosana, hosana nas alturas!

297 SANTO (IX)

Santo, Santo, Santo
é o Senhor da Luz.
Santo, Santo é o Senhor Jesus!
Numa canção sideral
de um hosana total
a criação se extasia.
O céu e a terra também
entoam seu grande amém.
Bendito é Aquele que vem,
Aquele que vem,
Aquele que vem em nome da luz.
Bendito é Aquele que tem,
Aquele que tem,
Aquele que tem a paz...
Nosso Senhor Jesus!

298 SANTO (X)

Santo, Santo, Santo
sois vós, Senhor, nosso Deus!

1. O céu e a terra proclamam,
proclamam a vossa glória.

2. Hosana, Hosana, Hosana,
Hosana nas alturas.

3. Bendito o que vem, bendito
Em nome do Senhor.

299 O SENHOR É SANTO (I)

O Senhor é Santo. (Bis)
O Senhor é Santo. (Bis)
O Senhor é Santo. (Bis)
Hosana, hosana, hosana
nas alturas! (Bis)
Ele é nosso Deus. (Bis)
Ele é nosso Pai. (Bis)
Ele é nosso Rei. (Bis)
Hosana, hosana, hosana
nas alturas! (Bis)
Bendito o que vem (Bis)
em nome do Senhor. (Bis)
Bendito o que vem (Bis)
hosana, hosana, hosana
nas alturas! (Bis)

300 O SENHOR É SANTO (II)

O Senhor é Santo,
O Senhor é Santo,
O Senhor é Santo!
O Senhor é nosso Deus,
O Senhor é nosso Pai;
que seu reino de amor
se estenda sobre a terra.
O Senhor é Santo...
/:Bendito o que vem
em nome do Senhor!:/
Hosana! Hosana! Hosana!

301 O SENHOR É SANTO (III)

O Senhor é Santo,
O Senhor é Santo,
O Senhor é Santo!
O Senhor é o só Senhor.
Todos nós somos iguais.
Oxalá o Reino do Pai
seja sempre o nosso reino!
O Senhor é Santo...
O Reino nos vem
em Cristo Rei Salvador!
O Reino se faz
no povo libertador!
Hosana! Hosana! Hosana!

302 SANTO, SENHOR DEUS

Santo, Santo, Santo,
Senhor Deus do Universo.
O céu e a terra proclamam
a vossa glória!
Hosana, hosana nas alturas!
Bendito o que vem em nome do Senhor.
Hosana, hosana nas alturas!

303 SANTO, SANTO É O SENHOR

Solo: Santo, santo!
Todos: Santo é o Senhor!
Solo: Deus do Universo.
Todos: Santo é o Senhor!
Solo: O céu e a terra,
Todos: Santo é o Senhor!
Solo: Proclamam vossa glória!
Todos: Santo é o Senhor!
Solo: Bendito o que vem
Todos: Santo é o Senhor!
Solo: Em nome do Senhor!
Todos: Santo é o Senhor!
Solo: Hosana nas alturas!
Todos: Santo é o Senhor!
Todos: Hosana nas alturas!
Santo é o Senhor!

304 SANTO É DEUS

1. Santo é Deus,
   Santo é o Senhor!
   Hosana nas alturas,
   hosana ao Senhor! (Bis)

2. Santo é Deus,
   Santo é o Senhor!
   A Ele toda glória,
   a Ele o louvor! (Bis)

3. Bendito o que vem,
   em nome do Senhor!
   Hosana nas alturas,
   hosana ao Senhor! (Bis)

305 SANTO É O SENHOR (I)

Santo, Santo, Santo é o Senhor,
Todos nós sabemos
e queremos proclamar.

1. Santo é o Senhor, nas alturas,
   o Senhor é Santo!

2. Santo é o Senhor em toda a terra.
   O Senhor é Santo!

306 SANTO É O SENHOR (II)

Santo, Santo,
Santo é o Senhor,
Deus do universo.
O céu e a terra
proclamam o louvor.
Hosana nas alturas!
Hosana e louvor!
Bendito o que vem
em nome do Senhor.
Hosana nas alturas.

307 SANTO, ELE É SANTO

Santo, Santo, ele é Santo!
O Senhor é Santo!
Ele é Santo, ele é Santo,
o Senhor é Santo! (Bis)

1. Ele é Deus do Universo
   O Senhor é Santo!
   Céus e Terra proclamam
   O Senhor é Santo!
   Vossa Glória, Senhor
   O Senhor é Santo!
   Hosana nas alturas
   O Senhor é Santo!

2. Bendito o que vem
   O Senhor é Santo!
   Em nome do Senhor
   O Senhor é Santo!
   Hosana nas alturas
   O Senhor é Santo!

Hosana nas alturas
O Senhor é Santo!

308 O SENHOR É SANTO

O Senhor é Santo.
Santo é nosso Deus.
O Senhor é Santo.
O Senhor é Pai.
O Senhor é Deus! (Bis)
Bendito o que vem
em nome de Deus chegou.
E nas alturas se ouve um hino.
Hosana ao Senhor!
Todo o céu e toda a terra
estão cantando o amor
Bendito seja, bendito seja
nosso Senhor!
Hosana nas alturas,
hosana ao nosso Deus

Todo o povo canta o seu amor
O Senhor é DEUS!

309 SANTO NUESTRO DIOS

Santo, Santo, Santo, Santo,
Santo, Santo es nuestro Dios,
Señor de toda la Tierra,
Santo, Santo es nuestro Dios. (Bis)
Santo, Santo, Santo, Santo,
Santo, Santo es nuestro Dios,
Señor de toda la Historia,
Santo, Santo es nuestro Dios. (Bis)
Que acompaña nuestro pueblo,
que vive en nuestras luchas,
del universo entero el único Señor.
Bendito los que en su nombre
el Evangelio anuncian,
la buena y gran noticia de la liberación.

Gesto de Paz

310 PAZ, PAZ DE CRISTO

**Paz, paz de Cristo!
Paz, paz que vem do amor
lhe desejo, irmão!
Paz que é felicidade de ver
Em você Cristo, nosso irmão.**

1. Se algum dia, na vida,
você de mim precisar,
saiba: eu sou seu amigo,
pode comigo contar.

2. O mundo dá muitas voltas!
A gente vai se encontrar!
Quero, nas voltas da vida,
a sua mão apertar!

311 CHEGOU A HORA DE APERTAR A SUA MÃO

/:Chegou a hora
de apertar a sua mão,
Jesus nos disse
que somos todos irmãos!:/
/:A paz de Cristo,
a paz de Cristo,
Jesus nos disse
que somos todos irmãos!:/
Paz, paz de Cristo!
Paz, paz de Cristo! (2x)

312 É BONITA DEMAIS

É bonita demais! É bonita demais!
A mão de quem conduz
a bandeira da paz! (Bis)

1. /:É a paz verdadeira
que vem da justiça, irmão.
É a paz da esperança,
que nasce de dentro, do coração!:/

2. /:É a paz da verdade,
da pura irmandade, do amor.
Paz da comunidade
que busca a igualdade, ô ô ô!:/

3. /:Paz que é graça
e presente na vida da gente de fé.
Paz do Onipotente,
Deus na nossa frente, Javé! (Axé):/

313 PAZ DE CRISTO PRA VOCÊ

Paz de Cristo pra você!
Paz de Cristo pra você!
Oxalá eu possa ser paz de Cristo pra você!

314 A PAZ SEJA CONTIGO

A Paz seja contigo e em teu Espírito! (3x)

315 ESTEJA SEMPRE COM VOCÊ

Esteja sempre com você
a paz do Senhor Jesus! (3x)
Esteja sempre com você, meu irmão,
a Paz do Senhor Jesus!

316 SHALOM, MEU AMIGO

**Shalom, meu amigo!
Shalom, meu amigo!
Shalom! Shalom!**

1. A Paz entre nós e Cristo também!
Shalom! Shalom!

2. A Paz entre nós e o mundo também!
Shalom! Shalom!

317 UM ABRAÇO DE PAZ

**Um abraço de paz,
um abraço de irmão,
um abraço que vá
alegrar seu coração. (Bis)**

Paz pra você, paz para nós,
paz para o mundo.
Onde há dor, melancolia,
nós vamos cantar a paz! (Bis)

318 QUERO TE DAR A PAZ

**Quero te dar a paz
do meu Senhor com muito amor!**

1. Na flor vejo manifestar o poder da criação,
nos teus olhos eu vejo estar
o sorriso de um irmão.
Toda vez que te abraço e aperto a tua mão,
sinto forte o poder do amor
dentro do meu coração.

2. Deus é Pai e nos protege.
Cristo é Filho e salvação.
Santo Espírito consolador,
na Trindade somos irmãos.
Toda vez que te abraço e aperto a tua mão,
sinto forte o poder do amor
dentro do meu coração.

Cordeiro de Deus

319 CORDEIRO (I)

1. Ó Cordeiro, que tirais
todo pecado deste mundo,
Tende piedade de nós todos.
Cordeiro por nós imolado,
tende piedade de nós todos.

2. Ó Cordeiro, que tirais
todo pecado deste mundo,
tende piedade de nós todos.
Cordeiro por nós imolado,
tende piedade de nós todos.

3. Ó Cordeiro, que tirais
todo pecado deste mundo,
dai-nos a paz, a vossa paz.
Cordeiro por nós imolado,
dai-nos a paz, a vossa paz.

320 CORDEIRO (II)

1. Cordeiro de Deus,
tem pena de nós!
2. Cordeiro de Deus,
tem pena de nós!
3. Cordeiro de Deus,
queremos tua paz!

321 CORDEIRO (III)

1. Cordeiro de Deus,
que tirais o pecado do mundo,

Tende piedade de nós,
Tende piedade de nós!

2. Cordeiro de Deus,
que tirais o pecado do mundo,
3. Dai-nos a paz, dai-nos a paz,
dai-nos a vossa paz!

322 CORDEIRO (IV)

1. Cordeiro de Deus,
que tirais o pecado do mundo,
tende piedade de nós!
2. Cordeiro de Deus,
que tirais o pecado do mundo,
tende piedade de nós!
3. Cordeiro de Deus,
que tirais o pecado do mundo,
dai-nos a paz!

323 CORDEIRO (V)

1. Cordeiro de Deus,
que tirais o pecado do mundo,
tende piedade de nós!
2. Cordeiro de Deus,
que tirais o pecado do mundo,
tende piedade de nós!
3. Cordeiro de Deus,
que tirais o pecado do mundo,
dai-nos a paz, dai-nos a paz!

324 CORDEIRO (VI)

1. Cordeiro de Deus, que tirais,
que tirais o pecado do mundo,
tende piedade de nós!
Tende piedade de nós! (Bis)
Cordeiro de Deus, que tirais,
que tirais o pecado do mundo,
nós vos pedimos a paz,
nós vos pedimos a paz!

325 CORDEIRO (VII)

1. Cordeiro de Deus,
que tirais o pecado do mundo,
tende piedade, tende piedade,
tende piedade, piedade de nós!
2. Cordeiro de Deus,
que tirais o pecado do mundo,
tende piedade, tende piedade,
tende piedade, piedade de nós!
3. Cordeiro de Deus,
que tirais o pecado do mundo,
dai-nos a paz, dai-nos a paz,
dai-nos a paz, Senhor, a vossa paz!

326 CORDEIRO (VIII)

1. Cordeiro Santo de Deus,
que tirais o pecado do mundo,
/:Tende piedade de todos nós!:/

2. Cordeiro Santo de Deus,
que tirais o pecado do mundo,
/:Tende piedade de todos nós!:/

3. Cordeiro Santo de Deus,
que tirais o pecado do mundo,
/:Dai-nos a paz, vossa paz!:/

327 CORDEIRO (IX)

Cordeiro de Deus
que tirais o pecado do mundo,
tende piedade de nós!
Cordeiro de Deus
que tirais o pecado do mundo,
tende piedade de nós!
Cordeiro de Deus
que tirais o pecado do mundo,
/:dai-nos a paz! Dai-nos a paz!:/

Comunhão

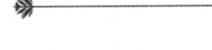

328 EU VIM PARA QUE TODOS TENHAM VIDA

**Eu vim para que todos tenham vida
Que todos tenham vida plenamente.**

1. Reconstrói a tua vida
em comunhão com teu Senhor,
reconstrói a tua vida
em comunhão com teu irmão.
Onde está o teu irmão,
eu estou presente nele.

2. Quem comer o pão da vida
viverá eternamente.
Tenho pena deste povo
que não tem o que comer.
Onde está um irmão com fome,
eu estou com fome nele.

3. Eu passei fazendo o bem,
eu curei todos os males.
Hoje és minha presença
junto a todo sofredor.
Onde sofre o teu irmão,
eu estou sofrendo nele.

4. Entreguei a minha vida
pela salvação de todos.
Reconstrói, protege a vida
de indefesos e inocentes.
Onde morre o teu irmão,
eu estou morrendo nele.

5. Este pão, meu corpo e vida
pela salvação do mundo,
é presença e alimento
nesta santa comunhão.
Onde está o teu irmão,
eu estou presente nele.

329 Ó TRINDADE, VOS LOUVAMOS

**Ó trindade, vos louvamos,
vos louvamos pela vossa comunhão!
Que esta mesa favoreça,
favoreça nossa comunicação.**

1. Contra toda a tentação
da ganância e do poder
nossas bocas gritem juntas
/:a palavra do viver.:/

2. Na montanha com Jesus,
no encontro com o Pai,
recebemos a mensagem:
/:"Ide ao mundo e o transformai!":/

3. Deus nos fala na história
e nos chama à conversão,
vamos ser palavras vivas
/:proclamando a salvação.:/

4. Vamos juntos festejar
cada volta de um irmão,
e o amor que nos acolhe
/:restaurando a comunhão.:/

5. Comunica quem transmite
a verdade e a paz,
quem semeia a esperança
/:e o perdão que nos refaz.:/

330 SÓ HÁ LUGAR NESTA MESA

**Só há lugar nesta mesa
pra quem ama e pede perdão;
/:só comunga nesta ceia quem
comunga na vida do irmão.:/**

1. Eu tive fome,
e não me deste de comer.
Eu tive sede,
e não me deste de beber.

2. Fui peregrino,
e não me acolheste,
injuriado, e não me defendeste.

3. Fui pequenino,
e quiseste me pisar,
da ignorância, não me quiseste tirar.

4. Eu nasci livre
e quis viver na liberdade,
Fui perseguido
só por causa da verdade.

5. Pra ser feliz
eu quis amar sem distinção,
só por orgulho tu não foste meu irmão.

6. Eu vivi pobre,
mas lutei para ser gente,
fui sem direito de levar vida decente.

331 O PÃO DA VIDA

**O Pão da Vida, a comunhão
nos une a Cristo e aos irmãos
/:e nos ensina a abrir as mãos
para partir, repartir o pão.:/**

1. Lá no deserto a multidão
com fome segue o Bom Pastor,
com sede busca a Nova Palavra.
Jesus tem pena, reparte o pão.

2. Na Páscoa nova da Nova Lei,
quando amou-nos até o fim,
partiu o pão, disse: "Isto é meu
corpo por vós doado, tomai, comei!"

3. Se neste pão, nesta comunhão,
Jesus por nós dá a própria vida,
vamos também repartir os dons,
doar a vida por nosso irmão.

4. Onde houver fome, reparte o pão,
e tuas palavras hão de ser luz,
encontrarás Cristo no irmão,
serás bendito do eterno Pai.

332 ANTES DA MORTE E RESSURREIÇÃO

1. Antes da morte e ressurreição
de Jesus, ele na Ceia quis
se entregar. Deu-se em comida
e bebida pra nos salvar.

**E quando amanhecer
o dia eterno, a plena visão,
ressurgiremos por crer
nesta vida escondida no pão. (Bis)**

2. Para lembrarmos a morte, a cruz
do Senhor, nós repetimos como
ele fez: gestos, palavras,
até que volte outra vez.

3. Este banquete alimenta o amor
dos irmãos e nos prepara
a glória do céu. Ele é a força
na caminhada pra Deus.

4. Eis o pão vivo mandado a nós
por Deus Pai. Quem o recebe não
morrerá, no último dia
vai ressurgir, viverá.

333 EU QUIS COMER ESTA CEIA AGORA

1. Eu quis comer esta ceia agora
pois vou morrer,
já chegou minha hora.

**Comei, tomai é meu corpo
e meu sangue que dou.
vivei no amor, eu vou preparar
a ceia na casa do Pai. (Bis)**

2. Comei, o pão é meu corpo imolado,
por vós perdão
para todo pecado.

3. E vai nascer
do meu sangue a esperança,
o amor, a paz, uma nova aliança.

4. Eu vou partir, deixo
o meu testamento, vivei no amor:
Eis o meu mandamento.

5. Irei ao Pai, sinto
a vossa tristeza; porém,
no céu vos preparo outra mesa.

6. De Deus virá o Espírito Santo,
que vou mandar
pra enxugar vosso pranto.

7. Eu vou, mas vós me vereis
novamente. Estais em mim,
e eu em vós estou presente.

8. Crerá em mim e estará na verdade,
quem vir cristão,
na perfeita unidade.

334 VÓS SOIS O CAMINHO

**Vós sois o caminho,
a verdade e a vida,
O pão da alegria
descido do céu.**

1. Nós somos caminheiros
que marcham para o céu.
Jesus é o caminho
que nos conduz a Deus.

2. Da noite da mentira,
das trevas para a luz.
Busquemos a verdade,
verdade é só Jesus.

3. Pecar é não ter vida,
pecar é não ter luz.
Tem vida só quem segue
os passos de Jesus.

335 A MESA TÃO GRANDE E VAZIA

1. A mesa tão grande e vazia
de amor e de paz, de paz!
Onde há luxo de alguns,
alegria não há jamais!
A mesa da Eucaristia
nos quer ensinar ah-ah,
que a ordem de Deus, nosso Pai,
é o pão partilhar.

**Pão em todas as mesas,
da Páscoa a nova certeza:
/:a festa haverá,
e o povo a cantar, aleluia!:/**

2. As forças da morte:
a injustiça e a ganância
de ter, de ter.
Agindo naqueles que impedem
ao pobre viver, viver.
Sem terra, trabalho e comida,
a vida não há, não há.
Quem deixa assim e não age,
a festa não vai celebrar.

3. Irmãos, companheiros na luta,
vamos dar as mãos, as mãos,
na grande corrente do amor,
na feliz comunhão, irmãos.
Unindo a peleja e a certeza
vamos construir, aqui,
na terra, o projeto de Deus:
todo povo a sorrir.

4. Que em todas as mesas de pobre
haja festa de pão, de pão!

E as mesas dos ricos, vazias,
sem concentração de pão!
Busquemos aqui nesta mesa
do Pão redentor do céu,
a força e a esperança que faz
todo o povo ser povo de Deus!

5. Bendito o ressuscitado,
   Jesus vencedor, ô-ô.
   No pão partilhado, a presença
   ele nos deixou, deixou!
   Bendita é a vida nascida
   de quem se arriscou, ô-ô,
   na luta pra ver triunfar
   neste mundo o amor!

336 RECEBER A COMUNHÃO

**Receber a comunhão
com este povo sofrido
/:é fazer a Aliança
com a causa do oprimido:/**

1. Celebrando a Eucaristia,
   a vida a gente consome
   ao lutar pela justiça,
   acabando com a fome
   pra que o outro seja gente,
   pra que ele tenha nome.

2. Celebrando a Eucaristia
   com famintos e humilhados
   com o pobre lavrador
   sem ter nada no roçado,
   expulso de sua terra,
   sem direito, arrasado.

3. Celebrar a Eucaristia
   pra criança abandonada,
   sempre solta pela rua,
   a correr pela calçada,
   sem presente, sem futuro,
   ficará atrofiada.

4. Celebrar a Eucaristia
   é também ser torturado,
   é ser perseguido e preso,
   é ser marginalizado,
   ser entregue aos tribunais
   numa cruz a ser pregado.

5. Vai também ao nosso lado
   nesta santa Eucaristia
   a companheira de luta,
   a Santa Virgem Maria.
   Guardará no coração
   do seu povo a agonia.

337 UM CÁLICE FOI LEVANTADO

**Um cálice foi levantado,
um pão, entre nós partilhado,
o povo comeu e bebeu
e anunciou:
o amor venceu!**

1. Ó Pai,
   tua eterna Palavra enviaste!
   Ó verbo,
   tua tenda entre nós levantaste!
   Senhor, ao mundo vieste
   qual luz e a todos
   Tu nos iluminas, Jesus!

2. Ó povo,
   escuta a Palavra do Mestre!
   Pra nós,
   Jesus olha e se compadece.
   Ovelhas dispersas,
   lutamos em vão, sem rumo...
   Jesus, tem de nós compaixão!

3. Ó gente
   que estás no deserto com fome,
   A noite já vem
   e do dia a luz some.
   Reparte a terra,
   o trabalho e o pão, dos céus
   nos vem a multiplicação!

4. Ó Ceia, Jesus, pão e vinho tomou
   e o cálice e o pão igualmente abençoou.
   Ó Mesa, o Cristo se dá em comida,
   comunga e entrega também tua vida!

5. Ó Igreja,
da mesa de Deus te alimentas.
Do pão
da ceia do Amor te sustentas.
Do cálice o vinho a festa maior
bebendo revive e anuncia o Amor!

6. Cristãos,
de todo recanto ajuntai-vos!
Em torno
da única mesa encontrai-vos!
Unidos, fazei o anúncio
mais forte da vida
que vence pra sempre a morte!

7. Humanos,
Mulheres e Homens, ouvi-me!
A Terra
sedenta está de justiça:
Em nome do Pão e do Vinho
do Amor, uni-vos em torno
da Causa Maior!

338 VEJAM, EU ANDEI PELAS VILAS

1. Vejam, eu andei pelas vilas,
apontei as saídas,
como o Pai me pediu.
Portas, eu cheguei a abri-las,
Eu curei as feridas
como nunca se viu.

**Por onde formos também nós
que brilhe a tua luz.
Fala, Senhor, na nossa voz,
em nossa vida.
Nosso caminho, então, conduz,
queremos ser assim.
Que o pão da vida nos
revigore no nosso "sim".**

2. Veja, fiz de novo
a leitura das raízes da vida,
que meu Pai vê melhor.
Luzes acendi com brandura,
para a ovelha perdida,
não medi meu suor.

3. Vejam, procurei bem aqueles
que ninguém procurava,
e falei de meu Pai.
Pobres, a esperança que é deles.
Eu não quis ser escravo
de um poder que retrai.

4. Vejam, semeei consciência
nos caminhos do povo,
pois o Pai quer assim.
Tramas, enfrentei prepotência
dos que temem o novo,
qual perigo sem fim.

5. Vejam, eu quebrei as algemas,
levantei os caídos,
de meu Pai fui as mãos.
Laços, recusei os esquemas.
Eu não quero oprimidos,
quero um povo de irmãos.

6. Vejam, procurei ser bem claro,
o meu Reino é diverso:
não precisa de Rei, tronos.
Outro jeito mais raro
de juntar o disperso,
o meu Pai tem por lei.

7. Vejam, do meu Pai a vontade
eu cumpri passo a passo,
foi pra isso que eu vim.
Dores, enfrentei a maldade,
mesmo em frente ao fracasso,
eu mantive o meu "Sim".

8. Vejam, fui "além das fronteiras",
espalhei Boa-nova:
"todos filhos de Deus".
Vida, não se deixe nas beiras,
quem quiser maior prova,
"Venha ser um dos meus".

339 CRISTO, QUERO SER INSTRUMENTO

1. Cristo, quero ser instrumento
de tua paz e do teu

infinito amor.
Onde houver ódio e rancor
que eu leve a concórdia,
que eu leve o amor.

Onde há ofensa que dói,
que eu leve o perdão.
Onde houver a discórdia,
que eu leve a união e tua paz!

2. Mesmo que haja um só coração
que duvida do bem,
do amor e do céu,
quero com firmeza anunciar
a palavra que traz
a clareza da fé.

3. Onde houver erro, Senhor,
que eu leve a verdade,
fruto da tua luz.
Onde houver desespero,
que eu leve a esperança
do teu nome, Jesus.

4. Onde encontrar um irmão
a chorar de tristeza
sem ter voz e nem vez,
quero bem no seu coração
semear alegria
pra florir gratidão.

5. Mestre, que eu saiba amar,
compreender, consolar
e dar sem receber.
Quero sempre mais perdoar,
trabalhar na conquista
da vitória da paz.

340 COMUNGAR É TORNAR VIVA A ALIANÇA

Comungar é tornar viva
a aliança em Jesus,
razão de nossa esperança.

1. Ao redor do pão partido
e do vinho da alegria
O futuro se anuncia de vez.

Na união viva da gente,
nosso Deus se fez presente.
E a terra de repente
se torna o céu.

2. Comunhão sempre refeita,
com o planeta em que nascemos.
Esta terra onde vivemos, aqui.
É tornar-se irmão da água,
da flor, do fruto que acalma
a fome que hoje não permite
o irmão sorrir.

3. É viver lembrando sempre
dos companheiros ausentes.
Dos que hoje são
sementes no chão.
É olhar-se frente a frente,
sem ódio nem falsamente.
É afirmar sinceramente:
"Sou teu irmão".

4. É fazer-se solidário
aos sem-terra e sem-salário,
sem-casa ou presidiários, na dor.
É provar da novidade,
da mais pura liberdade,
de uma nova humanidade,
de paz e amor.

5. É firmar o compromisso
com o poder feito serviço
Pois Cristo sempre fez isso, irmão.
A honra do Pai divino,
não é tanto o culto, o hino.
É vida, e o nosso destino
é libertação! Aleluia, Aleluia!

341 SE CALAREM A VOZ DOS PROFETAS

1. Se calarem a voz dos profetas
as pedras falarão.
Se fecharem uns poucos caminhos,
mil trilhas nascerão...

Muito tempo não dura a verdade,
nestas margens estreitas demais,

Deus criou o infinito pra vida
ser sempre mais!
É Jesus este pão de igualdade,
viemos pra comungar
com a luta sofrida do povo
que quer ter voz, ter vez, lugar.
Comungar é tornar-se um perigo,
viemos pra incomodar,
com a fé e a união
nossos passos um dia vão chegar.

2. O Espírito é vento incessante
que nada há de prender.
Ele sopra até no absurdo
que a gente não quer ver.

3. No banquete da festa de uns
poucos só rico se sentou.
Nosso Deus fica ao lado dos
pobres colhendo o que sobrou.

4. O poder tem raízes na areia,
o tempo faz cair.
União é a rocha que o povo
usou pra construir.

5. Toda luta verá o seu dia
nascer da escuridão.
Ensaiamos a festa e a alegria
fazendo comunhão.

342 O NOSSO DEUS COM AMOR SEM MEDIDA

1. O nosso Deus com amor sem medida
chamou-nos à vida,
nos deu muitos dons.
Nossa resposta ao amor será feita,
se a nossa colheita
mostrar frutos bons.

**Mas é preciso
que o fruto se parta
e se reparta
na mesa do amor. (Bis)**

2. Participar é criar comunhão,
fermento no pão, saber repartir.
Comprometer-se com a vida do irmão,
viver a missão de se dar e servir.

3. Os grãos de trigo
em farinha se tornam,
depois se transformam
em vida no pão.
Assim também quando participamos,
unidos criamos maior comunhão.

343 POR UM PEDAÇO DE PÃO

1. Por um pedaço de pão
e por um pouco de vinho,
eu já vi mais de um irmão
se desviar do caminho.
Por um pedaço de pão
e por um pouco de vinho,
eu também vi muita gente
encontrar novamente
o caminho do bem:
eu também vi muita gente
voltar novamente
ao convívio de Deus.

**Por um pedaço de pão
e um pouquinho de vinho
Deus se tornou refeição
e se fez o caminho.**

2. Por não ter vinho nem pão,
por lhe faltar a comida,
eu já vi mais de um irmão
desiludido da vida.
E por não dar do seu pão,
e por não dar do seu vinho,
vi quem dizia ser crente
perder de repente
os valores morais;
vi que o caminho da paz só
se faz com justiça e
direitos iguais.

3. Por um pedaço de pão
e por um pouco de vinho,
eu já vi mais de um irmão

tornar-se um homem mesquinho.
Por um pedaço de pão
e por um pouco de vinho,
vejo as nações em conflito
e este mundo maldito
por não partilhar.
Vejo a metade dos homens
morrendo de fome,
sem Deus e sem lar.

344 É PRECISO QUE O MUNDO

1. É preciso que o mundo envelheça
pra como criança a vida brotar.
É preciso mudar os caminhos
pra que as coisas não voltem
pro mesmo lugar.

**A esperança é o fermento do mundo
que é pão e a todos deve alimentar!
Nós queremos que ele se torne
o corpo de Deus num só altar! (Bis)**

2. É preciso que a gente entenda:
o tempo é passagem, não volta
jamais. É preciso cortar as raízes
ir sabendo que nada é certo demais.

3. É preciso saber que a verdade
não anda tranquila, não tem mais
poder. É preciso abrir bem os olhos
para vê-la sofrendo porque quer viver.

4. É preciso voltar ao princípio
viver é tão simples
feliz é quem crê.
É preciso buscar a alegria
nestas coisas pequenas
que o mundo não vê.

5. É preciso quebrar as barreiras
que impedem a vida de desabrochar.
É preciso, com olhos humildes,
ver que tudo é areia, só Deus é o mar.

345 TÁ NA HORA DE PARTILHAR

**Tá na hora de partilhar, eô, eô!
Tá na hora de partilhar! (Bis)**

1. Como povo de Deus,
negro vem comungar.
Corpo e Sangue de Cristo,
Pão e Vinho do altar...

2. Como todo empobrecido,
negro vem comungar.
Corpo e Sangue de Cristo,
Pão e Vinho do altar...

3. Com todo que tem fome,
negro vem comungar.
Corpo e Sangue de Cristo,
Pão e Vinho do altar...

4. Com aquele que chora,...

5. Com todo odiado,...

6. Com todo injuriado,...

7. Com todo rejeitado,...

8. Com quem é perseguido,...

9. Com quem busca a justiça,...

10. Com quem promove a paz,...

11. Com o povo aflito,...

12. Com o marginalizado,...

13. Com todo explorado,
negro vem comungar.
Corpo e Sangue de Cristo,
Pão e Vinho do altar...

346 CANTAR A BELEZA DA VIDA

1. Cantar a beleza da vida,
presente do amor sem igual:
missão do teu povo escolhido.
Senhor, vem livrar-nos do mal!

**Vem dar-nos teu filho, Senhor,
sustento no pão e no vinho;
e a força do Espírito Santo
unindo o teu povo a caminho.**

2. Falar do teu Filho às nações,
   vivendo como Ele viveu:
   missão do teu povo escolhido.
   Senhor, vem cuidar do que é teu!

3. Viver o perdão sem medida,
   servir sem jamais condenar:
   missão do teu povo escolhido.
   Senhor, vem conosco ficar!

4. Erguer os que estão humilhados,
   doar-se aos pequenos, os pobres:
   missão do teu povo escolhido.
   Senhor, nossas forças redobres!

5. Buscar a verdade, a justiça,
   nas trevas brilhar como luz:
   missão do teu povo escolhido.
   Senhor, nossos passos conduz!

6. Andar os caminhos do mundo,
   plantando teu Reino de paz:
   missão do teu povo escolhido.
   Senhor, nossos passos refaz!

7. Fazer deste mundo um só povo,
   fraterno, a serviço da vida:
   missão do teu povo escolhido.
   Senhor, vem nutrir nossa lida!

347 É O MEU CORPO

É o meu corpo: tomai e comei.
É o meu sangue: tomai e bebei.
Porque eu sou a vida. Eu sou o amor.
O Senhor nos conduz com seu amor.

   Quando é chegada a hora
   para receber o pão
   o Senhor se faz presente
   neste corpo em comunhão
   Se estivermos preparados
   para a grande refeição.
   Tudo é festa
   Canta o povo em oração.

348 CIRANDA DA COMUNHÃO

Partir o pão na mesa,
partilhando em mutirão,
acabando com a fome,
fazendo comunhão!

1. O Pão e o Vinho, frutos da Terra
   são alimentos na caminhada!
   As nossas mãos, os nossos sonhos
   são alimentos na caminhada!

2. Meu irmão índio, sobrevivente,
   é resistência na caminhada!
   Meu irmão negro, Axé pra gente,
   é Resistência na caminhada!

3. Criança e jovem, mulher e homem,
   nossos irmãos na caminhada!
   Desempregados e abandonados
   nossos irmãos na caminhada!

4. Os nossos mártires, irmãos de sangue,
   são as sementes na caminhada!
   Os perseguidos, fiéis na luta,
   são as sementes na caminhada!

5. O povo unido em favor da vida
   de mãos unidas na caminhada!
   As pastorais e comunidades
   de mãos unidas na caminhada!

6. Jesus amigo, ressuscitado
   é companheiro na caminhada!
   Nossa Senhora, mãe da esperança,
   é companheira na caminhada!

349 TU ÉS MINHA VIDA

1. Tu és minha vida,
   outro Deus não há.
   Tu és minha estrada,
   a minha verdade.
   Em tua Palavra eu caminharei
   enquanto eu viver
   e até quando tu quiseres.
   Já não sentirei temor,

pois estás aqui.
   Tu estás no meio de nós.
2. Creio em ti Senhor,
   vindo de Maria.
   Filho eterno e santo,
   homem como nós.
   Tu morreste por amor,
   vivo estás em nós.
   Unidade trina
   com o Espírito e o Pai.
   E um dia, eu bem sei,
   tu retornarás
   e abrirás o Reino dos céus.
3. Tu és minha força,
   outro Deus não há.
   Tu és minha paz, minha liberdade.
   Nada nesta vida nos separará.
   Em tuas mãos segura
   minha vida guardarás.
   Eu não temerei o mal.
   Tu me livrarás.
   E no teu perdão viverei.
4. Ó Senhor da vida,
   creio sempre em Ti.
   Filho Salvador, eu espero em Ti.
   Santo Espírito de amor,
   desce sobre nós.
   Tu, de mil caminhos,
   nos conduzes a uma fé,
   e por mil estradas
   onde andarmos nós
   qual semente, nos levarás.

350 QUANTO TEMPO EU DESEJEI

**Quanto tempo eu desejei
com vocês unir-me nesta refeição!
Venham todos meus irmãos,
de mãos estendidas repartir o pão!**

1. Jesus, um dia, reuniu
   todos os seus amigos
   numa refeição.
   Cingiu-se com uma toalha
   e lavou os pés
   de todos seus irmãos.
   Depois de lhes lavar os pés,
   o Mestre explicou-lhes
   aquela lição: "Quem quer ser
   o maior na vida,
   deve se tornar o menor dos irmãos".
2. Jesus, naquela despedida,
   Ele pregava a vida,
   Ele pregava amor.
   E qual não foi sua tristeza,
   quando ali, à mesa,
   estava o traidor!
   Também, na nossa própria vida,
   somos, muitas vezes,
   "Judas traidor",
   comemos e bebemos juntos
   e depois negamos ao irmão amor.
3. E o Mestre, repartindo o pão
   e repartindo o vinho,
   assim Ele falou:
   "Tomai, comei deles agora,
   é o meu corpo e sangue
   que por vós eu dou!"
   Também, no nosso dia a dia,
   vamo-nos doar ao pobre,
   nosso irmão!
   Tem gente morrendo de fome
   e na nossa mesa está sobrando pão!
4. Assim foi a última ceia,
   a primeira Missa
   que Jesus rezou,
   Tornando-se nosso alimento e,
   de amor, sedento,
   por nós se entregou.
   No mundo há uma grande ceia,
   a festa da Vida, a Ceia Pascal,
   e a festa só será completa,
   quando houver no mundo
   amor universal.

351 O PÃO SOFRIDO DA TERRA

1. O pão sofrido da terra
   na mesa da refeição,
   o pão partido na mesa
   se torna certeza
   e se faz comunhão.
   /:O corpo do meu Senhor
   é força viva de paz.:/

2. Vinho de festa e alegria
   e vida no coração.
   Vinho bebido na luta
   se torna conduta
   de libertação.
   /:O sangue do meu Senhor
   é força viva de paz.:/

3. Palavra vinda do Reino
   na boca de cada irmão.
   Palavra que fortalece,
   anima e esclarece
   a nossa união.
   /:Palavra do meu Senhor
   é força viva de paz.:/

4. Flores dos jardins,
   dos campos,
   sorriso exposto no altar.
   Flores molhadas no pranto
   de quem deu a vida
   pra vida mudar.
   /:A vida de quem tombou
   é força viva de paz.:/

5. Água trazida da fonte,
   matando a sede que mata.
   Água da chuva no chão
   traz vida e traz pão
   pra gente e pra mata.
   /:Água da vida, Jesus,
   é força viva de paz.:/

6. Ceia sagrada aliança,
   ato supremo de amor.
   Ceia, encontro e esperança
   de Jesus com a gente,
   transformando a dor.
   /:A ceia do meu Senhor
   é força viva de paz.:/

7. Louvor que nasce da história,
   do dia a dia do povo.
   Louvor ao Deus verdadeiro,
   fiel justiceiro,
   Pai do mundo novo.
   /:O nome do meu Senhor
   é força viva de paz.:/

352 VEM, E EU MOSTRAREI

1. Vem, e eu mostrarei
   que o meu caminho
   te leva ao Pai.
   Guiarei os passos teus
   e junto a ti hei de seguir.
   Sim, eu irei e saberei
   como chegar ao fim:
   de onde vim, aonde vou,
   por onde irás, irei também.

2. Vem, e eu te direi
   o que ainda estás a procurar.
   A verdade é como o sol,
   invadirá teu coração.
   Sim, eu irei e aprenderei
   minha razão de ser:
   Eu creio em ti, que crês em mim
   e à tua luz verei luz.

3. Vem, e eu te farei
   da minha vida participar.
   Viverás em mim aqui;
   viver em mim é o bem maior.
   Sim, eu irei e viverei
   a vida inteira assim.
   Eternidade é na verdade
   o amor vivendo sempre em nós.

4. Vem, que a terra espera
   quem possa e queira realizar
   com amor a construção
   de um mundo novo muito melhor.

Sim, eu irei e levarei
teu nome aos meus irmãos.
Iremos nós e o teu amor
vai construir, enfim, a paz...

353 ESTE É O HINO DO POVO DE DEUS

1. Este é o hino do povo de Deus
que caminha pra união.
Venham todos à comunhão com Jesus
e com nosso irmão.

**Cristo ressuscitou! Cristo ressuscitou!
Vive no nosso meio, aleluia! (Bis)**

2. Quem comer deste pão viverá:
É o pão vivo que vem do céu!
Esperamos a salvação.
Novos céus, nova terra.

3. Meus irmãos venham todos cear.
É a ceia da ressurreição!
O cordeiro está imolado.
Celebremos a salvação.

4. No Senhor fomos redimidos.
No seu sangue lavados fomos.
Sua cruz é libertação.
Jesus Cristo é nosso irmão.

5. Quem nos vir sempre reunidos.
Vai dizer: como são unidos.
Nossos sonhos se realizaram.
Quem tem fé vive a eternidade.

354 O MEU REINO TEM MUITO A DIZER

1. O meu Reino tem muito a dizer:
não se faz como quem procurou
aumentar os celeiros bem mais e sorriu.
Insensato, que valem tais bens,
se hoje mesmo terás o teu fim?
Que tesouros tu tens pra levar além?

**Sim, Senhor, nossas mãos vão plantar o teu reino.
O teu pão vai nos dar teu vigor, tua paz.**

2. O meu Reino se faz bem assim:
se uma ceia quiseres propor,
não convides amigos, irmãos e outros mais.
Sai à rua à procura de quem
não puder recompensa te dar,
que o teu gesto lembrado será por Deus.

3. O meu Reino, quem vai compreender?
não se perde na pressa que tem;
sacerdote e levita que vão se cuidar.
Mas se mostra em quem não se contém:
se aproxima e procura o melhor
para o irmão agredido que viu no chão.

4. O meu Reino não pode aceitar
quem se julga maior que os demais
por cumprir os preceitos da lei, um a um.
A humildade de quem vai além
e se empenha e procura o perdão
é o terreno onde pode brotar a paz.

5. O meu Reino é um apelo que vem
transformar as razões de viver
que te faz desatar tantos nós que ainda tens.
Dizer "sim" é saberes repor
tudo quanto prejuízo causou,
dar as mãos, repartir, acolher, servir!

355 O PÃO SAGRADO

**O pão sagrado que agora recebemos,
vai nos dar forças para a gente caminhar,
no compromisso de formar comunidade,
onde o amor e a justiça vão reinar.**

1. Foi Jesus Cristo que se fez nosso alimento
na comunhão, o sacramento do amor.
Nós vamos juntos sustentar a nossa vida
na caminhada para o reino do Senhor.

2. Foi Jesus Cristo que aqui nos reuniu.
Todo este povo escutou a sua voz.
Com sua graça ele vai nos ajudar
A combater o mal que existe entre nós.

3. Foi Jesus Cristo que mostrou o bom caminho,
falou a todos sem temer ser torturado.

Deu sua vida com amor e doação.
Pra nos salvar Ele morreu crucificado.

4. Foi Jesus Cristo quem falou aos seus amigos:
"Vão pelo mundo ensinar o que eu falei.
Vão praticando, vão mostrando com a vida
o mandamento do amor, a nova lei".

5. Foi Jesus Cristo quem nos deu esta missão:
Formar Igreja e lutar contra o pecado.
Não há razão para viver no comodismo,
Pelo batismo cada um foi convocado.

356 O SENHOR ME CHAMOU E ME UNGIU

**O Senhor me chamou e me ungiu, me enviou:
"Levarás a Boa-nova, vossos pés vou lavar,
Vou ser pão e deixar-vos a cruz como prova".**

1. Vim da parte de Deus anunciar-vos
novo tempo mais pleno de vida.
Vim curar, reerguer, renovar,
libertar toda gente oprimida!

2. Dentre vós que não haja senhores,
que o maior lave os pés dos irmãos.
Que o mais sábio se instrua com o simples
e que todos se deem sempre as mãos.

3. Não vos chamo de servos, amigos,
confiei-vos o amor de meu Pai.
Cultivai a semente, dai frutos,
toda a face da terra mudai.

4. Sede fortes, brilhai como a luz,
frente ao ódio mantende o vigor.
Perdoai, persisti, sem ceder,
demonstrai o que tenho a propor.

5. Não vos peço impossíveis façanhas
nem conquistas, nem feitos de reis,
simplesmente façais como eu fiz.
sem cessar, como amei-vos ameis.

6. Não temais trono algum deste mundo,
na verdade, vivei sem cessar,
sede assim testemunhas do Reino
que meu Pai quis na terra plantar.

7. Crede em mim, pois assim vivereis.
Meu Espírito vos nutrirá.
Nem a morte havereis de temer,
Sede firmes, que a paz nascerá.

8. Volto ao Pai, preparar-vos a Mesa,
que Ele quer todos juntos de si.
Cativai toda gente em meu nome.
Anunciai: "Todo mal eu venci".

357 COMUNHÃO E MISSÃO

1. Vem meu povo ao Banquete da Vida.
Vem provar o sabor deste pão,
partilhando no abraço fraterno
na ternura de Deus-Comunhão.
Vem que a mesa já está preparada.
Vem trajando a veste mais linda.
Há irmãos esperando nas ruas
dize a todos que aguardo sua vinda.

**Nesta ceia Senhor partilhamos
tua vida no vinho e no pão.
No fraterno convívio seremos
testemunhas da ressurreição.**

2. Vem meu povo ao Banquete da Vida.
Vem, de graça te dou minha Paz.
Aos que choram perdidos no escuro,
o arco-íris no céu mostrarás.
Vem sentar-se à mesa entre amigos,
como a quem dou liberdade;
Sem temer a opressão denuncia
o poder que não quer igualdade.

3. Vem meu povo ao Banquete da Vida.
Vem buscar a coragem de amar.
Se a defesa do Reino tomares,
com a vida terás que pagar.
Vem já vai despontar novo dia
de ciranda e festa geral;
já se avista a "terra sem males",
milenar esperança pascal.

358 FICA CONOSCO, SENHOR

1. Andavam pensando, tão tristes,
   de Jerusalém a Emaús,
   os dois seguidores de Cristo,
   logo após o episódio da cruz.
   Enquanto assim vão conversando,
   Jesus se achegou devagar:
   "De que vocês vão palestrando?"
   E ao Senhor não puderam enxergar.

**Fica conosco, Senhor,
é tarde e a noite já vem.
Fica conosco, Senhor,
somos teus seguidores também.**

2. Não sabes, então,
   forasteiro aquilo que aconteceu?
   Foi preso Jesus Nazareno,
   redentor que esperou Israel.
   Os chefes a morte tramaram
   do santo profeta de Deus;
   o justo foi crucificado,
   a esperança do povo morreu.

3. Três dias enfim se passaram,
   foi tudo uma doce ilusão;
   um susto as mulheres pregaram:
   não encontraram seu corpo mais não.
   Disseram que ele está vivo,
   que disso souberam em visão.
   Estava o sepulcro vazio,
   mas do Mestre ninguém sabe não.

4. Jesus foi então relembrando:
   pro Cristo na glória entrar,
   profetas já tinham falado,
   sofrimentos devia enfrentar.
   E pelo caminho afora
   ardia-lhes o coração:
   falava-lhes das escrituras,
   explicando a sua missão.

5. Chegando, afinal, ao destino,
   Jesus fez que ia passar,
   mas eles demais insistiram:
   "Vem, Senhor, vem conosco ficar!"
   Sentando com eles à mesa,
   deu graças e o pão repartiu;
   dos dois foi tão grande a surpresa:
   "Jesus Cristo o Senhor ressurgiu".

359 DA CEPA BROTOU A RAMA

**Da cepa brotou a rama,
da rama brotou a flor,
da flor nasceu Maria,
de Maria o Salvador.**

1. O Espírito de Deus
   sobre ele pousará,
   de saber e entendimento
   este Espírito será.
   De conselho e fortaleza,
   de Ciência e de temor,
   achará a alegria
   no temor do seu Senhor.

2. Não será pela ilusão
   do olhar, do ouvir dizer,
   que ele irá julgar os homens,
   como é praxe acontecer.
   Mas os pobres desta terra
   com justiça julgará
   e dos fracos o direito
   Ele é quem defenderá.

3. A palavra de sua boca
   ferirá o violento
   e o sopro de seus lábios
   matará o avarento.
   A justiça é o cinto
   que circunda a sua cintura
   e o manto da lealdade
   é a sua vestidura.

4. Neste dia, neste dia
   o incrível, verdadeiro,
   coisa que nunca se viu,
   morar lobo com cordeiro.
   A comer do mesmo pasto
   tigre, boi, burro e leão,
   por um menino guiados
   se confraternizarão.

5. Um menino, uma criança
   com as feras a brincar
   e nenhum mal, nenhum dano
   mais na terra se fará.
   Da ciência do Senhor
   cheio o mundo estará,
   como o sol inunda a terra
   e as águas enchem o mar.

6. Neste dia, neste dia
   o Senhor estenderá
   sua mão libertadora,
   pra seu povo resgatar.
   Estandarte para os povos
   o Senhor levantará.
   A seu povo, sua Igreja,
   toda a terra acorrerá.

7. A inveja, a opressão
   entre irmãos se acabará
   e a comunhão de todos
   o inimigo vencerá.
   Poderosa mão de Deus
   fez no Egito o mar secar;
   Para o resto de seu povo
   um caminho se abrirá.

360 EIS QUE DE LONGE VEM O SENHOR

Eis que de longe vem o Senhor,
para as nações do mundo julgar
e os corações alegres estarão,
como numa noite em festa a cantar.

1. Do Egito uma vinha
   arrancaste com amor;
   com cuidado a replantaste,
   fundas raízes lançou
   e por sobre a terra toda
   sua sombra se espalhou.

2. Mas, Senhor, o que fizeste?
   Por que teu amor se agasta?
   derrubaste as suas cercas,
   todo mundo agora passa,
   cada um invade e rouba,
   quebra os ramos e devasta.

3. Senhor Deus, ouve, escuta:
   do teu povo és o Pastor,
   do teu trono de bondade
   faze-nos ver o esplendor,
   teu poder desperta e vem,
   vem salvar-nos, ó Senhor!

4. Até quando estarás
   indignado contra a gente?
   até quando o pão da dor
   comerá amargamente
   este povo, que tornaste
   dos vizinhos o joguete?

5. E a vinha que plantaste
   já não vens mais visitar?
   O cuidado de tuas mãos
   já não queres mais olhar?
   Desgalgada, murcha e seca,
   desse jeito vais deixar?

6. Sobre o povo que criaste
   tua mão forte estende,
   tua face sobre nós
   resplandecer faze, clemente,
   restaurar-nos vem, Senhor,
   vem salvar a tua gente.

361 É TEMPO DO MEU ADVENTO

1. É tempo do meu advento,
   da vinda surpresa no meio de vós,
   por isso conclamo profetas que
   ao longo da terra elevem sua voz.
   É tempo de um novo Isaías, que,
   atento aos rumos da vida,
   indique um caminho novo
   e a libertação para todo o meu povo.

Isaías, Isaías!
/:anuncia o Messias
e consola o povo meu:/

2. Que eleve sua voz contra todos
   aqueles que levam uma vida
   maldosa. Que aja
   com grande alegria, que implante

a justiça e aos pobres consola.
Que anuncie uma nova esperança
e um Deus que é sempre presença.
Que a todos os homens
conteste e no meio dos povos
se torne um profeta.

3. Eu quero que todos os homens
caminhem segundo os critérios de Deus.
Eu quero uma tal comunhão,
que eu possa chamá-los de
filhos meus!
Eu quero as crianças sorrindo
sempre ao ver
novo mundo surgindo.
Eu quero esperança
maior para aqueles
que lutam por um mundo melhor.

4. Vai, enche a terra de esperança,
oh... pois junto a ti
junto a ti sempre estou, oh...
Leva a tua fé e sê sinal, oh!...
pois Emanuel, Emanuel já vai voltar, oh!...
Crê no meu amor, Ele é constante,
Oh!... pois junto a ti,
junto a ti sempre estou. Oh!...

5. É tempo de ter mais justiça,
não hipocrisia no meio de vós.
De gente que goste de gente
e espere contente
o Messias voltar.
É tempo de ter solução para um
mundo que segue pro mal,
por isso você é escolhido e
este povo sofrido será meu sinal.

362 TODO FERMENTO É POUCO

1. Todo fermento é pouco,
mas vai fazer crescer,
vemos no que é pequeno
a força nova de Deus nascer.
Se vamos preparando
a massa deste pão,

Deus, que fermenta o mundo,
fará a transformação.

**Vamos buscar a terra
de vinho a transbordar,
de pão multiplicado,
e o chão regado de paz!
Vamos buscar a terra
onde haverá lugar
pra todo irmão nascido.
Viver será comungar!**

2. Nossa felicidade
é a de procurar,
há um tesouro oculto
em qualquer canto,
n'algum lugar.
Vamos vendendo tudo
para poder comprar
vida, este campo imenso
é chão de nunca acabar.

3. As aves têm seus ninhos
para poder viver,
mas só verá a vida
quem quer e aceita
que a vai perder.
Povo se faz andando,
conquistará seu chão
e forjará de espadas,
arados fortes, irmão.

363 QUEREMOS SER JOVENS

1. Queremos ser jovens,
libertos, doados,
na causa da vida
e do amor empenhados,
abertos, conscientes,
bem esclarecidos,
juntar nossas mãos,
caminhar mais unidos.

**Os jovens, teus irmãos,
Jesus, Senhor,
têm fome de justiça e de amor!**

Sustenta sua luta, seu vigor
na força de teu pão libertador.

2. Em nossa família,
na comunidade,
queremos ser luz
para a sociedade,
formando Igreja,
formando teu povo
na fraternidade,
na busca do novo.

3. Estamos dispostos,
que Deus nos ajude,
a abrirmos espaço
para a juventude.
Que jovem algum
seja, pois, excluído
de participar,
de também ser ouvido!

4. Nas leis da Nação,
no trabalho e estudo,
comunicação, arte,
esporte... em tudo!
Que sem leviandades,
engano ou violência,
respeite-se o jovem
e sua consciência!

5. Os jovens são teus,
dá-lhes força e ternura.
Sustenta teu povo
na luta tão dura!
E juntos andemos,
em fraternidade,
sejamos irmãos,
não importa a idade!

6. Se somos felizes,
no amor repartido,
daremos apoio
ao mais pobre e sofrido;
nas lutas da vida,
com Deus venceremos,
aos outros unidos,
com Deus venceremos!

364 NA MESA SAGRADA

1. Na mesa sagrada
se faz unidade,
no pão que alimenta,
que é pão do Senhor,
formamos família
na fraternidade,
não há diferença
de raça e de cor.

**Importa viver, Senhor,
unidos no amor,
na participação,
vivendo em comunhão. (Bis)**

2. Chegar junto à mesa
é comprometer-se,
é a Deus converter-se
com sinceridade.
O grito dos fracos
devemos ouvir,
e em nome de Cristo
amar e servir.

3. Enquanto na terra
o pão for partido,
o homem nutrido
se transformará,
vivendo a esperança
de um mundo melhor.
Com Cristo lutando
o amor vencerá.

4. Se participamos
na Eucaristia,
é grande alegria
que Deus oferece.
Porém não podemos
deixar esquecida
a dor desta vida
que o pobre padece.

5. Assim, comungando
da única vida,
a morte vencida
será nossa sorte.

Se unidos buscarmos
a libertação,
teremos com Cristo
a ressurreição.

365 EU VOS DOU UM NOVO MANDAMENTO

"Eu vos dou um novo mandamento,
que vos ameis uns aos outros
assim como eu vos amei"
disse o Senhor.

1. Felizes os puros em seus caminhos,
os que andam na lei do Senhor.
2. Felizes os que guardam seus
preceitos e o procuram
de todo o coração.
3. E andam em seus caminhos
porque não praticam o mal.
4. Promulgastes os vossos preceitos
para serem guardados fielmente.

366 PROVA DE AMOR

Prova de amor maior não há
que doar a vida pelo irmão. (Bis)

1. Eis que eu vos dou
o meu novo mandamento:
"Amai-vos uns aos outros
como eu vos tenho amado!"
2. Vós sereis os meus amigos
se seguirdes meus preceitos:
"Amai-vos uns aos outros
como eu vos tenho amado!"
3. Como o Pai sempre me ama,
assim também eu vos amei.
"Amai-vos uns aos outros
como eu vos tenho amado!"
4. Permanecei no meu amor
se segui meu mandamento.
"Amai-vos uns aos outros
como eu vos tenho amado!"
5. E chegando a minha páscoa
vos amei até o fim.
"Amai-vos uns aos outros
como eu vos tenho amado!"
6. Nisto todos saberão
que vós sois os meus discípulos.
"Amai-vos uns aos outros
como eu vos tenho amado!"

Cantos de despedida

367 VAI GENTE BOA

Vai gente boa, vai com Deus,
leva um abraço meu
pro primeiro que encontrar, lá, laia. (Bis)

1. Segue no caminhar de quem sabe,
como o céu sabe da tarde
e das luzes da cidade.
Nunca é tarde, a esperança
vai florir no teu caminho,
cuida dela com carinho
que ela vira realidade.
2. Faz do mundo um eterno verão,
sendo sol, sendo clarão,
deixa brilhar teu coração.

368 VOU CANTANDO

Vou cantando, ninguém vai me calar,
vislumbrando o sol de amanhã.
Vou partilhando a oração que unirá
o mundo todo num único cantar.

1. Creio em toda força e alegria
do jovem que todo dia

luta, e luta com valia,
faz o mundo transformar.
Creio em toda força e união
daquele que estende a mão
e não desanima nunca
em fazer o amor brotar.

2. Creio em toda voz que não se cala
mesmo quando tudo fala:
o amor não vale nada,
ele vai se acabar.
Creio em quem tem uma esperança
mesmo quando a vida dança
e a paz não é bonança,
mas insiste em caminhar.

3. Creio no jovem que deixou tudo
e, fechando sua casa,
fez do vento sua asa
para só o amor cantar.
Creio em toda vida-profecia
de quem canta e anuncia
o Reino que dia a dia
ele vai concretizar.

369 TERRA MOLHADA

1. Eu piso forte neste chão de amor,
Às vezes caio, mas eu me levanto.
Com tua força dentro em mim, Senhor,
Eu nunca paro, eu não caio, eu não canso.

2. Sou cantador, eu sou pastor de estrelas,
Tanjo rebanhos nos raios da lua.
Não me acostumo com os homens da cidade,
que sabem eles o que é felicidade?

3. Que sabem eles da terra molhada?
Que sabem eles do entardecer?
Que sabem eles da paz que vem com a alvorada?
Do orvalho da madrugada?
Não conhecem bem-querer.
E pra aprender têm que chorar,
E pra aprender têm que sofrer,
E pra aprender a gente luta, a gente apanha,
a vida ensina as manhas pra gente se defender.

370 FELIZ CIDADE

**Um novo olhar que traz um sonho novo,
e faz cantar meu povo, lê, lê, lê, a!**

1. No olhar de quem sabe enxergar,
em cada esquina,
no menino e na menina
o futuro do país; futuro novo,
pleno de felicidade, feliz cidade,
como a gente sempre quis!

2. No olhar de quem chega
do morro e da favela,
de quem desce da janela,
do andar superior,
pra brilhar juntos na justiça e na igualdade,
construindo esta cidade,
como o nosso Deus sonhou!

3. Sonho de vida
transformado em louvação,
festejando a união
de uma nova humanidade.
Humanidade onde todos são iguais,
ninguém é menor, nem mais,
como nosso Deus criou!

4. Bendito seja o novo olhar,
o sonho novo!
Pra cidade, pra meu povo,
pra você, pra todos nós.
Bendito seja o Deus, artista da alegria,
nosso canto, noite e dia,
aleluia, aleluia!

371 CARNAVALITO DE ANDAR

**Dá tua mão, vamos seguir,
Juntos iremos andar.**

1. Com toda a fé que temos
num Deus capaz de libertar.

2. Com alegria, com a certeza
de um sol que ainda vai brilhar.
3. Lutando contra toda injustiça
que há de se acabar.

372 NOSSOS PASSOS, SENHOR

1. Quando comecei a andar teus passos,
eu jamais imaginava seguir por tais
Δ6caminhos.
Aos poucos nosso amor criou seus laços,
seduziste-me,
Senhor, me encheste de carinhos.
A vida dentro em mim ganhou sentido,
vazio foi preenchido por teu profundo amor.
E aos poucos o meu ser tu modelaste,
tua vontade me mostraste,
fizeste-me feliz.

2. Hoje és abrigo e segurança,
o meu único tesouro, a música da vida!
Contigo, o meu coração se lança
impelido pelo Amor primeiro e sem medida.
E juntos nós fazemos a aventura:
Andar sempre à procura de mares
mais além,
atentos à missão que o Pai confia:
Construir a cada dia o Reino de irmãos.

3. Toma minhas mãos por entre as tuas,
me sustenta pela estrada que devo andar
ainda.
Te peço que esta obra tu concluas
e o amor que a começou
será meu céu, morada!

373 BÊNÇÃO

A bênção do Deus de Sara, Abraão e Agar,
A bênção do Filho, nascido de Maria,
A bênção do Espírito Santo de amor,
Que cuida com carinho qual mãe cuida
da gente
desça sobre todos nós. Amém!

374 TUA BÊNÇÃO, SENHOR (SI 67)

**Tua Bênção, Senhor, nos ilumine,
Tua Face, Senhor, sobre nós brilhe,
/:Teu poder encerra paz e retidão,
bênçãos e frutos por todo este chão.:/**

1. Deus se compadece e de nós se compraz,
em nós resplandece seu rosto de paz.
2. Pra que o povo encontre, Senhor, teu
caminho
e os povos descubram teu terno carinho.
3. Que todos os povos te louvem, Senhor,
que todos os povos te cantem louvor!
4. Por tua justiça se alegram as nações,
com ela governas da praia aos sertões.
5. O chão se abre em frutos, é Deus que
abençoa!
E brotem dos cantos do mundo esta loa!
6. Ao Pai demos glória e ao Filho também,
Louvor ao Espírito Santo. Amém.

375 NOVA GERAÇÃO

1. Eu venho do sul e do norte,
do leste e do oeste, de todo lugar,
estradas da vida eu percorro,
levando socorro a quem precisar.
Assunto de paz é meu forte,
eu cruzo montanhas, eu vou aprender,
o mundo não me satisfaz,
o que eu quero é a paz, o que quero é viver.

**No peito eu levo uma cruz
No meu coração o que disse Jesus. (Bis)**

2. Eu venho trazer meu recado, não tenho
passado,
mas sei entender:
Um jovem foi crucificado
por ter ensinado a gente a viver.
Eu grito ao meu mundo descrente
que quero ser gente, que eu creio na cruz.
Eu creio na força do jovem
que segue o caminho de Cristo Jesus.

376 EU QUERO ACREDITAR

1. Eu quero acreditar na vida,
ver o sol em cada amanhecer.
Ter no rosto um sorriso amigo,
acreditar que o sonho é pra valer.
Eu quero ter meu peito aberto,
caminhar e não olhar pra traz.
Caminheiro quero amor por perto,
quero o mundo construindo paz.

**Canta comigo cante esta canção
Pois cantando sonharemos juntos
Pra fazer um mundo mais irmão. (Bis)**

2. Eu quero acreditar no amor,
ver a noite se afastar de mim.
Em cada rua plantar uma flor
e fazer da terra um jardim.
Venha junto sonhar o desejo
de que a vida não tenha mais fim.
No violão soe o arpejo,
construindo a paz, o amor, enfim.

377 CANTE A ESPERANÇA

1. Levante a cabeça e siga,
encare de frente a vida.
Busque dentro de si mesmo a esperança
de vencer.
Caminhe pra frente, se ajude,
explore sua juventude,
seja humilde, acredite: você vai vencer.

2. Jovem a vida é linda, basta tentar descobrir.
Leve a esperança no peito,
por onde você seguir.

3. Cante, cante a esperança, faça a esperança
brilhar.
Leve esse canto, essa força a quem precisar.
Vamos cantar a esperança, fazer a esperança brilhar.
E que o seu brilho cresça sempre mais, pra
não mais se acabar.

378 CAMINHAREI

1. É um longo caminho que devo seguir
na terra um mundo novo hei de construir.
Senhor dá-me tua mão para caminhar,
a fé se enfraquece se ao meu lado não
estás.

**Caminharei tu me dás a luz
Caminharei tu me dás a fé
Caminharei tu me dás o amor
Caminharei. (Bis)**

2. Não percas a esperança se ao caminhar
caíres na estrada e esqueceres de amar.
Porque sempre perdoa o nosso Bom Deus.
Sabe que somos barro, seu amor Ele nos dá.

3. Nos dá sua palavra, que é vida e verdade.
Nos mostra o caminho da fraternidade.
Nos diz que o sigamos, sem nos atar.
E juntos caminhemos em plena liberdade.

379 SE CAMINHAR É PRECISO

1. Se caminhar é preciso,
caminharemos unidos
e nossos pés, nossos braços,
sustentarão nossos passos.
Não mais seremos a massa sem vez,
sem voz, sem história,
mas uma Igreja que vai
em esperança solidária.

2. Se caminhar é preciso,
caminharemos unidos
e nossa fé será tanta
que transporá as montanhas.
Vamos abrindo fronteiras
onde só havia barreiras,
pois somos povo que vai
em esperança solidária.

3. Se caminhar é preciso,
caminharemos unidos
e o Reino de Deus teremos
como horizonte da vida.

Compartiremos as dores,
os sofrimentos e as penas
levando a força do amor
em esperança solidária.

4. Se caminhar é preciso,
caminharemos unidos
e nossa voz do deserto
fará brotar novas fontes.
E a nossa vida na terra
será antevista nas festas.
É Deus que está entre nós
em esperança solidária.

380 JESUS CRISTO É O SENHOR

**Jesus Cristo é o Senhor,
o Senhor, o Senhor.
Jesus Cristo é o Senhor.
Glória a Ti, Senhor!**

1. Da minha vida ele é o Senhor (3x)
Glória a ti, Senhor!

2. Do meu presente ele é o Senhor (3x)
Glória a ti, Senhor!

3. Do meu futuro ele é o Senhor (3x)
Glória a ti, Senhor!

381 LOUVADO SEJA MEU SENHOR

**Louvado seja meu Senhor
por todas suas criaturas.**

1. Pelas pessoas que acreditam
no pequeno e se ajuntam
para o mundo melhorar.

2. Pela mulher que lava roupa,
que cozinha, arruma a casa
e ainda sabe acarinhar.

3. Pelo trabalhador do campo
que arranca o pão da terra
para a fome não o matar.

4. Pelo operário da cidade
que sabe fazer as coisas
de a gente se admirar.

5. Pelas pessoas que se ajuntam
pra lutar por seus direitos
não se deixando enganar.

382 PORQUE ÉS SENHOR

1. Porque és, Senhor,
o caminho que devemos nós seguir.

**Nós te damos hoje e sempre
toda glória e louvor.**

2. Porque és, Senhor,
a verdade que devemos aceitar.

3. Porque és, Senhor,
plena vida que devemos nós viver.

383 VAI, VAI MISSIONÁRIO

**Vai, vai missionário do Senhor!
Vai trabalhar na messe com ardor.
Cristo também chegou para anunciar,
Não tenhas medo de evangelizar.**

1. Chegou a hora
de mostrarmos quem é Deus,
à América Latina
e aos sofridos povos seus
que passam fome,
labutam e se condoem,
mas acreditam na libertação.

2. Ai daqueles que massacram o pobre,
vivendo mui tranquilos,
ocultando a exploração
enquanto o irmão
à sua porta vem bater
implorando piedade, água e pão.

3. Se és cristão, és também comprometido.
Chamado foste tu
e também foste escolhido
pra construção do Reino do Senhor.
Vai, meu irmão,
sem reserva e sem temor.

384 CRISTO VENCE

**Cristo vence, Cristo Reina,
Cristo, Cristo impera.**

1. Com flores e palmas acorre
   a turba ao Redentor prestando
   homenagem ao vencedor triunfante.

2. Com os anjos e as crianças,
   fiéis sejamos achados,
   "Hosana nas alturas!"
   clamando ao vencedor da morte.

3. Bendito o que vem
   em nome do Senhor.
   Hosana nas alturas.

4. A multidão pôs-se a louvar a Deus, pelos
   milagres que vira,
   dizendo alegre e alto:

5. Bendito o que vem como Rei,
   em nome do Senhor!

385 DÁ-NOS UM CORAÇÃO

**Dá-nos um coração
grande para amar!
Dá-nos um coração
forte para lutar!**

1. Homens novos,
   criadores da história,
   construtores da nova humanidade.
   Homens novos
   que vivem a existência
   sempre em risco
   de um novo caminhar.

2. Homens novos,
   lutando na esperança.
   Homens novos, em busca da verdade.
   Homens livres,
   sem freios nem cadeias.
   Homens livres,
   que exigem liberdade.

3. Homens novos,
   amando sem fronteiras.
   Para além de raças e lugar.
   Homens novos
   ao lado dos pobres,
   partilhando com eles
   teto e pão.

386 QUERO OUVIR TEU APELO, SENHOR

1. Quero ouvir teu apelo, Senhor,
   ao teu chamado de amor responder.
   Na alegria te quero servir
   e anunciar o teu Reino de amor!

**E pelo mundo eu vou cantando o teu amor,
pois disponível estou, para servir-te, Senhor!
   (Bis)**

2. Dia a dia, tua graça me dás,
   nela se apoia o meu caminhar.
   Se estás a meu lado, Senhor,
   o que, então, poderei eu temer?

CANTOS MARIANOS

387 À VOSSA PROTEÇÃO

À vossa proteção
recorremos, Mãe de Deus!

1. Santa Maria,
socorrei os pobres,
ajudai os fracos,
consolai os tristes.
Rogai pela Igreja,
protegei o clero,
ajudai-nos a todos,
sede nossa salvação.

2. Santa Maria,
sois a Mãe dos homens,
sois a Mãe de Cristo,
que nos fez irmãos.
Rogai pela Igreja, pela humanidade,
e fazei que enfim
tenhamos paz e salvação.

388 PELAS ESTRADAS DA VIDA

1. Pelas estradas da vida
nunca sozinho estás;
contigo pelo caminho,
Santa Maria vai.

Ó vem conosco,
vem caminhar,
Santa Maria, vem. (Bis)

2. Mesmo que digam os homens:
tu nada podes mudar!
Luta por um mundo novo
de unidade e paz.

3. Se pelo mundo os homens,
sem conhecer-se vão,
não negues nunca a tua mão
a quem te encontrar.

4. Se parecer tua vida
inútil caminhar,
pensa que abres caminho:
outros te seguirão!

389 MARIA DE NAZARÉ

1. Maria de Nazaré,
Maria me cativou.
Fez mais forte a minha fé
e por filho me adotou.
Às vezes eu paro e fico a pensar,
e sem perceber me vejo a rezar,
e meu coração se põe a cantar
pra Virgem de Nazaré.
Menina que Deus amou e escolheu
pra Mãe de Jesus, o Filho de Deus.
Maria que o povo inteiro elegeu,
Senhora e Mãe do Céu.

Ave Maria, Ave Maria!
Ave Maria, Mãe do Senhor!

2. Maria que eu quero bem,
Maria do puro amor.
Igual a você ninguém,
Mãe pura do meu Senhor.
Em cada mulher que a terra criou
um traço de Deus Maria deixou,
um sonho de mãe Maria plantou
pro mundo encontrar a paz.
Maria que fez o Cristo falar,
Maria que fez Jesus caminhar,
Maria que só viveu pra seu Deus,
Maria do povo meu.

390 VEM, MARIA, VEM

Vem, Maria, vem
Vem nos ajudar neste caminhar
tão difícil rumo ao Pai. (Bis)

1. Vem, querida Mãe, nos ensinar
a ser testemunha do amor,
que fez do teu corpo sua morada,
que se abriu pra receber o Salvador.

2. Nós queremos, ó Mãe, responder
ao amor do Cristo Salvador.
Cheios de ternura, colocamos
confiantes em tuas mãos, esta oração.

391 AVE, CHEIA DE GRAÇA

Ave, cheia de graça,
Ave, cheia de amor!
/:Salve, ó mãe de Jesus.
A ti nosso canto e nosso louvor!:/

1. Mãe do criador, rogai!
   Mãe do Salvador, rogai!
   Do libertador, rogai por nós!
   Mãe dos oprimidos, rogai!
   Mãe dos esquecidos, rogai!
   Dos desvalidos, rogai por nós!

2. Mãe do boia-fria, rogai!
   Causa da alegria, rogai!
   Mãe das mães, Maria, rogai por nós!
   Mãe dos humilhados, rogai!
   Dos martirizados, rogai!
   Marginalizados, rogai por nós!

3. Mãe dos despejados, rogai!
   Dos abandonados, rogai!
   Dos desempregados, rogai por nós!
   Mãe dos pecadores, rogai!
   Dos agricultores, rogai!
   Santos e doutores, rogai por nós!

4. Mãe do céu clemente, rogai!
   Mãe dos doentes, rogai!
   Do menor carente, rogai por nós!
   Mãe dos operários, rogai!
   Dos presidiários, rogai!
   Dos sem-salário, rogai por nós!

392 SALVE, MARIA

Salve, Maria,
tu és estrela virginal de Nazaré.
És a mais bela entre as mulheres,
cheia de graça, esposa de José.

1. O anjo Gabriel foi enviado
   à vilazinha de Nazaré,
   para dar um recado lá do céu,
   àquela moça que casara com José.

2. Maria, ao ver o anjo, se espantou
   e o anjo disse nada a temer,
   pois ela tem cartaz lá no céu
   e o próprio Deus, um dia, dela irá nascer.

3. Maria acha difícil esta mensagem
   e o anjo afirma que Deus fará.
   E sua prima Isabel, embora velha,
   vai ter um filho que João se chamará.

4. Maria fez-se escrava do Senhor
   e apresentou-se para a missão
   de ser a imaculada Mãe de Deus,
   contribuindo para nossa salvação.

393 A MINH'ALMA ENGRANDECE O SENHOR

A minh'alma engrandece o Senhor,
meu coração muito se alegrou
em Deus, meu Salvador!
Em Deus, meu Salvador!

1. Ele voltou seu olhar
   para a pequenez
   de sua servidora
   e todas as gerações
   me proclamarão feliz e ditosa!

2. Ele que é todo poder
   me fez grandes coisas,
   santo é seu nome!
   Sua bondade se estende
   de pais para filhos
   sobre os que o temem!

3. Ele agiu com braço forte
   e os cheios de orgulho
   ele dispersou!
   Botou abaixo os potentes,
   humildes, pequenos ele elevou!

4. Ele enricou os famintos
   e aos ricos sem nada
   embora mandou!
   Ele a seu povo acudiu,
   de sua promessa aos pais se lembrou!

5. Ele aliou-se a Abraão
   e a seus descendentes,
   sem fim, também!
   Glória ao Pai por seu Filho,
   no Espírito Santo, pra sempre, amém!

394 Ó MARIA, VIRGEM MÃE

Ó Maria, Virgem Mãe,
És a luz sempre a guiar.
És dos homens a esperança
na procura pela paz.

1. Nos ensina nesta vida
   como construir a paz:
   é preciso que os homens
   queiram repartir o pão.

2. Nos ensina nesta vida
   como construir a paz:
   é preciso a cada instante
   a liberdade respeitar.

3. Nos ensina nesta vida
   como construir a paz:
   é preciso que os homens
   vejam Cristo em cada irmão.

395 IRMÃ MARIA

1. A caminhar pelas estradas da Judéia,
   da Samaria e de toda Galileia,
   vai lado a lado, caminhando com Jesus!
   De Caná até a cruz
   a irmã Maria vai com fé.

**Irmã Maria de Nazaré.
Irmã Maria, Irmã na fé.
Irmã do povo que caminha com Jesus!
A irmã Maria vai conosco e vai com fé.**

2. A caminhar pelas estradas da história,
   em companhia dos cristãos, os filhos seus,
   acompanhando o povo humilde e sofredor!
   Toda a luta contra a dor
   conta com a Virgem Mãe de Deus.

396 MARIA, MULHER DO POVO

Maria, mulher do povo,
conosco vem caminhar,
a força de teu exemplo
a história vai transformar.

1. Ensina-nos a ter coragem
   de nunca desanimar
   na luta de doar a vida
   pra libertação despontar.

2. Na tua carne carregas
   a vida de tantas Marias,
   sofrendo em dores de parto
   pra dar à luz Novo dia.

3. Já basta de injustiças,
   escuta o nosso clamor.
   Queremos um mundo irmão,
   de paz, justiça e amor.

397 MARIA LIBERTADORA

1. Olha, por este povo,
   por esta massa, por esta gente
   tão inocente suando sangue pra ter o pão.
   Olha por este povo que caminhando,
   melhor caminho está procurando
   para sair da situação.

**Maria, libertadora,
liberta teus filhos da opressão. (Bis)**

1. Olha pela criança abandonada,
   que quer amor mas é desprezada
   para o sistema não tem função.
   Olha o adolescente que está crescendo,
   o tempo passa e nem está sabendo
   que tem que haver participação.

2. Olha por estes jovens alienados,
   que vivem sempre sendo enganados
   pra que construam libertação.
   Olha pela mulher marginalizada,
   que quer viver mas é rejeitada,
   que busca ainda compreensão.

398 SENHORA DA GRAÇA

**Senhora da Graça,
Mãe de Deus, nossa Mãe
Vem conosco andar nesta caminhada!**

1. Maravilhas, mulher, nosso Deus fez em ti.
Tu geraste Jesus na ternura e na dor,
no sonho e na fé! Vem conosco andar.

2. Dá-nos tua coragem mulher abençoada,
Companheira querida, canta o canto novo
pra vida brilhar! Vem conosco andar.

399 NEGRA MARIAMA

**Negra Mariama,
negra Mariama, chama! (Bis)**

1. Negra Mariama, chama pra enfeitar
o andor porta-estandarte para
ostentar a imagem Aparecida em
nossa escravidão. Com o rosto dos
pequenos, cor de quem é irmão.

2. Negra Mariama chama pra cantar
que Deus uniu os fracos pra se
libertar. E derrubou do trono
latifundiários que escravizavam, pra
se regalar.

3. Negra Mariama chama pra dançar.
Saravá, esperança, até o sol raiar.
No samba está presente o sangue derramado,
o grito e o silêncio dos martirizados.

4. Negra Mariama chama pra lutar
em nossos movimentos, sem desanimar.
Levanta a cabeça dos espoliados,
nossa Companheira chama pra avançar.

400 REGINA CAELI LAETARE

Regina caeli laetare, Alleluia!
Quia quem meruisti portare, Alleluia!
Ressurrexit sicut dixit, Alleluia!
Ora pro nobis Deum, Alleluia!

401 MINH'ALMA DÁ GLÓRIAS AO SENHOR

1. Minha alma dá glórias ao Senhor.
Meu coração bate alegre e feliz.
Olhou para mim com tanto amor,
que me escolheu, me elegeu e me quis!
E, de hoje em diante, eu já posso prever:
todos os povos vão me bendizer!
O Poderoso lembrou-se de mim!
Santo é seu nome sem fim!

2. O povo dá glórias ao Senhor.
Seu coração bate alegre e feliz,
Maria carrega o Salvador
porque Deus Pai sempre cumpre o que diz.
E, quando os povos aceitam sua lei,
passa de pai para filho o seu dom:
Das gerações Ele é mais do que Rei:
Ele é Deus Pai, Ele é Bom!

3. Minha alma dá glórias ao Senhor.
Meu coração bate alegre e feliz.
Olhou para mim com tanto amor,
Que me escolheu, me elegeu e me quis!
O orgulhoso Ele sabe dobrar,
o poderoso Ele sabe enfrentar.
O pobrezinho Ele defenderá.
Não nos abandonará.

4. O povo dá glórias ao Senhor.
Seu coração bate alegre e feliz
Maria carrega o Salvador
porque Deus Pai sempre cumpre o que diz.
Quem tem demais, qualquer dia vai ver
o que é ter fome e não ter pra comer!
Quem passa fome, comida terá.
Eis que a justiça virá!

5. Minha alma dá glórias ao Senhor.
Meu coração bate alegre e feliz,
meu povo já sente o seu amor,
Ele promete, Ele cumpre o que diz.
Aos nossos pais Ele um dia jurou.
Ele é fiel e jamais enganou.
Estamos perto da era do amor,
Bendito seja o Senhor!

402 CANÇÃO DE MARIA

**Virá o dia em que todos
ao levantar a vista,
veremos nesta terra
reinar a liberdade. (Bis)**

1. Minha alma engrandece ao Deus Libertador.
Se alegra meu espírito em Deus meu Salvador,
pois Ele se lembrou do seu povo oprimido,
e fez de sua serva a mãe dos esquecidos.

2. Imenso é seu amor sem fim sua bondade,
pra todos que na terra lhe seguem na humildade.
Bem forte é nosso Deus levanta o seu braço,
espalha os soberbos, destrói todos os males.

3. Derruba os poderosos dos seus tronos erguidos
com sangue e suor do seu povo oprimido,
e farta os famintos, levanta os humilhados,
arrasa os opressores, os ricos e os malvados.

4. Protege o seu povo com todo o carinho,
fiel é seu amor em todo o caminho.
Assim é o Deus vivo que marcha na história,
bem junto do seu povo em busca da vitória.

5. Louvemos nosso Pai, Deus da Libertação
que acaba com a injustiça, miséria e opressão.
Louvemos nos irmãos que lutam com valia,
fermentando a história pra ver o novo dia.

403 MARIA DE AMOR

1. Maria eu quero aprender
contigo a querer o teu filho Jesus.
Contigo também aprender
a ser para os outros um pouco de luz.
Te peço, me ensines ainda,
ser pão repartido como é Jesus.

**Maria, Maria, Maria cheia de amor
Me ensina, me ensina a ser como teu Senhor.
   (Bis)**

2. Eu quero contigo aprender
teu jeito de ser com tanta alegria.
E, a força que muda a vida,
pra mim seja sempre a Eucaristia.
Te peço, me ensines ainda,
ser pão repartido com alegria.

404 MARIAS DA LIBERTAÇÃO

1. Neste chão tu és tantas Marias
de fé e alegria, de libertação.
E te doas com força e com garra,
na fé e na marra constróis mundo irmão.
Operária ou dona de casa,
és vida marcada nos trilhos de Deus.
Não te cansas, esperas um dia
ver com alegria um mundo pros teus.

**És lutadora na rua ou na escola
E fazes a história sem ter teu valor.
Mas não cansas, tens nova esperança
De ver nova dança na festa do amor. (Bis)**

2. Nesta luta tu és o amor
que vence a dor de tanta opressão.
Nos animas, és toda coragem,
tu és a mensagem de paz e união.
E na vida és toda alegria.
És tantas Marias, és força do amar.
Companheira na dura peleja
tu és a certeza que vamos ganhar.

405 AVE MARIA MORENA

**Ave Maria morena,
olha este mundo sem cor.
Ave Maria serena,
teu povo de novo precisa de amor.**

1. Canta de novo a esperança,
a paz, a bonança de um mundo sem dor.
Canta de novo este canto
que eleva o oprimido e destrona o opressor.

2. Tu és a Virgem morena,
a mestiça, a pequena, a linda mulher.

Tu és a Mãe destas raças,
de todos os povos, da gente de fé.
3. Senhora de Guadalupe,
do branco, do negro e do índio também.
Rainha do continente, estrela luzente, ó dá-nos o bem.

406 TEU NOME, Ó MARIA

1. Como é bonito teu nome, ó Maria,
cantando a vida, quanta alegria.
No teu nome o nome de cada mulher
que na vida busca sempre o que Deus quer.
2. Como é bonito teu rosto, ó Maria,
paz e ternura, luz irradia.
Nos teus olhos, todo jovem pode ver
a certeza do futuro renascer.
3. Como são lindas tuas mãos, ó Maria,
porta-estandarte da estrela-guia.
Uma mão pra consolar quem está chorando
e a outra encorajar quem está lutando.
4. Como são belos teus pés, ó Maria,
descendo os montes, paz anuncias.
Companheira mais fiel deste meu povo
nos caminhos do amanhã, do mundo novo.
5. Como é bendito teu ventre, ó Maria,
trazendo o fruto da profecia.
Quem na vida ao amor se faz fiel
é profeta do Divino Emanuel.
Como é bonito te ver, ó Maria.

407 AVE, MARIA DOS OPRIMIDOS

1. Ave, Maria dos oprimidos,
abre a nós teu coração
Bendito é o fruto do teu ventre
que é semente de libertação.

Ouve o grito que sai do chão
Dos oprimidos em oração. (Bis)

2. Santa Maria dos infelizes,
Das horas extras, das horas tristes.
Livra-nos todos da opressão,
de toda forma de escravidão.

408 AVE MARIA, MÃE DO SALVADOR

1. Ave Maria, Mãe do Salvador.
Viva esperança do povo sofredor,
face materna, sinal de nosso Deus,
vem orientar os homens, filhos teus.

Maria, Mãe da Igreja, rainha universal,
modelo de virtude, liberta-nos do mal.
Ensina a ser fiel o povo do Senhor,
Que o mundo se transforme num reino de
**   amor!**

2. Humilde serva, vem nos ensinar
por onde ir e como caminhar,
servindo a Deus e também ao nosso irmão,
como resposta à nossa vocação.
3. És bem feliz porque soubeste crer,
dizendo sim, sem nada em ti reter.
Serás bendita em todas as nações,
em ti sentimos a paz nos corações.

409 COM MARIA EM DEUS EXULTEMOS

1. Com Maria em Deus exultemos,
neste canto de amor-louvação.
Escolhida dentre os pequenos,
Mãe-profeta da libertação.
És a imagem da "nova cidade",
sem domínio dos grandes ou nobres.
O teu canto nos mostra a verdade,
que teu Deus é do lado dos pobres.

Maria de Deus, Maria da gente,
Maria da singeleza da flor!
Vem caminhar, vem com teu povo
de quem provaste a dor!

2. És o grito do irmão boia-fria
nesta América empobrecida,
espoliada com vil valentia
do direito ao chão de sua vida.
És Maria de nossos caminhos,

solidária de tantas Marias
coroadas de sangue e espinhos
pela exploração noite e dia.

3. És a força da nossa esperança.
Ó Maria da fraternidade.
no cansaço de nossas andanças,
guia os passos da real liberdade.
Com as flores e o pão partilhados,
preparamos a Mesa da História.
Da opressão, afinal, libertados,
cantaremos contigo, vitória.

410 ENSINA TEU POVO A REZAR

Ensina teu povo a rezar,
Maria, Mãe de Jesus;
Que um dia o teu povo desperta
e na certa vai ver a luz.
Que um dia o teu povo se anima
e caminha com teu Jesus.

1. Maria de Jesus Cristo,
Maria de Deus, Maria mulher
ensina teu povo o teu jeito
de ser o que Deus quiser.

2. Maria, senhora Nossa,
Maria do povo, povo de Deus,
ensina o teu jeito perfeito
de sempre escutar teu Deus.

411 EU CANTO LOUVANDO MARIA

Eu canto louvando Maria, minha mãe.
A ela um eterno obrigado eu direi.
Maria foi quem me ensinou a viver,
Maria foi quem me ensinou a sofrer.

1. Maria, em minha vida, é luz a me guiar.
É Mãe que me aconselha, me ajuda a caminhar:
Mãe do Bom Conselho, rogai por nós.

2. Quando eu sentir tristeza, sentir a cruz pesar,
ó Virgem, Mãe das Dores, de ti vou me lembrar:
Virgem Mãe das Dores, rogai por nós.

3. Se um dia o desespero vier me atormentar,
a força da esperança em ti vou encontrar:
Mãe da esperança, rogai por nós.

4. Nas horas de incerteza, ó Mãe vem me ajudar.
Que eu sinta confiança na paz do teu olhar:
Mãe da confiança, rogai por nós.

5. Que eu diga a vida inteira, o sim aos meus irmãos;
o "sim" que tu disseste, de todo coração:
Virgem Mãe dos homens, rogai por nós.

412 EU ERA PEQUENO

1. Eu era pequeno, nem me lembro;
só lembro que à noite, ao pé da cama,
juntava as mãozinhas e rezava apressado,
mas rezava como alguém que ama.
Nas Ave-Marias que eu rezava
eu sempre engolia umas palavras
e muito cansado acabava dormindo,
mas dormia como quem amava.

Ave Maria, Mãe de Jesus,
o tempo passa não volta mais.
Tenho saudade daquele tempo
que eu te chamava de minha mãe.
Ave Maria, Mãe de Jesus,
Ave Maria, Mãe de Jesus.

2. Depois fui crescendo, eu me lembro,
e fui esquecendo nossa amizade.
Chegava lá em casa chateado e cansado,
de rezar não tinha nem vontade.
Andei duvidando, eu me lembro,
das coisas mais puras que me ensinaram.
Perdi o costume da criança inocente:
minhas mãos quase não se ajuntavam.

3. O teu amor cresce com a gente
a mãe nunca esquece o filho ausente.
Eu chego lá em casa chateado e cansado,
mas eu rezo como antigamente.
Nas Ave Marias que hoje eu rezo,
esqueço as palavras e adormeço.

E embora cansado, sem rezar como eu devo,
eu de ti Maria não me esqueço.

413 MÃE DE TODOS OS HOMENS

Mãe de todos os homens,
Ensina-nos a dizer: Amém!

1. Quando a noite está perto e obscurecida a Fé.
2. Quando a vontade do Pai não é fácil de se fazer.
3. Quando temos de esquecer-nos para pensar em alguém.
4. Ao acordar cada dia, antes de nada saber.
5. Se pelo amor dos irmãos, devemos algo sofrer.
6. Quando deitamos à noite, fechando o dia na Fé.

414 MARIA DA NOITE ESCURA

1. Maria da noite escura, ó Mãe, Mãe da solidão,
teu filho morreu, morreu numa cruz!
Teu filho morreu, morreu por amor!
2. Maria da noite escura, ó Mãe, Mãe da solidão,
mas Ele falou: "Vou ressuscitar!"
Não chores, ó Mãe, Ele vai voltar!
3. Maria da noite escura, ó Mãe, Mãe da solidão,
eu quero beber, contigo também.
todo esse amargor, que te faz sofrer!
4. Maria da noite escura, ó Mãe, Mãe da solidão,
eu quero saber, saber o porquê:
Porque faz sofrer o Amor ao morrer!

415 MARIA, Ó MÃE CHEIA DE GRAÇA

Maria, ó Mãe cheia de graça,
Maria, protege os filhos teus.
Maria, Maria, nós queremos
contigo estar no céu.

1. Aqui servimos a Igreja de teu Filho,
sob o teu imaculado coração.
Dá-nos a bênção, e nós faremos
da nossa vida uma constante oblação.
2. A nossa vida é feita de esperança,
paz e flores nós queremos semear.
Felicidade somente alcança
quem cada dia se dispõe a caminhar.
3. Ah! quem me dera poder estar agora
festejando lá no céu Nosso Senhor!
Mas sei que chega a minha hora
e, então feliz, eu cantarei o seu louvor.

416 Ó MÃE, NESTE DIA

Ó Mãe, neste dia, queremos cantar
com grande alegria, teu nome exaltar
unidos aos anjos, que cantam no além.
É festa no céu e na terra também!

1. Tu foste agraciada desde a Conceição.
Por Deus preservada da culpa de Adão.
2. Na Encarnação te entregaste ao Senhor.
À sua vontade aderiste com ardor.
3. Na visitação prorrompeste em louvor.
Ao Deus que de ti fizera um primor.
4. De Deus a Palavra guardavas na mente.
A graça crescia em tua alma ardente.
5. A igreja hoje em festa proclama enlevada.
À glória celeste tu foste elevada.

417 O SENHOR FEZ EM MIM MARAVILHAS

O Senhor fez em mim maravilhas!
Santo é seu nome!

1. A minh'alma engrandece o Senhor,
exulta meu espírito em Deus, meu Salvador.
2. Porque olhou para a humildade de sua serva,

doravante as gerações cantarão os meus louvores.
3. O Poderoso fez em mim maravilhas,
e Santo é o seu nome!
4. Seu amor para sempre se estende,
sobre aqueles que o temem.
5. Manifesta o poder de seu braço,
dispersa os soberbos.
6. Derruba os poderosos de seus tronos,
e eleva os humildes.
7. Sacia de bens os famintos,
despede os ricos sem nada.
8. Acolhe a Israel seu servidor,
fiel ao seu amor.
9. Como havia prometido a nossos pais,
em favor de Abraão e de seus filhos para sempre.

418 SALVE, RAINHA, MÃE DE DEUS

1. Salve, Rainha, Mãe de Deus, és Senhora, nossa Mãe,
nossa doçura, nossa luz, doce Virgem Maria.
Nós a ti clamamos, filhos exilados,
nós a ti voltamos nosso olhar confiante.
2. Volta para nós, ó Mãe, teu semblante de amor.
Dá-nos teu Jesus, ó Mãe, quando a noite passar.
Salve, Rainha, Mãe de Deus, és auxílio do cristão,
ó Mãe clemente, Mãe piedosa, doce Virgem Maria.

419 SANTA MÃE MARIA

1. Santa Mãe Maria, nessa travessia,
cubra-nos teu manto cor de anil.
Guarda nossa vida, Mãe Aparecida,
Santa Padroeira do Brasil.

Ave, Maria! Ave, Maria! (Bis)

2. Mulher peregrina, força feminina,
a mais importante que existiu.
Com justiça queres que nossas mulheres sejam construtoras do Brasil.
3. Com amor divino, guarda os peregrinos,
nesta caminhada para o além!
Dá-lhes companhia, pois também um dia foste peregrina de Belém.
4. Com seus passos lentos, enfrentando os ventos
Quando sopram noutra direção.
Toda a Mãe Igreja pede que tu sejas
Companheira de libertação.

420 UMA ENTRE TODAS

1. Uma entre todas foi a escolhida
Foste tu, Maria, serva preferida!
Mãe do meu Senhor, Mãe do meu Salvador!

**Maria, cheia de graça e consolo,
vem caminhar com teu povo,
nossa Mãe sempre serás! (Bis)**

2. Roga pelos pecadores desta terra,
roga pelo povo que em seu Deus espera,
Mãe do meu Senhor, Mãe do meu Salvador!

421 VIVA A MÃE DE DEUS E NOSSA

**Viva a Mãe de Deus e nossa,
sem pecado concebida!
Salve, ó Virgem imaculada!
Ó Senhora Aparecida!**

1. Aqui estão vossos devotos
cheios de fé incendida,
de conforto e de esperança,
ó Senhora Aparecida!
2. Virgem santa, Virgem bela,
Mãe amável, Mãe querida
amparai-nos, socorrei-nos,
ó Senhora Aparecida!
3. Protegei a Santa Igreja,
Mãe terna e compadecida!

Protegei a nossa pátria,
ó Senhora Aparecida!

4. Ó velai por nossos lares,
pela infância desvalida,
pelo povo brasileiro,
ó Senhora Aparecida!

422 SENHORA D'APARECIDA

1. Senhora d'Aparecida,
Maria que apareceu.
Com rosto e mão de gente,
gesto de mãe que está presente,
acompanhando os filhos teus.

**Senhora d'Aparecida
vi tua cor se esparramar
na vida de nossa gente como grito
de justiça pra teu povo libertar.**

2. Senhora d'Aparecida,
Maria da Conceição,
sofrendo miséria e fome
não temos terra, nem salário,
como é dura a escravidão!

3. Senhora d'Aparecida,
Maria das Romarias,
teu povo anda sem rumo
vai sem destino procurando
vida, pão e moradia.

4. Senhora d'Aparecida,
Maria da caminhada.
Unindo os pequeninos,
rompendo a cerca que nos cerca
interrompendo a nossa estrada.

5. Senhora d'Aparecida,
Maria, Nossa Senhora,
é luta nossa história
mas a palavra de seu Filho
dá a certeza da vitória.

423 QUEM É ESSA MULHER RADIANTE

1. Quem é essa Mulher radiante,
orgulho do povo,
de Deus sintonia?

**É Maria, é Maria nossa mãe,
modelo e guia! (Bis)**

2. Quem é essa que no meio
da morte nos canta a vitória
e transforma a agonia?

3. Quem é essa que aponta
a derrota dos grandes
opressores, da vil tirania?

4. Quem é essa que na noite
do povo é força e coragem
em busca do dia?

5. Senhora de Guadalupe, ó Virgem
da Conceição. Negrinha do meu
Brasil, Mãe Santa da Libertação!

424 MORENA DE GUADALUPE

Morena de Guadalupe,
Maria do Tepeyac:
congrega todos os índios
na estrela do teu olhar,
convoca os Povos da América
que querem ressuscitar.

425 MÃE DO CÉU MORENA

**Mãe do céu morena,
Senhora da América Latina,
de olhar e caridade tão divina,
de cor igual à cor de tantas raças.
Virgem tão serena,
Senhora destes povos tão sofridos,
patrona dos pequenos e oprimidos,
derrama sobre nós as tuas graças.**

1. Derrama sobre os homens tua luz,
aos pobres vem mostrar o teu Jesus.
Ao mundo inteiro traz o teu amor de Mãe.

Ensina quem tem tudo a partilhar,
ensina quem tem pouco a não
cansar, e faz o nosso povo
caminhar em paz.

2. Derrama a esperança sobre nós,
ensina o povo a não calar a voz.
Desperta o coração
de quem não acordou.
Ensina que a justiça é condição
de construir um mundo mais irmão.
E faz o nosso povo conhecer Jesus.

426 EU TE SAÚDO, MARIA

**Eu te saúdo, Maria, mãe!
Mãe do meu Salvador.
eu te saúdo, Maria, mãe!
Mãe do Libertador.**

1. Eu te saúdo em cada mulher desta
nossa nação, que acredita na vida
e não teme o poder do dragão.
Mulheres na história oprimidas,
tamanha discriminação
levantam a voz e proclamam:
é hora de libertação!

2. Eu te saúdo na mãe nordestina,
mulher do sertão, mãe campesina,
operária, rosário de dor e aflição.
Mulheres na história oprimidas,
tamanha discriminação
levantam a voz e proclamam:
é hora de libertação!

3. Eu te saúdo nas mães:
índia e negra, mulheres de cor.
Raças que trazem a marca mais
triste da mão do opressor.
Mulheres na história oprimidas,
tamanha discriminação
levantam a voz e proclamam:
é hora de libertação.

427 MARIA, MARIA, MARIA

**Maria, Maria, Maria,
amor fiel, encanto novo.
Maria, Maria, Maria,
mulher de Deus, mulher do povo!**

1. Mulher do povo escolhida por
Deus pra ser Mãe do
Cristo Jesus Salvador.
Ensina a gente segui-lo na luta,
na fé, perfeita discípula mulher.

2. Pobre mulher preferida com todo
seu povo por Deus nosso
Pai Criador, canta conosco
a alegria da festa total.
É nossa a vitória final.

3. Mulher qualquer, sempre
virgem de todo pecado na força
do Espírito Santo, unida
pela justiça do seu caminhar
ao povo no céu a reinar.

428 MARIA, MÃE DO UNIVERSO

1. Maria, Mãe do universo, escuta
esta prece e olha por nós.
Guia este povo latino,
faminto de paz, justiça e união,
que vai peregrino em busca do
Reino de Deus e da libertação.

**Salve Maria, Senhora da América Latina!
Tu és nossa Mãe, tu és nossa luz,
estrela do povo latino.**

2. Com delicadas carícias maternas
acalma nossas tempestades.
Ensina que vale esperar, morrer
e lutar por um mundo mais justo.
Devolve-nos a confiança,
horizonte esquecido, a fé no irmão.

3. Em teu regaço de amor abraça
e beija o teu povo cansado;
fazendo brilhar nesses rostos
a esperança eterna que Cristo nos traz.

Ensina que a cruz é caminho,
depois do calvário a ressurreição.

429 MÃE DAS DORES

1. Mãe das Dores, abençoai
os vossos filhos peregrinos
que caminham nesta
terra prometida aos pequeninos.

2. Mãe das Dores, protegei
o vosso povo peregrino.
Com Jesus ele procura
o Evangelho e seu ensino.

3. Resistimos cada dia aos
que arrancam o nosso chão.
Para um dia ser justiça
toda a nossa plantação.

4. Seca, enchente a gente enfrenta,
mas não larga a caminhada.
Passo a passo a gente luta
pra fazer nova estrada.

5. Somos uma só família,
irmãos de Nosso Senhor
Outro dono não queremos,
só Jesus Libertador.

6. Mãe das Dores,
ofertamos esta longa caminhada
da nossa gente sofrida,
mas que é por Deus amada.

7. Esse povo todo junto
quer fazer a louvação
como grande via-sacra
da nossa Ressurreição.

8. Nós pedimos vossa bênção,
nessa nossa procissão.
Pela cruz de vosso Filho
que nos deu Libertação.

430 IMACULADA, MARIA DE DEUS

**Imaculada, Maria de Deus,
coração pobre acolhendo Jesus!
Imaculada, Maria do povo,
mãe dos aflitos que estão junto à cruz.**

1. Um coração que era SIM
para a vida,
Um coração que era SIM
para o irmão.
Um coração que era SIM
para Deus,
Reino de Deus
renovando este chão.

2. Olhos abertos
pra sede do povo.
Passo bem firme
que o medo desterra.
Mãos estendidas
que os tronos renegam,
Reino de Deus
que renova esta terra.

3. Faça-se, ó Pai, vossa plena vontade,
Que os nossos passos se tornem memória.
Do amor fiel que Maria gerou:
Reino de Deus atuando na história.

431 MARIA, MÃE DOS CAMINHANTES

**Maria, mãe dos caminhantes,
ensina-nos a caminhar
nós somos todos viandantes,
mas é difícil sempre andar.**

1. Fizeste longa caminhada
para servir a Isabel,
sabendo-te de Deus morada,
após teu sim a Gabriel.

2. Depois de tua dura caminhada
para a cidade de Belém,
não encontraste lá pousada;
mandaram-te passar além.

3. Com fé fizeste a caminhada,
levando ao templo teu Jesus.
Mas lá ouviste da espada,
da longa estrada para a cruz.

4. De modo foi a caminhada
que para longe te levou,
para escapar à vil cilada
que um rei atroz te preparou.

5. Quão triste foi a caminhada
de volta a Jerusalém,
sentindo-te angustiada
na longa busca do teu bem.

6. Humilde foi a caminhada
em companhia de Jesus,
quando pregava, sem parada,
levando aos homens sua Luz.

7. De dores foi a caminhada,
no fim da vida de Jesus!
Mas o seguiste conformada;
com ele foste até a cruz.

8. Vitoriosa caminhada
fez finalmente te chegar
ao céu, a meta da jornada
dos que caminham sem parar.

432 ROMARIA

1. É de sonho e de pó o destino de um só
feito eu perdido em pensamentos
sobre o meu cavalo.
É de laço e de nó, de gibeira o jiló
dessa vida cumprida a sol.

**Sou caipira, Pirapora
Nossa Senhora de Aparecida
ilumina a mina escura e funda
o trem da minha vida. (Bis)**

2. O meu pai foi peão,
minha mãe, solidão,
meus irmãos perderam-se na vida
à custa de aventuras.
Descansei e joguei, investi, desisti,
se há sorte, eu não sei, nunca vi.

3. Me disseram, porém,
que eu viesse aqui pra pedir
de romaria e prece
paz aos desalentos.
Como eu não sei rezar,
só queria mostrar meu olhar,
meu olhar, meu olhar.

REFRÕES

433 EM NOSSA ESCURIDÃO

Em nossa escuridão, acende este fogo
que não apaga, não, não apaga, não.
Em nossa escuridão, acende este fogo
que não apaga, não, não apaga, não.

434 ALEGRAI-VOS TODOS

Alegrai-vos todos,
alegrai-vos no Senhor, aleluia.

435 ALEGRAI-VOS TODA GENTE

Alegrai-vos todos, toda gente,
ao Senhor, nosso Deus, com amor servi!
Aleluia, aleluia, com amor servi!
Aleluia, aleluia, com amor servi!

436 NA TUA CRUZ

Na tua cruz te adoramos, ó Senhor,
e louvamos com alegria a tua ressurreição.
Louvamos e glorificamos,
com alegria nós louvamos
a tua ressurreição.

437 MESMO AS TREVAS

Mesmo as trevas não são trevas para ti,
a noite é luminosa como o dia.

438 ONDE REINA O AMOR

Onde reina o amor, fraterno amor,
onde reina o amor, Deus aí está.

439 ALEGRAI-VOS SEMPRE CANTANDO

Alegrai-vos,
alegrai-vos sempre cantando,
aleluia. Todos juntos cantando,
glória a Deus, glória e louvor.

440 LOUVEMOS AO SENHOR

Louvemos ao Senhor,
Louvemos ao Senhor,
todos juntos, aleluia!

441 SEJA BENDITO QUEM CHEGA

Seja bendito quem chega,
seja bendito quem chega,
trazendo paz, trazendo paz,
trazendo a paz do Senhor.

442 RESSUSCITOU DE VERDADE

Ressuscitou de verdade,
aleluia, aleluia!
Cristo Jesus ressuscitou,
aleluia, aleluia!

443 NÃO TE PERTURBES

Não te perturbes, nada te espante,
quem com Deus anda, nada lhe falta!
Não te perturbes, nada te espante,
basta Deus, só Deus!

444 NADA TE TURBE

Nada te turbe, nada te espante;
i quien a Dios tiene nada le falta!
Nada te turbe, nada te espante:
i sólo Dios basta!

445 Ó LUZ DO SENHOR

Ó luz do Senhor, que vem sobre a terra,
Inunda meu ser, permanece em nós!

446 THUMA MINA

Thuma Mina,
Thuma Mina, Thuma Mina,
Thuma Mina, Somandia!

447 LAUDATE PUERI
Laudate pueri Dominum!
Laudate nomem Domini!
Aleluia, Aleluia!

448 CONFIAR NO SENHOR
Confiar no Senhor é bom, confiar,
bom é esperar sempre no Senhor.

449 DÁ-NOS A PAZ
Dá-nos a paz, Senhor,
a quem confia em ti;
dá-nos, dá-nos a paz,
Senhor, dá-nos a tua paz.

450 LOUVA O NOME DO SENHOR
Louva o nome do Senhor,
louva, ó minh'alma, glorificando.
Louva o nome do Senhor,
louva, ó minh'alma, seu nome é Santo.

451 A MISERICÓRDIA DO SENHOR
A misericórdia do Senhor
sempre, sempre eu cantarei.

452 LOUVAREI A DEUS
Louvarei a Deus,
seu nome bendizendo!
Louvarei a Deus,
à vida nos conduz.

453 CANTEM CÉUS E TERRA
Cantem céus e terra,
céus e terra cantem:
Jesus Cristo, o Ressuscitado!

454 NÓS TE ADORAMOS
Ô, ô, ô, nós te adoramos, Senhor!

455 CONFIEMO-NOS AO SENHOR
Confiemo-nos ao Senhor,
ele é justo e tão bondoso.
Confiemo-nos ao Senhor. Aleluia.

456 VEM, ESPÍRITO CRIADOR
Vem, Espírito Criador,
vem, Espírito,
vem, Espírito Criador, vem, vem!

457 DÁ TUA PAZ
Dá tua paz, Senhor,
dá tua paz, Senhor,
para os nossos dias.

458 LOUVA O SENHOR
Louva o Senhor, louva o Senhor!
Canta, minh'alma,
os louvores do Senhor!
Louva o Senhor, louva o Senhor!
Canta, minh'alma, seus louvores!

459 VEM, ESPÍRITO, VEM
Vem, Espírito, vem, Espírito, vem,
Espírito Criador.

460 JESUS, EM TI CONFIO
Ô, ô, ô, ô Jesus Cristo.
Ô, ô, ô, ô, em ti confio.

461 DEUS TE SALVE, CASA SANTA
Deus te Salve, Casa Santa
onde Deus fez a morada,
onde mora o Cálix Bento
e a Hóstia Consagrada.

462 JESUS, O CRISTO

Jesus, o Cristo, luz interior,
não deixes que minha escuridão me fale.
Jesus, o Cristo, luz interior,
possa eu acolher teu amor.

463 CANTO DO POVO DE UM LUGAR

1. Todo dia o sol levanta
   e a gente canta ao sol de todo dia.
2. Finda a tarde a terra cora,
   e a gente chora porque finda a tarde.
3. Quando à noite a lua mansa,
   e a gente dança venerando a noite.

464 INDO E VINDO

Indo e vindo, trevas e luz,
Tudo é graça, Deus nos conduz.

465 DEUS É LUZ

Deus é luz e não há nele treva alguma!
E ninguém nos separa do amor de Deus!

466 AMAR A TI, SENHOR

Amar a Ti, Senhor,
em todas as coisas e todas em Ti.
Em tudo Amar e Servir!
Em tudo Amar e Servir!

467 MOTUMBÁ AXÉ

Motumbá Axé! Motumbá Axé!
Aquele que é minha força
Te abençoe, te abençoe!

468 ACENDAMOS A LAMPARINA

Acendamos a lamparina (Bis)
Sentinela a vigiar
Logo o Senhor virá (Bis)
Deus conosco, luz a brilhar! (Bis)

469 DEUS É AMOR

Deus é amor!
Arrisquemos viver por amor.
Deus é amor!
Ele afasta o medo.

LOUVAÇÕES

470 LOUVAÇÃO DO ADVENTO

É bom cantar um bendito,
um canto novo, um louvor!

1. Ao Deus dos tempos de outrora,
   suprema força da História,
   /:que merece toda glória
   por Jesus, Nosso Senhor!:/

2. Por Jesus, o Prometido,
   pelos profetas predito,
   /:pela Virgem concebido
   e esperado com amor!:/

3. Jesus, por João anunciado,
   presente entre nós mostrado.
   /:Por Ele o prazer é dado
   de esperá-lo com ardor!:/

4. Ao preparar seu Natal,
   querer sua Vinda final,
   /:quando finda todo o mal
   e se acaba toda dor!:/

5. Que na prece vigiemos,
   de esperar não nos cansemos,
   /:à sua Vinda nos achemos
   celebrando seu louvor!:/

6. E agora, ó Desejado,
   o teu povo congregado,
   /:aos céus e à terra irmanado,
   louva e bendiz ao Senhor!:/
   Santo...

471 LOUVAÇÃO DE NATAL (I)

É bom cantar um bendito,
um canto novo, um louvor!

1. Ao Deus que fez nesta Noite
   nascer-nos um Salvador!

2. Jesus Nasceu de Maria,
   proclamem essa alegria!

3. De Deus o Verbo se encarna
   e entre nós habitou!

4. Jesus nasceu em Belém.
   De Deus a Graça nos vem!

5. Humano Deus se tornando,
   divino o Homem se achou!

6. Emanuel, Deus-com-a-gente,
   o povo todo contente!

7. Os oprimidos em festa,
   nasceu o Libertador!

8. Se une o Céu e a Terra
   num mesmo canto de amor!
   Santo...

472 LOUVAÇÃO DE NATAL (II)

É bom cantar um bendito,
um canto novo, um louvor!

1. Ao Deus que se fez Menino,
   o Emanuel chegou!

2. O Céu se junta com a Terra,
   Deus com o Homem se igualou!

3. Jesus nasceu em Belém,
   meia-noite o Sol raiou!

4. Uma revoada de anjos,
   a notícia espalhou!

5. Pastores chegam depressa,
   reconhecem seu Pastor!

6. Lá nos céus do Oriente
   a Estrela-guia brilhou!

7. Os Reis vieram de longe.
   adorar o Rei, Senhor!

8. A Igreja em cantos e festas,
   bendiz e louva o Senhor!
   Santo...

473 LOUVAÇÃO QUARESMAL (I)

É bom cantar um bendito,
um canto novo, um louvor!

1. Ao Deus do Povo oprimido
   que ouviu do pobre o clamor!

2. Ao Deus que livra seu Povo
   das garras do Faraó!

3. Ao Deus que leva seu Povo
para uma Terra melhor!
4. Ao Deus que mandou seu Filho
dos pobres Libertador!
5. Jesus por nós deu a vida,
a lei maior ensinou!
6. Jesus revive nas lutas
do Povo trabalhador!
7. Um povo unido e forte
bendiz e louva o Senhor!
Santo...

474 LOUVAÇÃO QUARESMAL (II)
**É bom cantar um bendito,
um canto novo, um louvor!**

1. Ao Deus que em Tempo propício
sua graça derramou!
2. Ao Deus que ao Povo escolhido
tantas vezes perdoou!
3. Ao Deus que aos ninivitas
penitentes perdoou!
4. Ao Deus que mandou seu Filho
feito irmão do pecador!
5. Que Jesus da pecadora
a sentença revogou!
6. Que Jesus da Madalena
tantos pecados lavou!
7. Jesus do Pai o perdão
pros algozes alcançou!
8. Jesus na cruz o Ladrão
arrependido consolou!
9. Um povo arrependido
louva e bendiz ao Senhor!
Santo...

475 LOUVAÇÃO PASCAL
**É bom cantar um bendito,
um canto novo, um louvor!**

1. Jesus nasceu de Maria,
hoje Ele é nosso Senhor!
2. Hoje Ele é nosso Senhor
por sua Ressurreição!
3. Da morte é vencedor.
Da vida é campeão!
4. Cordeiro sacrificado,
é nossa Páscoa, Irmãos!
5. Ele é do céu e da Terra
a reconciliação!
6. Dos tristes consolador,
dos pobres Libertação!
7. As mãos se dão Céu e Terra,
é uma só louvação!
Santo...

476 LOUVAÇÃO DE PENTECOSTES
**É bom cantar um bendito,
um canto novo,
um louvor eu vou cantar, um louvor!**

1. Ao Pai que hoje por sobre seus
filhos o Espírito seu derramou!
2. Uma esperança bem nova começa,
do seu Filho cumpriu-se a Promessa!
3. Pois o Espírito Santo, o Divino,
a Igreja primeira animou!
4. Mudando o medo em forte paixão
com a força da sua unção!
5. Pois o Espírito povos diversos
numa única fé congregou!
6. Da confusão que se deu em Babel
o inverso hoje aconteceu!
7. Ao celebrar-se de gosto esta festa,
que o mundo inteiro alegrou!
8. E se ajuntam a Terra e os Céus.
Canta e exulta o Povo de Deus!
Santo...

477 LOUVAÇÃO DA VIRGEM MARIA: "ASSUNÇÃO"

É bom cantar um bendito,
um canto novo, um louvor!

1. Ao Deus do Céu, Pai bondoso,
   por Cristo, nosso Senhor!
2. Ao Deus que escolhe Maria
   pra ser Mãe do Salvador!
3. Ao Deus que enche de graça
   Maria, Mãe do Senhor!
4. Maria, Igreja nascente,
   fiel serviu ao Senhor!
5. Maria, Mães dos fiéis,
   aos pés da Cruz se encontrou!
6. Maria, Mãe e Modelo,
   com Cristo a morte esmagou!
7. Co'a Virgem Mãe na sua glória
   a Igreja canta ao Senhor!
   Santo...

478 LOUVAÇÃO DA VIRGEM MARIA: "CONCEIÇÃO"

É bom cantar um bendito,
um canto novo, um louvor!

1. Ao Deus do Céu, santo e grande,
   que é nosso Pai Criador!
2. Ao Deus que para seu Filho
   uma santa Mãe preparou!
3. Maria imaculada
   o Mundo Novo ensaiou!
4. Igreja sem mancha e ruga
   Maria inaugurou!
5. Ao Deus que fez maravilhas
   naquela que acreditou!
6. Maria imaculada
   e Mãe do Libertador!
7. O Filho da Imaculada
   no Sangue seu nos lavou!
8. De um Povo de batizados
   Maria é o primor!
9. O povo todo em festa
   bendiz e louva o Senhor!
   Santo...

479 LOUVAÇÃO DOS FIÉIS DEFUNTOS

É bom cantar um bendito,
um canto novo, um louvor!

1. Ao Deus da perene luz,
   por Cristo Jesus,
   da vida Senhor!
2. Por sua Ressurreição
   da morte o ferrão
   com força quebrou!
3. Porque se a morte é tristeza
   uma nova certeza
   nos consolou!
4. A vida não é tirada,
   mas transformada
   em outra melhor!
5. Desfeita esta habitação,
   na eterna mansão,
   a luz, o esplendor!
6. E o povo unido na prece
   louva e agradece
   o teu grande amor!

Para o X domingo comum – Ano C:

7. Jesus se compadeceu,
   a morte viveu
   e a mãe se alegrou!
8. O povo assiste o milagre
   é Deus quem nos vale
   e nos visitou!
9. Em Cristo Ressuscitado
   a morte é passado,
   a vida brilhou!
10. Hoje por Deus visitado
    o povo agraciado

entoa com amor!
Santo...

480 LOUVAÇÃO DE CRISTO REI

É bom cantar um bendito,
um canto novo,
um louvor eu vou cantar!

1. Pois Deus seu Filho unigênito,
eterno Sacerdote
e Rei quis consagrar!

2. Pois Jesus Cristo no Altar
da Cruz se ofereceu a fim
de todos resgatar!

3. Pois o Ressuscitado a si
sujeitou todo o universo
para a Deus levar!

4. Pois nós queremos que Ele
reine sobre nós, que ele venha
o povo governar!

5. Pois vai chegar o Dia
em que a Verdade para a vida
plena vai nos libertar!

6. Pois vai chegar o Dia
em que a graça do Ressuscitado
vai nos transformar!

7. Pois vai chegar o Dia
em que a Justiça vai na Paz
o Povo todo irmanar!

8. Pois já chegou o Dia
em que seu Rei o Povo do Céu
e da Terra vai louvar!
Santo...

481 LOUVAÇÃO DO TEMPO COMUM

(para os domingos de julho)

É bom cantar um bendito,
um louvor é bom cantar!

1. A Deus Pai bondoso e santo
por Jesus é bom cantar!

2. Pois nascendo igual à gente
Jesus vem nos renovar!

3. Ao morrer por nossa culpa,
Jesus vem nos desculpar!

4. Ressurgindo glorioso
vida nova vem nos dar!

5. Nos abriu dos céus as portas
ao subir e triunfar!

6. Esperamos que Ele venha
pra seu Reino completar!

7. Convidamos santos e anjos
pra conosco celebrar!
Santo...

482 LOUVAÇÃO DO TEMPO COMUM

(para os domingos de agosto)

É bom cantar um bendito, olerê
Agora que me lembrou, olará!

1. Ao Pai do céu, que é poder e amor
por seu Filho, que é nosso Senhor!

2. Pois tu criaste o mundo inteiro
e dos tempos nos deste o roteiro!

3. Mulher e homem, à tua imagem,
nos confias toda essa paisagem!

4. Nos libertaste de todo pecar
e nos deste o poder de amar!

5. Com a multidão dos cantores dos céus
tua bondade louvamos, ó Deus!
Santo...

483 LOUVAÇÃO DO TEMPO COMUM

(para os domingos de setembro)

É bom cantar um bendito,
um canto novo, um louvor!

1. Ao Pai, Criador do universo
por Cristo, Verbo de Amor!

2. Ao Deus que faz o que diz,
e o mundo inteiro criou!
3. Por sua santa Palavra
mulher e Homem plasmou!
4. Por seus profetas falando,
seu povo, sempre, alertou.
5. Por santas mãos escrevendo,
dois Testamentos deixou.
6. A Boa-nova é o Verbo
que entre nós acampou!
7. Das Escrituras bebendo,
contente o povo em louvor!
Santo...

484 LOUVAÇÃO DO TEMPO COMUM

(para os domingos de outubro)

**É bom cantar um bendito,
é bom cantar,
é bom cantar um louvor, aleluia!**

1. Ao Pai do céu demos glória!
pelo Senhor da História!
2. O Pai seu Filho envia,
Jesus pra nós já chegou!
3. Por nós Jesus deu a vida,
da escravidão nos livrou!
4. Ressuscitado, Jesus
subiu ao Reino da Luz!
5. Do Pai nos manda o Espírito,
os fracos reanimou!
6. Por esta força investidas
suas testemunhas mandou!
7. De Deus os missionários
tem muitos destinatários!
8. Juntar o povo de Deus
num mundo novo de amor!
9. Por isso, o céu e a terra
se irmanam num só louvor!
Santo...

485 LOUVAÇÃO DE SANTO INÁCIO DE LOYOLA

**É bom cantar um bendito,
um louvor é bom cantar!**

1. Um povo em festa, reunido
vem ao Pai agradecer!
por Inácio de Loyola
vem ao Pai agradecer!
2. Companheiros de Jesus
em tudo Amar e Servir!
na dor e na perseguição
em tudo Amar e Servir!
3. No serviço à Igreja
a maior Glória de Deus!
A braços co'a missão.
A maior Glória de Deus!
4. Com os Anjos, Santos e Mártires
ao Senhor vamos louvar!
Com os povos todos da terra
ao Senhor vamos louvar!
Santo...

DIVERSOS

486 PROCURANDO A LIBERDADE

1. Procurando a liberdade, caminheiro,
procurando a liberdade, também vou;
procurando a liberdade que é vida,
procurando a liberdade de viver,
caminhando eu vou,
procurando eu vou!

2. Caminhando levo apenas a esperança
de algum dia a liberdade encontrar;
é a esperança que dá força ao caminheiro
de ir seguindo pela vida, a procurar.
Caminhando eu vou,
procurando eu vou,
na esperança eu vou!

3. A liberdade é só certeza na esperança,
a encontra quem na vida se arriscar;
e no risco posso ser crucificado,
mas cantando a liberdade, vou morrer.
Caminhando eu vou,
procurando eu vou,
arriscando eu vou,
na esperança eu vou.

4. Procurando a liberdade, caminheiro,
procurando a liberdade, também vou;
procurando a liberdade que é vida,
procurando a liberdade de viver,
caminhando eu vou,
procurando eu vou!
arriscando eu vou,
na esperança eu vou!

487 OLHO EM TUDO

Olho em tudo e sempre encontro a ti.
Estás no céu, na terra, aonde for.
Em tudo que me acontece
encontro o teu amor,
já não se pode mais deixar
de crer no teu amor.
É impossível não crer em ti,
É impossível não te encontrar
É impossível não fazer de ti
meu ideal. (Bis)

488 DIZEM QUE ESTE PAÍS

1. Dizem que este país é feliz
porque o povo
ainda canta nas ruas.
Dizem que a nossa nação
não vai mal porque o povo
ainda faz carnaval.
Eu queria somente lembrar,
que milhões de crianças sem lar,
não partilham da mesma visão,
há tristeza em seu coração.

**Menores abandonados:
alguém os abandonou.
Pequenos e mal-amados,
o progresso não os adotou. (Bis)**

2. Pelas esquinas e praças
estão desleixados
e até maltrapilhos,
frutos espúrios da nossa nação.
São rebentos,
porém não são filhos.
E eu queria somente lembrar,
que milhões de crianças sem lar
compartilham do mesmo sofrer,
já não sabem a quem recorrer.

3. Vivem à margem da nossa nação,
assaltando e ferindo
a quem passa.
Tentam gritar
do seu jeito infeliz
que o país os deixou na desgraça.
Eu queria somente lembrar
que milhões de crianças sem lar
são os frutos do mal que floriu
num país que jamais repartiu.

489 SOMOS GENTE NOVA

Somos gente nova vivendo a união,
somos povo semente da nova nação, ô, ô.
Somos gente nova, vivendo o amor.
Somos comunidade, povo do Senhor!

1. Vou convidar
   os meus irmãos trabalhadores,
   operários lavradores, biscateiros
   e outros mais. E juntos vamos
   celebrar a confiança,
   nossa luta na esperança
   de ter terra, pão e paz, ô, ô.

2. Vou convidar
   os índios que ainda resistem,
   as tribos que ainda insistem
   no direito de viver.
   E juntos vamos,
   reunidos na memória,
   celebrar uma vitória
   que vai ter de acontecer, ô, ô.

3. Convido os negros,
   irmãos no sangue e na sina,
   seu gingado nos ensina
   a dança da redenção.
   De braços dados
   no terreiro da irmandade,
   vamos sambar de verdade
   enquanto chega a razão, ô, ô.

4. Vou convidar
   Oneide, Rosa, Ana e Maria,
   a mulher que noite e dia
   luta e faz nascer o amor.
   E reunidos no altar da liberdade,
   vamos cantar a verdade,
   vamos pisar sobre a dor, ô, ô.

5. Vou convidar
   a criançada e a juventude.
   Tocadores nos ajudem,
   vamos cantar por aí.
   O nosso canto
   vai encher todo país,
   velho vai dançar feliz,
   quem chorou vai ter de rir, ô, ô.

6. Desempregados,
   pescadores, desprezados
   e os marginalizados
   venham todos se ajuntar
   À nossa marcha
   pra nova sociedade,
   quem nos ama de verdade
   pode vir, tem um lugar, ô, ô.

490 NOSSA ALEGRIA

1. Nossa alegria é saber que um dia
   todo esse povo se libertará,
   /:pois Jesus Cristo
   é o Senhor do mundo,
   nossa esperança realizará.:/

2. E Jesus manda libertar os pobres,
   e ser cristão é ser libertador,
   /:nascemos livres pra crescer
   na vida, não pra ser pobres,
   nem viver na dor.:/

3. Vendo no mundo tanta coisa errada,
   a gente pensa em desanimar.
   /:Mas quem tem fé
   sabe que está com Cristo,
   tem esperança e força pra lutar.:/

4. Não diga nunca que Deus é culpado,
   quando na vida o sofrimento vem,
   /:vamos lutar que o sofrimento
   passa, pois Jesus Cristo
   já sofreu também.:/

5. Libertação se alcança no trabalho,
   mas há dois modos de se trabalhar.
   /:há quem trabalha escravo
   do dinheiro, há quem procura
   o mundo melhorar.:/

6. E, pouco a pouco,
   o tempo vai passando,
   a gente espera a libertação.
   /:Se a gente luta ela vem
   chegando, se a gente para,
   ela não chega não.:/

491 Ó DEUS, SALVE O ORATÓRIO

1. Ó Deus, salve o oratório (Bis)
   onde Deus fez a morada,
   oiá, meu Deus. (Bis)

2. Onde mora o Cálix Bento, (Bis)
   e a hóstia consagrada
   oiá, meu Deus. (Bis)

3. De Jessé nasceu a vara, (Bis)
   da vara nasceu a flor
   oiá, meu Deus. (Bis)

4. E da flor nasceu Maria, (Bis)
   de Maria o Salvador
   oiá, meu Deus. (Bis)

492 POR MELHOR QUE SEJA ALGUÉM

1. Por melhor que seja alguém,
   chega o dia em que há de faltar,
   só o Deus vivo a palavra mantém,
   e jamais ele há de falhar.

   **Quero cantar ao Senhor,
   sempre enquanto eu viver.
   Hei de provar seu amor,
   seu valor e seu poder. (Bis)**

2. Nosso Deus põe-se do lado
   do faminto e injustiçado,
   dos pobres e oprimidos,
   dos injustamente vencidos.

3. Ele barra o caminho dos maus
   que exploram sem compaixão,
   mas dá força ao braço dos bons,
   que sustentam o peso do irmão.

4. Esse é o nosso Deus,
   seu poder permanece sempre.
   Sua força é a força da gente,
   vamos todos louvar nosso Deus.

493 QUERO CANTAR AO SENHOR

**Quero cantar ao Senhor
sempre enquanto eu viver.
Hei de provar seu amor,
seu valor e seu poder!**

1. Aleluia, eu vou louvar,
   ó minh'alma, bendize ao Senhor.
   Toda a vida eu vou tocar,
   ao meu Deus vou cantar meu louvor!

2. Não confiem nos poderosos,
   são de barro e não podem salvar.
   Quando expiram, voltam ao chão.
   Seus projetos vão logo acabar!

3. Feliz quem se apoia em Deus,
   no Senhor põe a sua esperança;
   Ele fez o céu e a terra.
   Quem fez tudo mantém sua Aliança!

4. Faz justiça aos oprimidos.
   Aos famintos sacia com pão.
   O Senhor liberta os cativos,
   abre os olhos, e os cegos verão!

5. O Senhor levanta os caídos,
   são os justos por Ele amados;
   o Senhor protege os migrantes
   e sustenta os abandonados!

6. O Senhor transtorna o caminho
   dos malvados, dos malfazejos;
   o Senhor é rei para sempre,
   para sempre a reinar o teu Deus!

7. Aleluia vamos cantar
   Glória ao Pai e ao Filho também,
   Glória igual ao Santo Espírito.
   Aleluia, pra sempre, Amém!

494 SENHOR, QUANTO MAIS CAMINHO

1. Senhor, quanto mais caminho,
   mais vejo aumentar a estrada.
   Tropeço por entre espinhos,
   num campo onde foi calada
   /:a voz da libertação.:/

2. Mas me ergo, não vou sozinho,
   teus passos comigo vão.
   Na terra será plantada

a paz que nos é doada
　　/:em cada fração do pão.:/

3. Não posso ficar parado,
　　teu corpo me dá coragem.
　　Teu sangue me traz a imagem
　　de tantos irmãos deixados
　　/:À margem da salvação.:/

4. Teus passos irei seguindo,
　　a paz vou distribuindo,
　　e o mundo evangelizado
　　será enfim transformado
　　/:em paz e em salvação.:/

495 SAI DA TUA TERRA

**Sai da tua terra e vai
onde te mostrarei! (Bis)**

1. Abraão,
　　É uma loucura: se tu partes
　　abandonas a tua casa,
　　o que esperas encontrar?
　　A estrada é sempre a mesma,
　　mas a gente é diferente,
　　te é inimiga, onde esperas
　　de chegar? O que tu deixas
　　já bem conheces, mas o teu Deus
　　o que te dá? Um povo grande,
　　a terra e a promessa:
　　Palavra de Javé.

2. A rede está na praia abandonada,
　　pois aqueles pescadores
　　já seguiram a Jesus;
　　e enquanto caminhavam pensativos,
　　no silêncio uma pergunta
　　nasce em cada coração:
　　O que deixaste tu bem conheces,
　　mas teu Senhor o que te dá?
　　O cêntuplo e mais a eternidade:
　　Palavra de Javé.

3. Partir não é tudo, certamente,
　　há quem parte e nada dá,
　　busca só sua liberdade;

partir, mas com a fé
no teu Senhor,
com o amor aberto a todos
leva ao mundo a salvação.
O que deixaste tu bem conheces,
o que tu levas é muito mais:
"Pregai entre os povos
o evangelho!" Palavra de Jesus.

**Sai da tua terra e vai,
onde te mostrarei.
Sai da tua terra e vai,
contigo eu estarei.**

496 ELE TEM O MUNDO EM SUAS MÃOS

**Ele tem o mundo em suas mãos. (Bis)
Ele é meu Deus e nosso Deus,
Ele é meu Pai e nosso Pai.**

1. Ele fez o universo. (Bis)
2. Ele é quem me deu a vida. (Bis)
3. Ele amou a humanidade. (Bis)
4. Ele deu seu próprio Filho. (Bis)
5. Ele me adotou por Filho. (Bis)

497 SOMOS, SENHOR, TEUS COMPANHEIROS

**Somos, Senhor, teus companheiros
que hoje vimos te adorar,
e como Santo Inácio outrora,
nos dispomos a te servir.**

1. Cremos, Senhor, que em teu amor
　　juntos podemos responder
　　com coragem à missão,
　　que é o serviço da fé
　　e o lutar por um mundo
　　justo e irmão.

2. Vendo o teu povo oprimido
　　pela violência do poder,
　　faz-nos ser pela fé
　　em teu Filho Jesus

solidários com o irmão
que não tem voz.

3. Hoje queremos te pedir
humildemente o teu perdão.
Muitas vezes, Senhor,
nós não fomos fiéis
em cumprir com coragem a missão.

498 ORAÇÃO DE SANTO INÁCIO (I)

Tomai, Senhor e recebei
toda minha liberdade
e a minha memória também.
O meu entendimento
e toda a minha vontade.
Tudo o que tenho e possuo,
Vós me destes com amor.
Todos os dons que me destes,
com gratidão vos devolvo:
disponde deles, Senhor,
segundo a vossa vontade.
Dai-me somente o vosso amor,
vossa graça. Isto me basta,
nada mais quero pedir.

499 ORAÇÃO DE SANTO INÁCIO (II)

Toma, Senhor e recebe
toda minha liberdade
e a minha memória também.
O meu entendimento
e toda a minha vontade.
Tudo o que tenho e possuo,
Tu me deste com amor.
Todos os dons que me deste,
com gratidão te devolvo:
dispõe deles, Senhor,
segundo a tua vontade.
Dá-me somente o teu amor,
tua graça. Isto me basta,
nada mais quero pedir.

500 EM TODAS AS COISAS AMAR

Em todas as coisas amar,
aos irmãos e a Deus servir.
/:Em tudo amar e servir!:/

1. Companheiros unidos
em favor da Missão
/:promovendo a justiça, na fé,
por um mundo mais irmão.:/

2. No serviço do Reino
sempre brota um clamor:
/:o que fiz, o que faço,
o que farei por ti, Senhor?:/

3. Na contemplação
para o amor alcançar,
/:amor verdadeiro
consiste em mais obras
que muito falar.:/

4. O que tenho e possuo,
o louvor, meu cantar.
/:Maior glória de Deus,
meu sentir e lutar,
meu fazer e amar.:/

5. Peço à Virgem Senhora
força, graça e luz
/:pra servir à Igreja assumindo
o caminho do Cristo Jesus.:/

501 QUE FIZ, QUE FAÇO, QUE FAREI

Que fiz, que faço,
que farei por ti, Senhor? (Bis)

1. Unidos sob a cruz
a braços com a missão.
/:Construindo o humano
mais divino, mais irmão.:/

2. Companheiros de Jesus,
Amigos no Senhor.
/:Proclamando a justiça
generosos, com ardor.:/

3. Tomando o que conduz,
na estrada caminhai.

/:Seguindo a Jesus,
como Inácio para o Pai.:/

4. No serviço à Igreja,
obedientes à missão,
/:unidos como corpo,
discernindo em Comunhão.:/

502 SOU PEQUENO, SENHOR

1. Sou pequeno, Senhor,
mas desejo ao teu Reino servir.
Tua graça me faz superar
o meu medo de amar.
No caminho, Senhor,
por orgulho no chão cairei.
A certeza, estás ao meu lado,
me fará prosseguir, caminhar.

**Faz, meu Senhor, tua voz se ouvir!
No coração o teu apelo a te seguir!**

2. A missão, meu Senhor,
é a Boa-nova aos pobres levar;
é vestir quem está nu;
dos grilhões os cativos livrar;
revelar no viver a verdade:
"Tu és nosso Pai!" e por Jesus,
no Espírito Santo nesta história
a missão realizar.

3. É preciso viver junto a Ti
em constante oração,
com os amigos de fé partilhar
minha vida e missão.
Teu chamado, Senhor,
eu respondo com todo fervor,
em tuas mãos abandono minha vida,
posso assim no Amor ser fiel.

503 COMPANHEIROS QUE ENTRE OS POVOS

1. Companheiros que entre os povos
teu nome a divulgar.
têm de Cristo a companhia,
força a lhes confirmar.

Nas lutas, vitórias,
garantia de um bem maior.
Em tudo o Reino seu
para a glória maior de Deus.
Nada querer, nada desejar
senão em Deus sua esperança total,
e nele somente esperar.

2. Sem sandálias, sem alforje,
sem lugar onde ficar.
Deus em tudo recompensa.
E n'Ele somente esperar.

504 TEU PROCEDER

1. Jesus, ao contemplar tua vida,
me deixo interpelar pelo teu jeito de ser.
Teu trato com as pessoas me fascina,
teu jeito de amar me faz amar,
teu toque é como água cristalina
Sacia minha sede e faz andar.

**Jesus, teu jeito seja o meu jeito.
Eu quero ser bem mais do que já sou!
Jesus, teu jeito seja o meu jeito
Ensina-me a ser tão bom!**

2. Jesus me faz sentir com teu sentimento,
pensar teu pensamento e agir com tua ação.
Doar a minha vida pelo reino,
aceitar a dor e até a cruz,
amar a cada um como um amigo,
levar a todo povo tua luz.

3. Jesus, eu quero ser compassivo com os que sofrem.
Levar tua justiça confirmando minha fé.
Que eu tenha uma perfeita harmonia
entre a doutrina e o viver.
Meus olhos sejam fonte de alegria
assim como os teus puderam ser.

4. Quisera conhecer-te assim como és.
Tua imagem sobre mim é o que me transformará.
Faz com que eu siga teu exemplo
de amor ao Pai e aos irmãos.

Construa contigo o teu Reino,
ajude em nossa redenção.

505 INÁCIO, PAI AMIGO E COMPANHEIRO

1. Inácio, pai, amigo e companheiro,
vê teu povo, o mundo inteiro, lá estão os teus irmãos.
Nós queremos anunciar o Evangelho,
ser contigo sal, fermento, luz de Deus na escuridão.

A maior glória de Deus. A maior glória de Deus.
Teu lema é nosso bem viver, lá, lá, ia...
Nossa vida e missão, longe e perto neste chão
Em tudo amar e servir!

2. Inácio, mestre e guia interior,
teu é o nosso proceder: lei interna do amor.
Nossa entrega há de ser o seguimento,
anunciando um novo tempo de justiça, paz e amor.

3. Inácio, peregrino com ardor,
tua vida foi buscar a vontade do Senhor.
Seguiremos Jesus Cristo do teu modo,
procurando ser no mundo, generoso e servidor.

506 ALMA DE CRISTO

Alma de Cristo – santificai-me.
Corpo de Cristo – salvai-me.
Sangue de Cristo – inebriai-me.
Água do lado de Cristo – lavai-me.
Paixão de Cristo – confortai-me.
Ó Bom Jesus – ouvi-me.
Dentro de vossas chagas – escondei-me.
Não permitais que eu me separe de Vós.
Do espírito maligno defendei-me.
Na hora da morte,
na hora da morte chamai-me.
E mandai-me ir para Vós

para que com Vossos Santos Vos louve.
Por todos os séculos dos séculos, Amém.
Por todos os séculos, Amém.
Amém... Amém... Amém.

507 SÃO FRANCISCO XAVIER

São Francisco Xavier,
missionário do Senhor,
conservai-nos na missão,
renovai o nosso ardor!

1. Companheiro de Jesus,
companheiro de Inácio,
deixou honras, deixou tudo,
carregou do Mestre a Cruz.
Cheio de amor sem medidas
foi às Índias, ao Japão.
De que vale ganhar mundos
e perder o coração?!

2. Levando ao mundo inteiro
a mensagem do Evangelho,
abrindo horizontes novos
pra Deus – Divino Mistério.
A braços com a Igreja,
servir com novo fervor.
Corpo repleto de Graça,
a própria vida um louvor.

3. Do simples sonho com o Reino,
nos ensina a ir além,
No passo de todo povo
caminharmos nós também.
Servindo com nossa Fé,
promovendo a Justiça.
Sob a bandeira de Cristo
lutar em favor da vida.

508 CATEQUISTA, MISSIONÁRIO E POETA

1. Catequista, Missionário e Poeta,
ensinaste o Brasil a rezar;
Faz que agora caminhemos unidos
com o Cristo Libertador.

**Anchieta, Santo da nossa raça,
Santifica estas plagas,
este imenso Brasil!
Anchieta, qual cruzeiro celeste,
ilumina esta pátria,
que nasceu sob a cruz!**

2. Sob o manto da Santíssima Virgem
com coragem enfrentaste o mal;
com amor o Evangelho pregaste
proclamando a salvação.

3. Pelo bem que fizeste ao povo,
novo Cristo desta terra tu foste;
Anchieta, ergue a voz
e as mãos ao Pai
suplicando por todos nós.

4. Foste simples com
as nossas crianças,
foste pai para o índio inocente;
foste irmão junto ao povo sofrido,
que te aclama com o coração.

509 HINO A SÃO JOSÉ DE ANCHIETA

1. Missionário incansável, padre, amigo e irmão.
Homem forte e valente, todo entregue à missão!
Das Canárias ao Brasil há uma voz que se levanta:
São José de Anchieta, tua vida nos encanta!

**Anchieta, santo, missionário e intercessor!
Vem nos ajudar a bem servir ao reino do Senhor! (Bis)**

2. A maior glória de Deus, a glória maior do povo!
Literato e poeta, profeta de um mundo novo.
Da Bahia a São Paulo há uma voz que se levanta:
São José de Anchieta, tua arte nos encanta!

3. De cidades, fundador; toda a vida um louvor!
És um exemplo de luta, com as armas do amor.
Do Espírito Santo ao Rio há uma voz que se levanta:
São José de Anchieta, tua força nos encanta!

4. Defensor do oprimido, dos pequenos e dos pobres:
Índios, crianças e negros, preferência mais que nobre.
Das matas, ruas e tribos há uma voz que se levanta:
São José de Anchieta, teu amor nos encanta!

5. Companheiro de Jesus, devoto da Mãe Maria,
Boa-nova a tua vida, servindo com alegria.
Do ventre da terra mãe há uma voz que se levanta:
São José de Anchieta, testemunho que encanta!

510 ORAÇÃO DE SÃO FRANCISCO (I)

Onde há dúvidas que eu leve a fé.
Onde há erros que eu leve a verdade.
Onde há desespero que eu leve a esperança.
Onde há trevas que eu leve a luz.
Onde há discórdia que eu leve a união.
Onde há trevas ofensa que eu leve o perdão.
Onde há ódio que eu leve o amor.
Onde há tristeza que eu leve a alegria.

Senhor fazei de mim
um instrumento de tua Paz! (Bis)

Ó Mestre, que eu não busque tanto
ser consolado, mas consolar,
ser compreendido, mas compreender,
ser amado, mas amar.
Porque é dando que se recebe,
É perdoando, que se é perdoado.
Morrendo que se ressuscita
para a vida eterna.

511 ORAÇÃO DE SÃO FRANCISCO (II)

Senhor, fazei-me instrumento
de vossa paz:
Onde houver ódio,
que eu leve o amor.
Onde houver ofensa,
que eu leve o perdão;
onde houver discórdia,
que eu leve a união;
onde houver dúvida
que eu leve a fé.
Onde houver erro,
que eu leve a verdade;
onde houver desespero,
que eu leve a esperança.
Onde houver tristeza,
que eu leve a alegria;
onde houver trevas,
que eu leve a luz.
Ó Mestre, fazei
que eu procure mais:
consolar que ser consolado,
compreender que ser compreendido
amar que ser amado.
Pois é dando que se recebe,
é perdoando que se é perdoado;
e é morrendo que se vive
para a vida eterna.

512 POVO QUE LUTA

1. Povo que luta,
   cansado de mentira,
   cansado de sofrer,
   cansado de esperar;
   povo que luta cansado de esperar,
   procura Redenção.

**Porque ele é luz, verdade,
justiça, bem, perdão,
paz, esperança, amor
e redenção. (Bis)**

2. Povo que luta
   por terra onde há fartura,
   por paz sem fingimento,
   por vida partilhada.
   Povo que luta por vida partilhada
   procura redenção.

3. Povo que espera
   colheitas mais serenas,
   verdades mais profundas,
   caminhos mais fraternos.
   Povo que espera
   caminhos mais fraternos
   proclama a Redenção.

513 A MINH'ALMA TEM SEDE DE DEUS

**A minh'alma tem sede de Deus
Pelo Deus vivo anseia com ardor
Quando irei ao encontro de Deus
e verei tua face, Senhor?**

1. A ovelha sedenta
   procura o riacho.
   A minh'alma suspira
   por Deus. Onde o acho?

2. Pelas águas que correm
   suspira a ovelha.
   Pelas fontes de Deus
   a minh'alma anseia.

3. Dor e lágrimas são
   meu constante alimento:
   "Onde está o teu Deus?"
   dizem os maus, e aguento.

4. Por que estás abatida
   e confusa, ó minh'alma?
   Deus é teu companheiro,
   espera e te acalma.

514 ENVIA TEU ESPÍRITO, SENHOR

**Envia teu espírito, Senhor,
e renova a face da terra! (Bis)**

1. Bendize minh'alma ao Senhor
   Senhor meu Deus,
   como és tão grande.

2. Como são numerosas
as tuas obras, Senhor!
A terra está cheia
das tuas criaturas.

3. Quando ocultas tua face,
elas se perturbam,
quando lhes tiras sua vida,
voltam ao seu nada.

4. Seja ao Senhor eterna glória,
alegre-se ele em suas obras.

5. Que o meu canto
ao Senhor seja agradável.
É nele que está minha alegria.

515 BELÉM É AQUI

Belém é aqui, aqui é Natal!
Belém é aqui, aqui é Natal!

1. Belém é aqui, aqui onde estou,
na casa vizinha mora o Salvador.

2. Belém é aqui, se habita o amor,
se não se recusa no outro o Senhor.

3. Belém é aqui, se existe calor
na luta dos homens combatendo a dor.

516 CAMINHANDO E CANTANDO

1. Caminhando e cantando e seguindo
a canção, somos todos iguais,
braços dados ou não. Nas escolas,
nas ruas, campos, construções...
Caminhando e cantando e seguindo
a canção.

Vem, vamos embora que esperar
não é saber. Quem sabe faz a hora
não espera acontecer! (Bis)

2. Pelos campos há fome em grandes
plantações, pelas ruas marchando
indecisos cordões. Ainda fazem da
flor seu mais forte refrão, e
acreditam nas flores vencendo os
canhões.

3. Há soldados armados, amados ou
não, quase todos perdidos de armas
nas mãos. Nos quartéis lhes
ensinam antigas lições, de morrer
pela pátria e viver sem razão.

4. Nas escolas, nas ruas, campos,
construções, somos todos soldados,
armados ou não. Caminhando e
cantando e seguindo a canção,
somos todos iguais, braços
dados ou não.

5. Os amores na mente, as flores no
chão, a certeza na frente, a
história na mão, caminhando e
cantando e seguindo a canção,
aprendendo e ensinando uma nova
lição.

517 UM DIA NUMA LAPINHA

1. Um dia numa lapinha
um grande caso se deu:
um garotinho bacana
de uma Virgem nasceu.
Aqui bem longe, bem longe,
bem no meio da mata,
/:tem lugar pra você, Jesus,
na minha pobre barraca!:/
A minha mesa é pobre,
só tem feijão n'água e sal...
/:Mas tem lugar pra você, Jesus,
na noite do teu Natal!:/

2. O garotinho bacana
trouxe uma grande missão:
libertar seus irmãozinhos
de uma terrível prisão.
A minha barraca é cheinha
de filhos pra sustentar,
/:mas inda tem pra você, Jesus,
uma vaguinha em meu lar!:/
Meu leito é uma rede velha
armada no canto da sala,
/:Mas tem lugar pra você, Jesus,
na minha rede remendada!:/

518 JESUS, EU IREI

1. Jesus, eu irei
te louvar pela vida.
Jesus, eu irei te anunciar
para sempre aos irmãos.
Pois só tu és a paz
e o amor dos cristãos.
Jesus, eu irei
te louvar pela vida.

2. Jesus, eu irei
te cantar pela vida.
Jesus, eu quisera
meu amor fosse o eco
de meu Deus.
E vivendo na terra e crescendo
teu reino, Jesus,
eu irei te cantar pela vida.

3. Jesus, eu irei
te servir pela vida.
Jesus, dando a ti meu viver,
meu sofrer, meu amor.
Pela luta em favor da justiça
e da paz.
Jesus, eu irei
te servir pela vida.

4. Jesus, eu irei
te levar pela vida.
Jesus, a viver
teu mistério pascal
que é amor.
Pois teu corpo e teu sangue
por mim entregaste, Jesus,
eu irei te levar pela vida.

519 VEM, VEM, PECADOR

Vem, vem, pecador,
onde tu te escondes?
Teu Senhor te chama
e tu não lhe respondes.

1. Vem, vem, pecador,
chora teu pecado
para que de Deus seja perdoado!

2. Invoca Maria, pobre pecador.
Ela é Mãe da graça,
Mãe do Redentor.

3. Qual a Madalena, quando junto à cruz,
banhas tu com lágrimas
aos pés de Jesus.

4. Vem, vem, pecador,
vem à penitência, se queres de Deus
obter clemência!

5. Abeira-te à mesa da Eucaristia,
se um tempo novo
queres ver um dia!

520 BENDITA E LOUVADA SEJA NO CÉU

1. Bendita e louvada seja
no céu a divina luz.
E nós, também, cá na terra,
louvemos a santa cruz.

2. Os céus cantam a vitória
de nosso Senhor Jesus.
Cantemos nós, igualmente,
louvores à santa cruz.

3. Sustenta gloriosamente
nos braços ao bom Jesus;
sinal de esperança e vida
o lenho da santa cruz.

4. Humildes e confiantes,
levemos a nossa cruz,
seguindo sublime exemplo
de nosso Senhor Jesus.

5. Cordeiro imaculado,
por todos morreu Jesus,
pagando as nossas culpas,
é rei pela sua cruz.

6. É arma em qualquer perigo,
é raio de eterna luz,
bandeira vitoriosa,
o santo sinal da cruz.

7. Ao povo aqui reunido,
dai graça, perdão e luz.

Salvai-nos, ó Deus clemente,
em nome da santa cruz.

521 EM JERUSALÉM

1. Em Jerusalém,
prenderam Jesus, o meu Salvador.
Cuspiram na face
e a força do braço o chicoteou.

Como sofreu o meu redentor!
Foi sobre o madeiro
que crucificaram o meu salvador!

2. Soldados romanos
trouxeram a cruz, Jesus a tomou.
Por todas as ruas daquela cidade
o Cristo a arrastou.

3. E quando chegaram
até o Calvário, deitaram Jesus,
de braços abertos, no grande madeiro
em forma de cruz.

4. E sobre seus pés também suas mãos,
os cravos pregaram
e entre os ladrões,
o meu Salvador na cruz levantaram.

5. O fel da amargura
na boca do mestre alguém colocou.
E um dos soldados
seu lado esquerdo com a lança furou.

522 A MORRER CRUCIFICADO

1. A morrer crucificado
teu Jesus é condenado
/:por teus crimes, pecador.:/

2. Com a cruz é carregado.
Vai sofrendo resignado.
/:Vai morrer por teu amor.:/

3. Sob o peso desmedido,
cai Jesus desfalecido
/:pela tua salvação.:/

4. Vê a dor da mãe amada,
que se encontra desolada,
/:com seu Filho em aflição.:/

5. No caminho do Calvário,
um auxílio necessário
/:não lhe nega o Cirineu.:/

6. Eis o rosto ensanguentado,
por Verônica enxugado,
/:que no pano apareceu.:/

7. Novamente desmaiado
sob a cruz que vai levando,
/:cai por terra o Salvador.:/

8. Das mulheres que choravam,
que fiéis o acompanhavam,
/:é Jesus consolador.:/

9. Cai exausto o bom Senhor,
esmagado pela dor
/:dos pecados e da cruz.:/

10. Já do algoz as mãos agrestes,
as sangrentas, pobres vestes,
/:vão tirar do bom Jesus.:/

11. Sois por mim na cruz pregado,
insultado, blasfemado
/:com cegueira e com furor.:/

12. Por meus crimes padecestes,
meu Jesus, por mim morrestes,
/:quanta angústia, quanta dor!:/

13. Do madeiro vos tiraram
e à mãe vos entregaram
/:com que dor e compaixão.:/

14. No sepulcro vos puseram,
mas os homens tudo esperam
/:do mistério da paixão.:/

15. Ah! Jesus, que eu vos siga,
que vos ame, vos bendiga,
/:na celestial mansão.:/

523 O VENTO, SENHOR

O vento, Senhor, me traz sem cessar
o grito sofrido de tantos irmãos,
o grito sofrido de tantos irmãos.

1. Homens de todas as raças,
   jogai vossas armas ao chão.
   A morte de tantos irmãos
   de sangue fará o amanhã! (Bis)

2. Olhai tantos campos e vales
   escravos nas mãos de alguns,
   mas Deus os criou para todos,
   Mãe terra, origem do pão! (Bis)

3. Irmãos, levantai vossos olhos,
   conscientes unamos as mãos.
   Esta é a única força
   capaz de vencer a opressão! (Bis)

524 CANTO A VIDA

1. Canto a vida, canto o amor,
   o labor de cada irmão,
   cada homem que constrói
   seu viver cada manhã.
   Canto aqueles que tombaram
   e seu sangue derramaram
   proclamando com coragem
   o valor de cada irmão.

Nesta canção quero ao pai agradecer
cada irmão que responder
na história o amor de Deus! (Bis)

2. Canto a vida, canto o amor,
   o sorriso infantil,
   o olhar que traz a paz,
   um abraço-comunhão.
   Canto o campo bem lavrado,
   canto as mãos que o trabalharam,
   canto o suor com o qual regaram
   tantas terras e quintais.

525 PELO BATISMO RECEBI

1. Pelo Batismo recebi
   uma missão: vou trabalhar
   pelo Reino do Senhor.
   Vou anunciar o Evangelho para os
   povos, vou ser profeta, sacerdote,
   rei, pastor. Vou anunciar a Boa-Nova
   de Jesus: como profeta
   recebi esta missão. Aonde for
   serei fermento, sal e luz,
   levando a todos a mensagem
   de cristão.

2. O Evangelho não pode
   ficar parado, vou anunciá-lo,
   esta é minha obrigação.
   A messe é grande
   e precisa de operários,
   vou cooperar na evangelização.
   Sou mensageiro enviado do Senhor,
   onde houver trevas, irei levar a luz.
   Também direi a todos que Deus é Pai,
   anunciando a mensagem de Jesus.

3. Quem perguntar por que
   Jesus veio ao mundo eu vou dizer:
   foi pra salvar a humanidade,
   pra libertar o homem da escravidão,
   e dar a ele uma nova oportunidade.
   Pois os profetas já vinham anunciando
   a sua vinda e qual a sua finalidade:
   Jesus Profeta, Sacerdote,
   Rei, Pastor: Veio ensinar-nos
   o caminho da verdade.

526 ESTOU PENSANDO EM DEUS

Estou pensando em Deus,
Estou pensando no amor. (Bis)

1. Os homens fogem do amor
   e depois que se esvaziam
   no vazio se angustiam
   e duvidam de você.

Você chega perto deles,
mesmo assim ninguém tem fé.

2. Eu me angustio quando vejo
que depois de dois mil anos,
entre tantos desenganos,
poucos vivem sua fé,
muitos falam de esperança,
mas esquecem de você.

3. Tudo podia ser melhor,
se meu povo procurasse,
nos caminhos onde andasse,
pensar mais no seu Senhor.
Mas você fica esquecido
e por isso falta amor.

527 O POVO DE DEUS

1. O povo de Deus
no deserto andava,
mas à sua frente
Alguém caminhava.
O povo de Deus
era rico de nada,
só tinha esperança
e o pó da estrada.

Também sou teu povo, Senhor,
e estou nesta estrada.
Somente a tua graça
me basta e mais nada.

2. O povo de Deus
também vacilava,
Às vezes custava
a crer no amor.
O povo de Deus
chorando rezava,
pedia perdão e recomeçava.

Também sou teu povo, Senhor,
e estou nesta estrada.
Perdoa se, às vezes,
não creio em mais nada.

3. O povo de Deus
também teve fome,
e Tu lhe mandaste
o pão lá do céu.
O povo de Deus
cantando deu graças,
provou o teu amor,
amor que não passa.

Também sou teu povo, Senhor,
e estou nesta estrada.
Tu és alimento
na longa jornada.

4. O povo de Deus
ao longe avistou
a terra querida
que o amor preparou.
O povo de Deus corria e cantava,
e nos seus louvores
teu poder proclamava.

Também sou teu povo, Senhor,
e estou nesta estrada,
cada dia mais perto
da terra esperada.

528 Ó SENHOR, NOS ENSINASTE

1. Ó Senhor, nos ensinaste
por teu gesto redentor,
a estarmos sempre unidos
pelos laços do amor.

2. Foi na quinta-feira santa,
que nos deste o mandamento
de amar-nos uns aos outros,
este foi o mandamento.

3. Quem amar o seu irmão
escutou a tua voz,
que na cruz deu testemunho
do teu grande e vivo amor.

4. Nesta grande caminhada,
rumo à casa do Senhor,
Tu serás nosso caminho,
nosso mestre e condutor.

529 SE AS ÁGUAS DO MAR DA VIDA

1. Se as águas do mar da vida
quiserem te afogar,
segura na mão de Deus e vai.
Se as tristezas desta vida
quiserem te sufocar,
segura na mão de Deus e vai.

**Segura na mão de Deus,
segura na mão de Deus,
pois ela, ela te sustentará.
Não temas, segue adiante
e não olhes para trás.
Segura na mão de Deus e vai.**

2. Se a jornada é pesada
e te cansas na caminhada,
segura na mão de Deus e vai.
Orando, jejuando,
confiando e confessando,
segura na mão de Deus e vai.

3. O Espírito do Senhor
sempre te revestirá,
segura na mão de Deus e vai.
Jesus Cristo prometeu
que jamais te deixará,
segura na mão de Deus e vai.

530 TU TE ABEIRASTE DA PRAIA

1. Tu te abeiraste da praia,
não buscaste nem sábios nem ricos,
somente queres que eu te siga.

**Senhor, tu me olhaste nos olhos,
a sorrir pronunciaste meu nome.
Lá na praia eu larguei o meu barco,
junto a ti buscarei outro mar.**

2. Tu sabes bem que em meu barco,
eu não tenho nem ouro nem prata,
somente redes e o meu trabalho.

3. Tu minhas mãos solicitas,
meu cansaço que a outros descanse.
Amor que almeja seguir amando.

4. Tu, pescador de outros lagos,
ânsia eterna de homens que esperam,
bondoso amigo que assim me chamas.

531 NOITE FELIZ

1. Noite Feliz, noite feliz,
ó Senhor, Deus de amor,
pobrezinho nasceu em Belém,
eis na lapa Jesus, nosso Bem!
/:Dorme em paz, ó Jesus!:/

2. Noite Feliz, noite feliz,
Ó Jesus, Deus da luz,
quão afável é teu coração,
que quiseste nascer nosso irmão,
/:e a nós todos salvar.:/

3. Noite feliz, noite feliz!
Eis que no ar, vêm cantar
aos pastores os anjos do céu,
anunciando a chegada de Deus,
/:de Jesus salvador.:/

532 EU CONFIO EM NOSSO SENHOR

/:Eu confio em nosso Senhor
com fé, esperança e amor.:/

1. Com as armas da fé lutarei,
eu confio em nosso Senhor.
Nessa luta por Deus vencerei,
com fé, esperança e amor.

2. Os fracassos não hei de temer,
eu confio em nosso Senhor,
pois com Deus hei de sempre vencer,
com fé, esperança e amor.

3. Em perigo, aflição ou na dor,
eu confio em nosso Senhor,
chamarei a meu Deus com fervor,
com fé, esperança e amor.

533 EIS O LENHO DA CRUZ

Eis o lenho da cruz
da qual pendeu a salvação do mundo.
Vinde, adoremos! (3x)

534 TODOS NÓS DEVEMOS GLORIAR-NOS

Todos nós devemos gloriar-nos
na cruz de nosso Senhor Jesus Cristo,
que é nossa salvação, nossa vida,
nossa esperança e ressurreição
e pelo qual somos salvos e libertos.

1. Esta é a noite da Ceia Pascal,
   A Ceia em que o nosso Cordeiro se imolou.
2. Esta é a noite da Ceia do amor
   A Ceia em que Jesus por nós se entregou.
3. Esta é a Ceia da Nova Aliança,
   A Aliança confirmada no sangue do Senhor.

535 JESUS ERGUENDO-SE DA CEIA

1. Jesus erguendo-se da ceia,
   jarro e bacia tomou.
   Lavou os pés dos discípulos.
   Este exemplo nos deixou.
   Aos pés de Pedro inclinou-se.
   Ó Mestre, não por quem és?

**Não terás parte comigo,
se não lavar os teus pés. (Bis)**

2. És o Senhor, tu és o Mestre.
   Os meus pés não lavarás.
   O que ora faço não sabes,
   mas depois compreenderás.
   Se eu vosso Mestre e Senhor
   vossos pés hoje lavei.

**Lavai os pés uns dos outros,
eis a lição que vos dei. (Bis)**

3. Eis como irão reconhecer-vos
   como discípulos meus:
   Se vos ameis uns aos outros,
   disse Jesus para os seus.
   Dou-vos novo mandamento,
   deixo ao partir, nova lei.

**Que vos ameis uns aos outros,
assim como eu vos amei. (Bis)**

536 LAVA-PÉS

1. Jesus, tu reuniste os teus amigos
   e lhes lavaste os pés humildemente.
   E enviaste-os logo após entre os perigos
   de um mundo desumano e incoerente.

2. Também pediste que este teu exemplo
   se repetisse em nós e que, ao invés
   de nos fecharmos em teu Santo Templo,
   saíssemos lavando ainda outros pés.

3. Na poeira das estradas desta vida,
   vem nossos pés lavar, tão doloridos.
   Vem dar-nos mãos que acalmem a ferida
   dos que ainda longe estão de ti, perdidos.

4. Senhor, que os nossos pés assim lavados
   nas águas transparentes de tuas fontes
   indiquem sempre a cura dos pecados
   e resplandeçam belos sobre os montes.

537 DEUS INFINITO

1. Deus infinito, nós te louvamos
   e nos submetemos ao teu poder.
   As criaturas no seu mistério,
   Mostram a grandeza quem lhe deu
   o ser.

2. Todos os povos sonham e vivem
   Nesta esperança de encontrar a paz.
   Suas histórias todas apontam
   para o mesmo rumo onde tu estás.

**Santo, Santo, Santo,
Santo, Santo, Santo,
Todo-poderoso é o nosso Deus! (Bis)**

3. Senhor Jesus Cristo, nós te louvamos
   e agradecemos teu imenso amor.

Teu nascimento, teu sofrimento,
trouxe vida nova onde existe a dor.

4. Nós te adoramos e acreditamos
que és o Filho santo do nosso Criador.
E professamos tua verdade,
Que na humanidade plantou tamanho amor.

5. Deus infinito, teu Santo Espírito
renova o mundo sem jamais cessar.
Nossa esperança, nossos projetos
só se realizam quando Ele falar.

6. Todo-Poderoso, somos o teu povo
Que na esperança vive a caminhar.
Dá que sejamos teu povo santo
que fará do mundo teu trono
e teu altar.

538 EU QUERO VER

Eu quero ver, eu quero ver
acontecer. Um sonho bom,
sonhos de muitos acontecer.

1. Nascendo da noite escura
a manhã futura trazendo amor.
No vento da madrugada, a paz
tão sonhada brotando em flor.
Nos braços da estrela-guia
a alegria, chegando da dor.

2. Na sombra verde e florida,
crianças em vida, brincando de
irmão. No rosto da juventude,
sorriso e virtude, virando canção.
Alegre e feliz camponês,
entrando de vez na posse do chão.

3. Um sorriso em cada rosto,
uma flor em cada mão.
A certeza na estrada,
o amor no coração.
E uma semente nova, escondida,
em cada palmo deste chão.

4. Sonho, que se sonha só,
pode ser pura ilusão.
Sonho, que se sonha juntos,
é sinal de solução.
Então vamos sonhar, companheiros,
sonhar ligeiro, sonhar em mutirão.

539 TÃO SUBLIME SACRAMENTO

1. Tão sublime sacramento
adoremos neste altar.
Pois o Antigo Testamento
deu ao Novo o seu lugar.
Venha a fé por suplemento
os sentidos completar.

2. Ao Eterno Pai cantemos
e a Jesus, o Salvador.
Ao Espírito exaltemos,
na Trindade eterno amor.
Ao Deus uno e trino demos
a alegria do louvor. Amém! Amém!

540 DEUS DE AMOR

1. Deus de Amor
nós te adoramos neste Sacramento,
Corpo e Sangue que fizeste
nosso alimento.
És o Deus escondido,
vivo e vencedor.
A teus pés depositamos
todo o nosso amor.

2. Meus pecados redimiste
sobre a tua cruz,
com teu corpo e com teu sangue,
ó Senhor Jesus.
Sobre os nossos altares
vítima sem par,
teu divino sacrifício queres renovar.

3. No Calvário se escondia
tua divindade,
mas aqui também se esconde
tua humanidade.
Creio em ambas e peço
como o bom ladrão,

no teu reino, eternamente,
tua salvação.

4. Creio em ti, ressuscitado,
mais que São Tomé.
Mas aumenta na minh'alma
o poder da fé.
Guarda minha esperança,
cresce o meu amor.
Creio em ti, ressuscitado,
meu Deus e Senhor!

5. Ó Jesus que nesta vida
pela fé eu vejo,
realiza, eu te suplico,
este meu desejo:
ver-te, enfim, face a face,
meu divino amigo;
lá no céu eternamente,
ser feliz contigo.

541 PAI NOSSO DOS MÁRTIRES

Pai Nosso dos pobres marginalizados.
Pai Nosso dos mártires, dos torturados.

1. Teu nome é santificado
naqueles que morrem
defendendo a vida.
Teu nome é glorificado
quando a justiça é nossa medida.
Teu Reino é de liberdade,
de fraternidade, paz e comunhão.
Maldita toda violência
que devora a vida pela repressão.
ô, ô, ô, ô...

2. Queremos fazer tua vontade
És o verdadeiro Deus libertador.
Não vamos seguir as doutrinas
corrompidas pelo poder opressor.
Pedimos-te o pão da vida, o pão
da segurança, o pão das multidões,
o pão que traz humanidade,
que constrói o homem
em vez de canhões.

3. Perdoa-nos quando por medo
ficamos calados diante da morte.
Perdoa e destrói os reinos
em que a corrupção
é a lei mais forte.
Protege-nos da crueldade,
do esquadrão da morte,
dos prevalecidos.
Pai Nosso, revolucionário,
parceiro dos pobres,
Deus dos oprimidos.

542 TU ME CONHECES

1. Tu me conheces quando estou sentado.
Tu me conheces quando estou de pé.
Vês claramente quando estou andando.
Quando repouso, tu também me vês.
Se pelas costas
sinto que me abranges,
também de frente
sei que me percebes.
Para ficar longe do teu Espírito,
o que farei, aonde irei, não sei.

Para onde irei? Para onde fugirei?
Se subo ao céu
ou se me prostro no abismo,
eu te encontro lá.
Para onde irei? Para onde fugirei?
Se estás no alto da montanha
verdejante ou nos confins do mar.

2. Se eu disser:
"Que as trevas me escondam!"
e que não haja luz onde eu passar,
pra ti a noite é clara como o dia.
Nada se oculta ao teu divino olhar.
Tu me teceste no seio materno
e definiste todo o meu viver.
As tuas obras são maravilhosas,
que maravilha, meu Senhor, sou eu.

3. Dá-me tuas mãos,
ó meu Senhor bendito!
Benditas sejam sempre as tuas mãos.

Prova-me, Deus,
e vê meus pensamentos!
Olha-me, Deus, e vê meu coração.
Livra-me, Deus, de todo mau caminho!
Quero viver, quero sorrir, cantar,
Pelos caminhos da eternidade,
Senhor, terei toda felicidade.

543 PAI, QUE CRIASTES O CÉU

1. Pai, que criastes o céu,
   criastes a terra
   criastes o mar.
   Pai, que criastes o homem
   enchendo-o de dons,
   pra um melhor caminhar.
   Sentistes o povo sofrido;
   às vezes perdido,
   sempre a esperar.
   Destes a alguém vocação
   e sabedoria pra os libertar.

   **Eu vou colocar o que aprendi
   a serviço do povo.
   Eu quero ser um novo Cristo,
   ser um homem novo.
   Pai, o ruído do vento a soprar
   como as aves me sinto a voar,
   em um mundo de paz e de amor.
   Pai, pelo mundo eu irei proclamar,
   nas montanhas, nas ruas, no lar,
   quero dar testemunho, Senhor.**

2. Pai, hoje a sabedoria
   nem sempre é usada
   pra libertação!
   A sede em ter mais, sem ser mais,
   coloca os pequenos na escravidão.
   Às vezes dinheiro e prazer
   são mais importantes
   que a vocação.
   O dom de servir se esconde
   não se importando
   com a morte do irmão.

3. Pai, a justiça, verdade,
   o amor, caridade
   nem sempre são vistos!
   Há tantos homens vivendo
   sua vocação, só em seu benefício.
   Jesus se encarnou entre nós,
   não pra ser servido,
   mas para servir.
   Deu-nos exemplo de amor,
   e é tão diferente
   o que vemos aqui.

544 BOCA DE POVO

**Boca de povo - povo!
Gritando novo - novo!
Senhor Deus mandou dizer! (Bis)**

1. Eu vou criar um novo céu e nova
   terra, pois o que passou, passou!
   As misérias suportadas
   já não mais serão lembradas.
   Todo mundo a se alegrar,
   com o que eu vou criar.

2. Eu vou tornar Jerusalém uma
   alegria, todo povo a sorrir!
   Na cidade eu vou vibrar,
   vendo o povo a se alegrar.
   Já não mais se ouvirão
   choro, nem lamentação.

3. Que já não mais as criancinhas
   pequeninas morrerão, sem se criar!
   Ninguém mais vai falecer,
   toda a vida vai viver.
   Com cem anos, um menino;
   morrer antes, mau destino.

4. Que os operários, tantas casas
   construindo, terão casa pra morar.
   Seus roçados plantarão,
   dos seus frutos comerão.
   Ninguém mais constrói, nem planta,
   pra que outro more e coma.

5. Os meus eleitos como árvores
vivendo, do trabalho de suas mãos
eles vão, sim, desfrutar
e não mais em vão cansar.
Por Deus raça abençoada,
eles com a filharada!

6. Antes que eles por mim chamem,
já respondo, inda pedem e já atendi.
Comerão, bem juntos todos,
boi, leão, cordeiro e lobo.
Nenhum mal, nem destruição
em meu monte eles farão.

545 EU SÓ PEÇO A DEUS

1. Eu só peço a Deus
que a dor não me seja indiferente,
que a morte não
me encontre um dia
solitário sem ter feito
o que eu queria.

2. Eu só peço a Deus que a injustiça
não me seja indiferente,
pois não posso dar a outra face,
se já fui machucado brutalmente.

3. Eu só peço a Deus que a guerra
não me seja indiferente.
É um monstro grande e pisa forte
toda pobre inocência desta gente.

4. Eu só peço a Deus que a mentira
não me seja indiferente,
se um só traidor
tem mais poder que um povo,
que este povo
não esqueça facilmente.

5. Eu só peço a Deus que o futuro
não me seja indiferente,
sem ter de fugir desenganado
pra viver uma cultura diferente.

546 BENDITA E LOUVADA SEJA

1. Bendita e louvada seja
esta santa romaria.
Bendito o povo que marcha,
bendito povo que marcha,
tendo Cristo como guia.

**Sou, sou teu Senhor! Sou povo novo
retirante e lutador. Deus dos
peregrinos, dos pequeninos,
Jesus Cristo, redentor.**

2. No Egito, antigamente,
do meio da escravidão.
/:Deus libertou o seu povo,
e hoje ele passa de novo
gritando a libertação.:/

3. Para a terra prometida,
o povo de Deus marchou.
/:Moisés andava na frente,
hoje Moisés é a gente
quando enfrenta a opressão.:/

4. Quem é fraco, Deus dá força,
quem tem medo sofre mais.
/:Quem se une ao companheiro
vence todo cativeiro,
É feliz e tem a paz.:/

547 VENHAM TODOS, CANTEMOS UM CANTO

1. Venham todos, cantemos um canto
que nasce da terra.
Canto novo de paz e esperança
em tempos de guerra.
Neste instante há inocentes
tombando nas mãos de tiranos.
Tomar terra, ter lucro, matando:
são esses seus planos.

2. Lavradores: Raimundo, José,
Margarida, Nativo... Assumir sua
luta e seus sonhos
por nós é preciso!

Haveremos de honrar
todo aquele que caiu lutando,
contra os muros e cercas
da morte jamais recuando!

**Eis o tempo de graça!
Eis o dia da libertação.
De cabeças erguidas,
de braços unidos, irmãos!
/:Haveremos de ver qualquer dia
chegando a vitória! O povo nas ruas
fazendo a história,
crianças sorrindo em toda a nação.:/**

3. Companheiros, no chão desta pátria
é grande a peleja.
No altar da Igreja o seu sangue
bem vivo lateja! Sobre as mesas
de cada família há frutos
marcados, e há flores vermelhas
gritando por sobre os roçados!

4. Ó Senhor, Deus da vida,
escuta esse nosso cantar,
pois contigo o povo oprimido
há de sempre contar.
Para além da injúria e da morte
conduz nossa gente!
Que o teu Reino triunfe na terra
deste continente!

548 EXULTE DE ALEGRIA

(proclamação da Páscoa)

Solo: Exulte de alegria
dos anjos a multidão;
exultemos, também, nós
por tão grande salvação!
Do grande Rei a vitória
cantemos o resplendor:
das trevas surgiu a glória,
da morte o Libertador!
Solo: O Senhor esteja conosco!
Ass.: **Ele está no meio de nós!**
Solo: Os corações para o alto!
Ass.: **A Deus ressoe nossa voz!**

Solo:
1. No esplendor desta Noite,
que viu os Hebreus libertos,
nós, os cristãos, bem despertos,
brademos: morreu a morte!

**Bendito seja Cristo, Senhor,
que é do Pai imortal esplendor!**

2. No esplendor desta Noite,
que viu vencer o Cordeiro,
por Cristo salvos, cantemos:
a Seu Sangue justiceiro!

3. No esplendor desta Noite,
que viu ressurgir Jesus
do sepulcro, exultemos:
pela vitória da Cruz!

4. Noite mil vezes feliz,
Deus por nós seu Filho deu,
o Filho salva os escravos,
quem tanto amor mereceu?

5. Noite mil vezes feliz,
ó feliz culpa de Adão,
que mereceu tanto amor,
que recebeu tal perdão!

6. Noite mil vezes feliz,
aniquilou-se a maldade,
as algemas se quebraram,
despontou a liberdade!

7. Noite mil vezes feliz,
o opressor foi despojado,
os pobres enriquecidos,
o Céu à terra irmanado!

8. Noite mil vezes feliz,
em Círio de virgem cera,
nova esperança se acende
no seio da tua Igreja!

9. Noite mil vezes feliz,
Noite clara como o dia,
na luz de Cristo glorioso
exultemos de alegria.

549 REIS E NAÇÕES

1. Reis e nações se amotinam
e tramam, por quê?
E vão contra o Senhor
e o Messias, por quê?
Deles se ri e aborrece
o Senhor, e ouvirão:
"Fui eu quem consagrei
o meu rei em Sião!"

**Glória ao Senhor,
nas alturas sem cessar!
Glória ao Senhor,
terra inteira a cantar!**

2. Vou proclamar o decreto
que vem do Senhor.
O que disse o Senhor
e dizer me mandou:
"Tu és meu Filho, meu Filho,
a ti hoje eu gerei.
Tu me pedes,
e eu as nações te darei!"

3. Cetro de ferro nas mãos,
as nações regerás.
Como um pote de barro
as despedaçarás!
Reis e juízes da terra,
guiar-vos deixai.
Ao Senhor com temor
lhe servi e honrai!

4. Não o irriteis,
sua raiva será perdição!
Bem felizes aqueles
que nele estão!
Glória ao Pai pelo Filho,
no Espírito-Amor,
Ao que vem nos salvar,
da Igreja o louvor!

550 MARAVILHAS, SIM

**Maravilhas, sim, aleluia,
o Senhor fezpor nós, aleluia. (Bis)**

1. Quando o Senhor
nos libertou do cativeiro,
ficamos todos cheios
de consolação;
/:rejubilaram nossos corações
em festa. Entre risos e canções.:/

2. Reconduzi nossos cativos,
ó Senhor. Como torrentes
que o deserto vêm molhar.
/:Todos aqueles que na dor vão semeando,
ao colher hão de cantar.:/

3. Quando se vai,
vai-se em lágrimas de pranto,
vai-se chorando,
transportando as sementes.
/:Quando se vem, vem-se cantando
alegremente, carregando as espigas.:/

551 O SENHOR É MEU PASTOR

**O Senhor é Pastor,
nada me pode faltar.
Onde houver muita fartura,
onde houver muita fartura,
Ele aí vai me levar!**

1. Para as fontes de água fria
Ele vai me conduzir;
Eu repouso e ganho força,
Eu repouso e ganho força,
E vontade de sorrir.

2. Por caminhos bem traçados,
Ele me faz caminhar;
Nas passagens perigosas,
nas passagens perigosas,
Ele vem me acompanhar.

3. Me prepara mesa farta,
Do inimigo invejar.
Vem, me abraça e põe perfume,
vem, me abraça e põe perfume,
Faz minha taça transbordar!

4. Me acompanham noite e dia
tua força e teu amor.

Vou morar na tua casa,
vou morar na tua casa,
toda a vida, meu Senhor!

5. Glória ao Pai, glória a seu Filho,
glória ao Espírito Divino.
Ao Pastor de nossas vidas,
Ao Pastor de nossas vidas,
Ofertamos este hino.

552 QUERO A UTOPIA

1. Quero a utopia,
quero tudo e mais,
quero a felicidade
dos olhos de um pai,
quero a alegria,
muita gente feliz,
quero que a justiça
reine em meu país.

2. Quero a liberdade,
quero o vinho e o pão.
Quero ser amizade,
quero amor, prazer.
Quero nossa cidade
sempre ensolarada,
os Meninos e o Povo no poder,
eu quero ver.

3. São José da Costa Rica,
coração civil,
me inspire no meu sonho
de amor Brasil.
Se o poeta é o que sonha
o que vai ser real,
vou sonhar coisas boas
que o homem faz
e esperar pelos frutos no quintal.

4. Sem polícia, nem a milícia,
nem feitiço, cadê poder?
Viva a preguiça, viva a malícia
que só a gente aqui sabe ter.
Assim dizendo a minha Utopia
eu vou levando a vida,
eu vou viver bem melhor,
doido pra ver o meu sonho teimoso
um dia se realizar.

553 COM MEU PEITO CHEIO DE AMOR

1. Com meu peito cheio de amor
sem preconceito,
amor que tem todo o direito
de crescer o que puder.
Ah! eu queria com meu canto
ou com meu pranto derramar
todo o encanto
deste amor pra te mostrar
/:que a vida é bela,
que a esperança te espera,
que a paz não vai tardar,
porque o Amor só quer amar.:/

2. Se eu te falo de esperança,
me permite te dizer que a dor existe,
que é feita pra se amar.
Tudo passa, solidão já não existe,
a tristeza só é triste
para quem não sabe amar...
/:Deixa entrar a paz no coração,
deixa de lado a ilusão e em ti
nascer uma canção de amor.:/

554 LIBERDADE

1. Liberdade, vem e canta,
e saúda este novo sol que vem.
Canta com alegria o escondido
amor que no peito tens.
Mira o céu azul, espaço
aberto pra te acolher.
/:Mira o céu azul, espaço
aberto pra te acolher.:/ ê ê...

2. Liberdade, vem e pisa este
firme chão de verde ramagem
Canta louvando as flores
que ao bailar do vento
fazem sua mensagem.

/:Mira estas flores, abraço
aberto pra te acolher.:/ ê ê...

3. Liberdade, vem e pousa nesta
dura América triste, vendida.
Canta com o teu grito nossos
filhos mortos e a paz ferida.
/:Mira este lugar, desejo
aberto pra te acolher.:/ ê ê...

4. Liberdade, liberdade,
és o desejo que nos faz viver.
És o grande sentido
de uma vida pronta para morrer.
Mira o nosso chão, banhado
em sangue pra reviver.
Mira a nossa América banhada
em morte pra renascer. ê ê...

555 A MORTE JÁ NÃO MATA

A morte já não mata,
não mata mais a morte.
Do chão regado em sangue,
a flor brota mais forte.

1. Companheiros arrancados a força,
a tortura e a sacrifício.
É o Reino que padece e sofre,
é irmão matando irmão.
O poder é a arma que impede
crescer a libertação.

2. A glória maior de Deus é oblação
no testemunho de entrega
dos mártires em prol da vida,
ideais violentados.
Latinoamérica, um clamor
de todo um povo açoitado.

3. Nesta esperança louca e rouca,
a fé grita justiça.
A vida é mais vida e viva,
o irmão é nossa glória.
A semente teima e não morre
fecundando a história.

556 HOJE NA ESTRADA

1. Hoje na estrada
encontrei alguém assim
que pensa como eu,
que quer ser feliz.
Velas estão no mar,
pessoas de partida,
querendo caminhar,
voar, mudar de vida...

**Pois Deus é uma força estranha,
Deus é nosso pé na estrada,
Deus é uma voz que clama,
Deus...**

2. Vou de peito aberto
sem temer por onde ir,
um guerreiro das estradas,
um herói de calça Lee.
A luz das estrelas
clareando o meu caminho,
na memória vão lembranças
que não me deixam sozinho.

557 VEM, VEM CANTANDO

1. Vem, vem cantando a canção,
e ame, você é capaz.
Vem e no seu coração
floresça um sorriso de paz.
A paz que o mundo precisa,
a paz que você pode dar.
E ouça o que Deus sempre avisa:
o homem foi feito pra amar.

**Dê o seu amor, sorria ao se dar.
Não terá mais dor quem souber amar!**

2. Vem, vem cantando a canção,
procure fazer o melhor.
Vem, não pergunte a razão,
já sei a resposta de cor.
Não fuja se algum imprevisto
em sua vida surgir, pois quando
se anda com Cristo,
de nada é preciso fugir.

3. Vem, vem cantando a canção
e deixe o amor transbordar.
Vem sem temer a ilusão,
terá a resposta ao amar.
Amar todo mundo que passa
pedindo um sorriso, um olhar.
O amor nos foi dado de graça,
não é certo a gente guardar.

558 DEIXE-ME SER JOVEM

**Deixe-me ser jovem,
não me impeça de lutar,
pois a vida nos convida
a uma missão realizar.**

1. Deixe-me ser jovem,
ser livre pra sonhar.
Não reprima, não reprove
o meu jeito de amar.

2. Fazer também a história
e não ser ignorado,
preservar os meus valores
e não ser massificado.

3. Muitos jovens sem saber
esbanjaram sua idade,
alienados se entregaram
aos dragões da sociedade.

4. Não me sinto revoltado,
mas quero me explicar:
de tanto ser explorado,
eu me pus a protestar.

5. Não nasci para servir
como peça de engrenagem,
nem ser coisa que se vende
ou se compra por vantagem.

6. Quero ser considerado
como "ser", filho de Deus.
Realizar os meus anseios,
cada vez sendo mais eu.

559 ONIPOTENTE E BOM SENHOR

**Onipotente e bom Senhor,
a ti a honra, glória e louvor.
Todas as bênçãos de ti nos vêm,
e todo o povo te diz: amém!**

1. Louvado sejas nas criaturas,
primeiro o sol lá nas alturas
clareia o dia, grande esplendor,
radiante imagem de ti, Senhor.

2. Louvado sejas pela irmã lua,
no céu criaste, é obra tua.
Pelas estrelas claras e belas.
Tu és a fonte do brilho delas.

3. Louvado sejas pelo irmão vento
e pelas nuvens, o ar e o tempo,
e pela chuva que cai no chão
nos dás sustento, Deus da Criação.

4. Louvado sejas, meu bom Senhor,
pela irmã água e seu valor.
Preciosa e casta, humilde e boa,
se corre, um canto a ti entoa.

5. Louvado sejas, ó meu Senhor,
pelo irmão fogo e seu calor.
Clareia a noite, robusto e forte
belo e alegre, bendita sorte.

6. Sejas louvado pela irmã terra,
mãe que sustenta e nos governa.
Produz os frutos, nos dá o pão.
Com flores e ervas sorri o chão.

7. Louvado sejas, meu bom Senhor,
pelas pessoas que em teu amor
perdoam e sofrem tribulação.
Felicidade em ti encontrarão.

8. Louvado sejas pela irmã morte,
que vem a todos,
ao fraco e ao forte.
Feliz aquele que te amar,
a morte eterna não o matará.

9. Bem-aventurado quem guarda a paz,
pois o Altíssimo o satisfaz.

Vamos louvar e agradecer.
Com humildade, ao Senhor bendizer.

560 IRÁ CHEGAR

1. Irá chegar um novo dia,
um novo céu, uma nova terra,
um novo mar. E neste dia
os oprimidos numa só voz
a liberdade irão cantar.

2. Na nova terra
o negro não vai ter correntes,
e o nosso índio vai ser visto
como gente.
Na nova terra o negro, o índio
e o mulato, o branco e todos
vão comer no mesmo prato.

561 VEM, ME FALA

1. Vem, me fala tu de liberdade.
Desta igualdade que todos queremos.
Desta vida nova que todos buscamos.
Desta paz que um dia alcançaremos.

2. Vem, me fala tu de toda vida,
desta amizade mais querida,
desta ansiedade de amar de novo,
desta sua vida doada ao povo.

3. Vem, me fala tu de esperança,
deste novo ser criança,
desta paz sem ser bonança,
desta luta pra vencer.
Vem, me fala de você.

562 OS PUNHOS NO AR

1. Os punhos no ar, sonho novo,
nós somos sementes do povo,
queremos ser livres, amar.
Trazemos no peito a esperança,
a história na mão – confiança
que um dia nós vamos ganhar.

Vamos lá, vamos lá...
A história ninguém deterá.
É rio que corre pro mar.
Ninguém vai nos calar, nos calar!

2. Onde tem gente se unindo,
depressa nós vamos sorrindo,
nós cremos no novo amanhã.
Já chega de morte, injustiça,
abaixo o egoísmo, a preguiça,
da vida nós somos os fãs.

3. Queremos dizer aos senhores
políticos, nobres, doutores
com suas multinacionais:
Não somos produtos na praça,
tampouco nós achamos graça,
o fel tá amargo demais.

4. Um ano pro jovem é bem pouco,
pra gente vencer o sufoco,
a vida completa se dá.
Escola, trabalho, alegria,
bandeira de todos os dias
na marcha nós vamos levar.

5. Levante esta voz, companheiro,
e abra o olho ligeiro,
não fuja da luta jamais.
Em cada caminho e na rua
assume esta causa que é tua,
semeie a semente da paz.

563 ACORDEM, LEVANTEM

Acordem, levantem,
venham ver quem é.
Romeiros da terra
caminham com fé.

1. Romeiros de Deus,
da Virgem Maria
que por terra e pão
gritam cada dia.

2. Povo que trabalha
a terra lavrando,

    que devagarinho
    tá se organizando.

3. É povo oprimido,
pobre e sofredor.
Mas que já descobre
seu grande valor.

4. Caminha pra Terra,
nós vamos rezar.
Mãe da Piedade,
vem nos ajudar.

5. A vida tá dura,
meu Santo Jesus.
Somente a esperança
em ti nos conduz.

6. Do meio da noite
surgiu um clarão:
É a terra liberta,
é o poder dos irmãos.

7. Romeiro caminha
ao encontro de Deus.
Conquista esta terra,
tu és povo seu.

564 MINHA FORÇA E MEU CANTO

**Minha força e meu canto é o Senhor!
Salvação ele se fez para mim!**

1. Cantemos a Deus
que nos libertou
das mãos do inimigo,
dos pés do opressor.

2. Cantemos a Deus
que nos libertou.
Cavalos e carros
no mar afogou.

3. Cantemos a Deus
que nos libertou.
Soldados e chefes
vencidos deixou.

4. Cantemos a Deus
que nos libertou.
No longo deserto
com a gente ele andou.

5. Cantemos a Deus
que nos libertou.
Na fome, na sede,
nos alimentou.

6. Cantemos a Deus
que nos libertou.
A lei da justiça
pra nós ensinou.

7. Cantemos a Deus
que nos libertou.
A terra bendita
a nós entregou.

565 PEREGRINO NAS ESTRADAS

1. Peregrino nas estradas
de um mundo desigual,
espoliado pelo lucro
e ambição do capital,
do poder do latifúndio
enxotado e sem lugar.
Já não sei pra onde andar.
Da esperança
eu me apego ao mutirão.

**Quero entoar
um canto novo de alegria
ao raiar aquele dia
de chegada em nosso chão.
Com meu povo celebrar a alvorada.
Minha gente libertada,
lutar não foi em vão.**

2. Sei que Deus nunca esqueceu
dos oprimidos o clamor.
E Jesus se fez do pobre
companheiro e servidor.
Os profetas não se calam
denunciando a opressão,
pois a terra é dos irmãos.
E na mesa igual partilha
tem de haver.

3. Pela força do Amor,
o universo tem carinho.
E o clarão de suas estrelas
ilumina o meu caminho.
Nas torrentes da justiça,
meu trabalho é comunhão.
Arrozais florescerão!
E em seus frutos,
liberdade colherei.

566 SENHOR DEUS, MISERICÓRDIA

Senhor Deus, misericórdia! (Bis)

1. Misericórdia de mim,
Deus de bondade!
Misericórdia por tua compaixão!
Vem me lavar das sujeiras do pecado,
vem me livrar de tamanha perdição!

2. Reconheço toda minha maldade,
Diante de mim
a vastidão de minha ofensa.
Foi contra ti, meu Senhor,
o meu pecado.
E pratiquei o que é mau
em tua presença!

3. Bem sei da retidão
dos teus mandados
e da verdade que teu falar propõe.
Mas te lembras: eu nasci já na maldade
E no pecado concebeu-me minha mãe!

4. Que tu amas a verdade sei e sinto
e me ensinas o saber do coração.
Vem me banhar com tua graça
e serei limpo, mais branco
que um capacho de algodão!

5. Dá-me um jeito de voltar
a ser contente,
para que dancem de alegria
os meus ossos.
Meu pedido de perdão,
Senhor, atende, e minha culpa
desvia dos teus olhos!

6. Cria em mim um coração imaculado.
Não desprezes
a poeira que criaste.
Não me botes pra fora do teu lado.
E teu Espírito
não se afaste deste traste!

7. Que teu perdão
me inunde de alegria,
e um espírito generoso me sustente.
Ensinarei aos maus as tuas vias.
Será imensa
a procissão dos penitentes!

8. Vem me livrar
da eterna morte como pena.
E tua justiça, ó meu Senhor,
irei cantando.
Abre meus lábios
nesta humilde cantilena
que do fundo da garganta
vai brotando!

9. Não adianta muita reza
sem mudança,
e oração, sem conversão,
te desagrada.
Estou disposto
a deixar minhas andanças
e tua lei vou acatar na caminhada!

10. Derrama, enfim,
tuas graças em Sião.
Vem, reconstrói
as ruínas do teu Povo.
Voltem os cantos,
oferendas e oblações
No repartir do pão
do mundo novo!

11. Demos glória a Deus
Pai onipotente
e a seu Filho,
Jesus, o Redentor
e ao Espírito que vive
eternamente,
na Unidade dos Três, único amor!

567 OS FILHOS DOS HEBREUS

Os filhos dos hebreus,
com ramos de palmeira,
correram ao encontro de Jesus,
nosso Senhor,
/:Cantando e gritando:
"Hosana ao Salvador!":/

1. O mundo e tudo o que tem nele
   É de Deus, a terra
   e os que aí vivem, todos seus!
   Foi Deus que a terra construiu
   por sobre os mares,
   no fundo do oceano, seus pilares!

2. Quem vai morar no templo de sua
   Cidade?... Quem pensa e vive longe
   das vaidades! Pois Deus,
   o Salvador, o abençoará,
   no julgamento o defenderá!

3. Assim são todos os que prestam
   culto a Deus, que adoram o Senhor,
   Deus dos hebreus!
   Portões antigos, se escancarem,
   vai chegar, alerta!
   O Rei da glória vai entrar!

4. Quem é, quem é, então,
   quem é o Rei da glória?
   O Deus que tudo pode,
   é o Rei da Glória! Aos três, ao
   Pai, ao Filho e ao Confortador
   da Igreja que caminha, o louvor!

568 TU ÉS A LUZ, SENHOR

Tu és a luz, Senhor,
Do meu andar, Senhor,
Do meu lutar, Senhor,
Força do meu viver.
Em tuas mãos, Senhor quero viver.

ou

Ressuscitei, Senhor,
Contigo estou, Senhor,
Teu grande amor, Senhor,
De mim se recordou,
Tua mão se levantou, me libertou.

1. Meu coração penetras
   e lês meus pensamentos,
   se luto, ou se descanso
   tu vês meus movimentos,
   de todas as minhas palavras
   tu tens conhecimento.

2. Quisesse eu me esconder
   do teu imenso olhar,
   subir até o céu,
   na terra me entranhar.
   Atrás do horizonte,
   lá, iria te encontrar!

3. Por trás e pela frente,
   teu ser me envolve e cerca,
   o teu saber me encanta,
   me excede e me supera,
   tua mão me acompanha,
   me guia e me acoberta!

4. Se a luz do sol se fosse,
   que escuridão seria!...
   Se as trevas me envolvessem,
   o que adiantaria?...
   Pra ti, Senhor, a noite
   É clara como o dia!

5. As fibras do meu corpo
   tecestes e entrançaste.
   No seio de minha mãe
   bem cedo me formaste.
   Melhor do que ninguém
   me conheceste e amaste!

6. Seus planos insondáveis!
   Sem fim, tuas maravilhas!
   Contá-las eu quisera,
   mas quem o poderia?...
   Como da praia a areia,
   só tu as saberias!

7. Que os maus da terra sumam,
   pereçam os violentos,

que tramam contra ti
com vergonhoso intento,
abusam do teu nome
pra seus planos sangrentos.

8. Mas vê meu coração
e minha angústia sente.
Olha, Senhor, meus passos,
se vou erradamente,
me bota no caminho
da vida, para sempre!

569 BENDITO SEJA O SENHOR DEUS

Bendito seja o Senhor Deus de Israel,
Bendito seja o Deus do povo eleito
Bendito seja Deus. (3x)

1. Bendito seja o Deus de Israel,
pois Ele visitou seu povo
e o libertou.
E fez para nós surgir
da raça de Davi
um forte e poderoso
e grande salvador!
Bendito seja!

2. Conforme ele mesmo anunciou
por seus santos amigos,
profetas antigos:
que vai nos libertar
de quem nos odiar,
das mãos de todos que
são nossos inimigos!
Bendito seja!

3. Misericórdia fez a nossos pais
e teve assim lembrança
da santa Aliança,
aquela promissão,
jurada a Abraão
de um dia conceder
a nós esta esperança.
Bendito seja!

4. De, enfim, libertos
de malvadas mãos,
a gente, sem temor,
viver no seu amor,
servindo na justiça,
toda a nossa vida
e santos na presença
de nosso Senhor.
Bendito seja!

5. E tu, menino,
do alto Deus profeta,
a frente d'Ele irás,
caminhos abrirás;
do povo a salvação,
das culpas o perdão,
por seu imenso amor,
tu anunciarás!
Bendito seja!

6. Nasceu pra nós
o sol do novo Deus,
do céu veio um clarão
pra quem, na escuridão,
nas trevas quem dormia,
recebeu um guia
e no caminho da paz
os nossos passos vão.
Bendito seja!

570 AGORA, SENHOR, PODES DEIXAR

1. Agora, Senhor, podes deixar
partir em paz teu servidor,
porque os meus olhos
já contemplam,
da salvação o resplendor!
Segundo a tua palavra
vi a tua salvação;
manda em paz teu servidor,
no fulgor do teu clarão!

2. Para todos os povos preparastes
a salvação que resplendeu,
a luz que ilumina
as nações todas,
a glória deste povo teu!

O Espírito de Deus
conduzia Simeão, em seus braços
recebeu de Deus a consolação!

3. Pra muitos será este Menino
razão de queda e elevação,
sinal, entre o povo, discutido,
sinal, pois, de contradição!
Pai e mãe maravilhados
Simeão abençoou; a Maria, inspirado
pelo céu profetizou!

4. "De dor uma espada afiada
transpassará teu coração;
de muitas pessoas os segredos
assim se manifestarão!"
Glória ao Pai, glória ao Menino,
Deus que veio e Deus que vem;
Glória seja ao Divino,
que nos guarde sempre. Amém!

E que hoje estou com todos
em frente à libertação.

3. Eu sou o Deus
que deu tempo pra nascer,
e dou tempo pra morrer.
e dou tempo pra plantar,
e dou tempo
pra chorar e pra sorrir.
E tempo pra construir
e tempo pra guerrear.

4. Eu vou mandar
aonde moram os cananeus,
os heteus e os ferezeus,
os que fazem a exploração,
que ainda hoje vivem
massacrando o povo.
E Javé voltou de novo
gritando libertação.

571 O SENHOR DISSE

O Senhor disse:
"Eu vi, eu vi a aflição do meu povo
e desci para livrá-lo.
Eu sou Javé, quer dizer,
'Deus é com nós'",
unidos numa só voz
vamos Israel libertar.

1. Eu vou tirá-lo
daquele país cruel,
para uma terra esperançosa
onde mana leite e mel.
Eu sou o Deus
de vosso pai Abraão,
de Isaac e de Jacó.
Sou o Deus-Libertação.

2. Sou compassivo
que escuta minha gente
que perdoa o pecador,
mas não tenho por inocente.
Caminho pro Egito
com Moisés e com Aarão.

572 SENHOR, NO SILÊNCIO DA NOITE

1. Senhor, no silêncio da noite,
na brisa que passa,
na voz dos que sofrem,
na minha oração,
eu ouço a tua voz
que me diz sem cessar:
"deixa tudo e vem, vem."

Sim, Senhor, te respondo
com minha vida e o meu amor.
Quero ser para os homens
teu instrumento de libertação. (Bis)

2. Senhor, é difícil deixar
tudo aquilo que temos,
a casa, a família
e te acompanhar.
Mas com tua amizade
terei a coragem
de sempre dizer "Sim".

573 HOSANA HEI

Hosana hei! Hosana ha!
Hosana hei! Hosana hei! Hosana ha!

1. Ele é o Santo,
   é o filho de Maria,
   é o Deus de Israel,
   é o filho de Davi.

2. Vamos a ele
   com as flores dos trigais,
   com os ramos de oliveiras,
   com alegria e muita paz.

3. Ele é o Cristo,
   É o unificador.
   É hosana nas alturas,
   É hosana no amor.

4. Ele é a alegria,
   é a razão do meu viver.
   É a vida dos meus dias,
   é amparo no sofrer.

574 O POVO DE DEUS PELO DESERTO

1. O povo de Deus pelo deserto
   sente fome, sente fome.
   Porque todo mundo que viaja
   sente fome, sente fome.
   Jesus, eu quero pão para comer.
   Sou o pão da vida, quem quiser
   venha até mim. Eu vou!

2. Povo de Deus pelo deserto
   sente sede, sente sede.
   Porque todo mundo que viaja
   sente sede, sente sede.
   Jesus, eu quero água pra beber.
   Eu sou a fonte, quem quiser
   venha até mim. Eu vou!

3. O povo de Deus pelo deserto
   tem saudade, tem saudade.
   Porque todo mundo que viaja
   tem saudade, tem saudade.
   Jesus, eu quero vencer a solidão.
   Eu sou companheiro, quem
   quiser venha até mim. Eu vou!

4. O povo de Deus pelo deserto
   tem cansaço, tem cansaço.
   Porque todo mundo que viaja
   tem cansaço, tem cansaço.
   Jesus, eu quero uma sombra
   pra sentar. Eu sou repouso, quem
   quiser venha até mim. Eu vou!

5. O povo de Deus pelo deserto
   erra a estrada, erra a estrada.
   Porque todo mundo que viaja
   erra a estrada, erra a estrada.
   Jesus, eu quero alguém
   pra me guiar. Eu sou o caminho,
   quem quiser venha até mim. Eu vou!

6. O povo de Deus pelo deserto
   fica tonto, fica tonto.
   Porque todo mundo que viaja
   fica tonto, fica tonto.
   Jesus, eu quero ter uma certeza.
   Eu sou a verdade, quem quiser
   venha até mim. Eu vou!

575 SE É PRA IR PRA LUTA

Se é pra ir pra luta, eu vou.
Se é pra tá presente, eu estou,
pois na vida da gente
o que vale é o amor. (Bis)

1. É que a gente junto vai
   reacender estrelas, vai
   replantar nosso sonho
   em cada coração.
   Enquanto não chegar o dia,
   enquanto persistir a agonia
   a gente ensina o baião! Lauê...

2. É que a gente junto vai
   reabrindo caminhos, vai
   alargando a avenida
   pra festa geral.
   Enquanto não chegar a vitória,

a gente refaz a história
pra o que há de ser, afinal!

3. É que a gente junto vai,
vai pra rua de novo, vai
levantar a bandeira
do sonho maior.
Enquanto eles mandam,
não importa.
A gente vai abrindo a porta.
Quem vai rir depois, ri melhor!

4. Esse amor tão bonito vai,
vai gerar nova vida, vai.
Cicatrizar feridas,
fecundar a paz.
Enquanto governa a maldade,
a gente canta a liberdade.
O amor não se rende jamais!

576 DA TERRA TÃO SECA

1. Da terra tão seca
já brota uma flor,
afagando prantos
e gritos de dor.
Correntes se quebram,
as cercas tombando.
Uma nova era
da história brotando.

**Dentro da noite escura,
da terra dura, do povo meu,
nasceu uma luz radiante
no peito errante já amanheceu. (Bis)**

2. Mãos se entrelaçam
na luta por pão,
repartindo a terra
da libertação,
regada com sangue,
com prantos de dor.
Silêncios se quebram,
num grito de amor.

3. Ninguém para as águas
que correm pro mar,
nem mata a semente
de um novo raiar
que brota do povo
em corrente de união
cultivando a terra da libertação.

577 CANTA, CANTA, MENINADA

**Canta, canta, meninada!
canta, alegre, esta canção, esta canção!
No embalo deste canto
vai dançar meu coração, meu coração!**

1. Criançada, abra a roda,
que a esperança quer entrar.
Vão em frente, abrir caminho,
nova história quer chegar!
Lá, lá, lá...

2. Batam palmas pra alegria,
cantem cantigas de amor,
um sorriso pra amizade,
dancem, pisem sobre a dor!
Lá, lá, lá...

3. Vão plantar de porta em porta,
sementes de liberdade.
Pichem frases bem teimosas
pelos muros da cidade!
Lá, lá, lá...

4. Vamos chamar a justiça,
pra entrar neste cordão.
Cada mesa, com certeza,
vai ter festa, vai ter pão!
Lá, lá, lá...

5. Com as cores do arco-íris,
façam o mais lindo balão.
Cada noite mais escura,
vai ser noite de São João!
Lá, lá, lá...

6. Com os sonhos mais bonitos,
façam o mais belo presente
no domingo ao meio-dia,
mandem pra toda essa gente!
Lá, lá, lá...

578 O TEU GRANDE AMOR

1. O teu grande amor testemunha
na tua Palavra, Senhor.
Fizeste a nós criaturas
co'a tua palavra, Senhor.
No monte uma lei foi firmada
a tua palavra, Senhor.
Pro povo viver libertado
na tua Palavra, Senhor.

**É voz de Deus, é fé do povo,
De um Deus fiel
Libertador ao nosso lado.
É voz de Deus, é fé do povo,
de um povo santo
e pecador por Deus amado.**

2. O Verbo que com Deus estava
a tua Palavra, Senhor.
No tempo entre nós se fez carne
a tua Palavra, Senhor.
De Cristo falaram os profetas
na tua Palavra, Senhor.
Cumpriram-se nele as promessas,
a tua Palavra, Senhor.

3. No Cristo, na fé proclamada
a tua Palavra, Senhor.
Formaram-se comunidades
na tua Palavra, Senhor.
Prisões e martírios provaram
na tua Palavra, Senhor.
Fiéis à Verdade ficaram
na tua Palavra, Senhor.

4. Estamos aqui reunidos
na tua Palavra, Senhor.
No nome e na graça de Cristo,
na tua Palavra, Senhor.
Teu Reino no mundo criamos
na tua Palavra, Senhor.
Enquanto tua vinda aguardamos
na tua Palavra, Senhor.

579 EU LOUVAREI

**Eu louvarei, eu louvarei, (Bis)
Eu louvarei ao meu Senhor!**

1. Todos unidos, alegres cantavam,
glória e louvores ao Senhor,
Glória ao Pai, glória ao Filho,
glória ao Espírito de amor.

2. Somos filhos de ti, Pai eterno,
tu nos criaste por amor.
Nós te adoramos, te bendizemos,
e todos cantamos teu louvor.

580 SOL E LUA, BENDIZEI O SENHOR

1. Sol e lua,
bendizei o Senhor!
A ele toda a glória,
louvor para sempre.

2. Fogo e calor,
bendizei o Senhor!

3. Mares e rios,
bendizei o Senhor!

4. Peixes do mar,
bendizei o Senhor!

5. Pássaros do céu,
bendizei o Senhor!

6. Animais selvagens,
bendizei o Senhor!

7. Filhos dos homens,
bendizei o Senhor!

581 ABRA A PORTA

**Abra a porta, povo,
que lá vem, Jesus! (Bis)
Ele vem cansado
com o peso da cruz. (Bis)**

1. Sai de porta em porta,
vai de rua em rua.

Meu Deus da minha alma,
sem culpa nenhuma.

2. Ai, Senhor dos Passos,
vós contais meus passos.
Vós mesmo livrai-me
de algum embaraço.

3. Hoje tem três dias
que procuro Jesus.
Encontrei com ele
nos braços da cruz.

4. De que vale poder
com tanta nobreza?
Se perder o céu,
perde toda riqueza.

5. O peso da cruz
é nosso pecado.
Nós queremos ser grandes,
somos castigados.

6. Somos castigados,
perdoai, Senhor!
Que será de nós,
sem vosso favor?

7. Madalena, depressa!
Cirineu, vem ver!
Lá se vai meu filho,
Ele vai morrer!

8. Que Jesus é meu,
e eu sou de Jesus.
Jesus vai comigo,
e eu vou com Jesus.

582 CANTA, FRANCISCO

Nos olhos dos pobres,
no rosto do mundo,
eu vejo Francisco,
perdido de amor!
É índio, operário,
é negro, é latino,
jovem, mulher,
lavrador e menor!

1. A um tempo só,
paixão, grito e ternura
clamando as mudanças
que o povo espera.
Justiça aos pequenos,
ordem do Evangelho.
Reconstrói a Igreja
na paixão do pobre.
Há crianças nuas
nesta paz armada,
há Francisco-povo
sendo perseguido.
Há jovens marcados,
sem teto nem sonhos,
há um continente
sendo oprimido.

Canta, Francisco,
do jeito dos pobres,
tudo que atreveste a mudar!
Canta novo sonho,
sonho de esperança:
que a liberdade vai chegar!
Canta, Francisco,
com a voz dos pobres,
tudo que atreveste a mudar!
Canta novo sonho,
sonho de menino:
novo céu e terra vão chegar!

2. Com as mãos vazias,
solidariedade
com os que não temem
perder nada mais.
Defendem com a morte
a dignidade,
com a teimosia
que constrói a paz!
Há Claras, Franciscos
marginalizados
cantando da América
a libertação.
Meninos sem lares,
são irmãos do mundo,

pela paz na terra
   sofrem parto e cruz.

3. Francisco, imagem
   de um Deus, feito pobre,
   denúncia, esperança,
   profecia e canto.
   Vence com coragem
   o império da morte,
   de braços com a vida,
   em missão da história.
   Francisco, menino
   e homem das dores,
   reconstrói a Igreja
   pelo mundo afora,
   na fraternidade
   nos traz a justiça,
   na revolução,
   que anuncia a aurora!

583 MEU DEUS, Ó MEU DEUS

**Meu Deus, ó meu Deus,
por que me abandonaste?**

1. Meu Deus, ó meu Deus,
   por que me abandonaste?
   Não acha este traste
   paz em seu lamento,
   de dia eu não aguento
   de tanto chorar,
   de noite a gritar,
   e sem ter alento.

2. E tu que estás
   no trono assentado,
   os pais no passado
   em Ti confiavam.
   Quando eles clamavam,
   eram libertados,
   assim confiados,
   não se envergonhavam.

3. Quanto a mim sou um verme,
   um ente sem graça,
   motivo nas praças
   de riso e galhofa;
   e dizem com mofa:
   "Que Deus o liberte
   e o desaperte, se dele ainda gosta".

4. Por Ti fui formado
   no ventre materno.
   Com afago tão terno,
   eu fui aleitado.
   A Ti consagrado,
   bem pequenininho,
   e hoje, sozinho e tão angustiado.

5. Me sinto cercado
   de touros ferozes,
   me atacam atrozes,
   parecem leões;
   já se decompõe
   minh'alma partida,
   qual cera vertida é meu coração.

6. Furaram minhas mãos,
   cravaram meus pés,
   meus ossos, de vez,
   eu posso contar;
   pessoas a olhar,
   mexendo as cabeças,
   minhas vestes sorteiam
   e pegam a mangar.

7. Porém, meu Senhor,
   não fiques de fora,
   me livra da hora,
   da facada certa,
   dos dentes das feras,
   do lobo feroz,
   da ira do algoz, minha vida liberta.

8. Vou anunciar
   teu nome aos irmãos
   e na reunião
   de Ti vou falar;
   quem com Deus está,
   entoe o estribilho,
   Jacó e seus filhos
   num eterno cantar.

9. És Rei e Senhor
   de todas as gentes,
   da terra os potentes
   Te adorarão.
   A Ti servirão
   os meus descendentes
   que és justo, contentes,
   aos filhos dirão.

10. A Deus demos glória,
    ao Pai Criador,
    e ao Libertador,
    seu Filho Jesus!
    Ao Santo Espírito
    glorifiquemos,
    na fé celebremos
    a glória da cruz!

584 ELE ASSUMIU NOSSAS DORES

1. Ele assumiu nossas dores,
   veio viver como nós,
   santificou nossas vidas
   cansadas, vencidas
   de tanta ilusão.
   Ele falou do teu reino
   e te chamava de Pai.
   E revelou tua imagem
   que deu-nos coragem
   de sermos irmãos.

**Ousamos chamar-te de Pai,
ousamos chamar-te Senhor.
/:Jesus nos mostrou que tu sentes e
ficas presente onde mora o amor.:/
/:Pai nosso que estás no céu,
Pai nosso que estás aqui.:/**

2. Ele mostrou o caminho,
   veio dizer quem tu és.
   Disse com graça e com jeito
   que os nossos defeitos
   tu vais perdoar.
   Disse que a vida que deste,
   queres com juros ganhar.
   Cuidas de cada cabelo
   que vamos perdendo
   sem mesmo notar.

585 COMO TE CANTAREI, SENHOR

**Como te cantarei, Senhor?
Como te cantarei, Senhor? (Bis)**

1. Quando a justiça nos falta,
   quando o poder nos oprime,
   quando forçaram a calar nossa voz,
   nossa dor, Senhor.

2. Quando da terra expulsos,
   em terra alheia sofremos.
   Quando obrigaram a esquecer
   nossa história de amor, Senhor.

3. Quando arrancaram os frutos
   e o lucro de nossas mãos.
   Quando é negado ao pobre
   o direito e valor, Senhor.

4. Quando perseguem e matam
   os companheiros da gente.
   Quando esmagam a esperança
   e nos fazem o terror, Senhor.

5. Quando prometem e enganam
   a confiança do povo.
   Quando dividem os pequenos
   num plano traidor, Senhor.

6. Quando na cruz te afogaste
   no poço de nossa dor,
   contigo ressuscitamos,
   Jesus Vencedor, Senhor.

7. Quando enfim nós tivermos a terra
   e a história na mão
   como em meio à fartura
   cantar teu louvor, Senhor.

586 UM CANTO NOVO AO SENHOR

**Um canto novo
ao Senhor eu vou cantar!
Na minha viola
o meu Deus quero louvar!**

1. Bendito seja o Senhor
que conduz nossa história.
Que fortalece seu povo
e sustenta sua luta.
O seu nome é rochedo
que salva e liberta.
/:Nele a esperança da vida,
escudo e certeza
de nossa vitória.:/

2. Quem somos nós, criaturas,
pra tanto carinho?
O ser humano é tão frágil
qual sombra que passa.
Olhe pra nossa pobreza
e nos livre e guarde
/:das ondas turvas da morte,
das mãos do opressor
e do falso caminho.:/

3. Que esta nação cresça livre
em pleno vigor.
Gente irradiando a beleza
da arte divina.
Nossas colheitas transbordem
de toda fartura!
/:Feliz o povo fraterno
que vive a justiça
e pertence ao Senhor.:/

587 NASCEU-NOS HOJE UM MENINO

**Nasceu-nos hoje um menino
e um filho nos foi doado,
grande é este pequenino,
rei da paz será chamado,
/:Aleluia, Aleluia,
Aleluia, Aleluia!:/**

1. Cantai, cantai ao Senhor,
um canto novo, um louvor!
Por maravilha tão grande,
um canto novo, um louvor!
Por tal vitória e poder,
um canto novo, um louvor!
Por um amor tão fiel,
um canto novo, um louvor!

2. A salvação resplendeu,
um canto novo, um louvor!
Justiça apareceu,
um canto novo, um louvor!
Toda a terra contemplou,
um canto novo, um louvor!
Com alegria aplaudi,
um canto novo, um louvor!

3. Clarins, violões tocai,
um canto novo, um louvor!
Ao Rei Senhor aclamai,
um canto novo, um louvor!
Cante o mar, o universo,
um canto novo, um louvor!
Na presença do Senhor,
um canto novo, um louvor!

4. Ao justo juiz que vem,
um canto novo, um louvor!
Por todo sempre, amém,
um canto novo, um louvor!
Glória ao Pai por seu Filho,
um canto novo, um louvor!
A quem no Espírito vem,
um canto novo, um louvor!

588 EU ME ENTREGO, SENHOR

**Eu me entrego, Senhor, em tuas mãos
e espero pela tua salvação! (Bis)**

1. Junto de ti, ó Senhor, me refugio,
não tenha eu de que envergonhar.
Em tuas mãos, ó Senhor,
eu me confio,
fiel e justo Senhor,
vem me livrar!

2. Pois me tornei
a vergonha do inimigo,
e a gozação do vizinho
e conhecido.
Dos corações, esquecido

qual um morto,
e rejeitado
como um ser apodrecido.

3. Mas eu repito, Senhor,
em ti confio:
Tu és meu Deus,
e em ti me refugio.
O meu espírito
em tuas mãos entrego,
e tu me livras
das mãos do inimigo!

4. A tua face serena resplandeça
sobre o teu servo liberto
em tua paz!
De coração sede fortes, animados,
todos vós que
no Senhor sempre esperais!

589 OS CÉUS PROCLAMAM

**Os céus proclamam o louvor de Deus
e o firmamento os feitos seus!**

1. Um dia ensina ao outro
essa linguagem,
uma noite à outra sua mensagem.
Não há palavras, nem discussão,
tudo se passa na imensidão.
Sua voz se espalha no mundo afora,
por todo canto e na mesma hora.

2. Deus fez pro sol um barracão,
ali começa sua missão.
Parece um noivo todo galante,
vai dando saltos como um gigante.
Sai de um lado, barreia o dia,
finda no ocaso sua travessia,
enchendo o mundo de luz e cor,
ninguém escapa do seu calor.

**A palavra de Deus é verdade,
sua lei, liberdade.**

3. A lei de Deus é perfeição,
é reconforto pro coração.
A sua ordem traz alegria,
pra quem não sabe, é sabedoria.
Os teus preceitos
são tão direitos,
o coração fica satisfeito.

4. Seus mandamentos são luminosos,
pra quem é cego,
luz para os olhos.
O temor de Deus é tão sereno,
e duradouro é o seu empenho.
Os seus juízos são verdadeiros,
da mesma sorte são justiceiros.
Supera o ouro em sua finura,
supera o mel em sua doçura.

5. Nos teus preceitos teu servo vai,
pois observá-los proveito traz.
Quem de suas faltas consegue ver?
Perdoa as que eu fiz,
sem perceber!
Minha soberba, vem, elimina,
jamais consintas que me domine.
Recebe um canto de gratidão
e todo o afeto do coração!
Em tua frente, ó meu Senhor,
ó meu sustento, meu Redentor!

590 A TERRA É SANTA

**A terra é santa, a terra é mãe,
a terra é do índio,
a terra é de Deus! (Bis)**

1. Aqui, plantando, de tudo dá.
O povo quer terra pra cultivar.
Dá manga, caju, dá maracujá,
o povo quer terra pra cultivar.

2. O povo que luta com força e união
pra gente é sinal de libertação.
Os que com seu sangue
banharam o chão,
pra gente, é sinal de libertação.

3. As cercas de arame
prendem o chão.

Pra gente, é sinal de escravidão.
Aqueles que exploram a nossa nação,
pra gente, é sinal de escravidão.

4. Tupã nos proteja com a sua mão
A terra dá vida, a terra dá pão.
Tupã nos proteja com a sua mão
A terra dá vida, a terra dá pão.

591 SÃO QUASE DOIS MIL ANOS

1. São quase dois mil anos
de silêncio e solidão:
na pia do batismo
corre ainda o rio Jordão.
João já foi profeta,
grande herói de nossa fé,
e batizou o povo,
e o Senhor Jesus até.

**Vamos, João,
falar de libertação
a toda esta multidão!
Não deixe ninguém
morrer sem pão!
Deus fiel,
o mundo é um carrossel,
inútil alguém parar
se a vida não para de rodar.**

2. No meio da poeira
destes séculos, em vão
ficou pelo caminho
a figura de João.
E sua voz ressoa
nas imensas catedrais,
e o povo ainda espera
as profecias imortais.

3. Me diga em que Jordão
se encontra agora o pescador,
que um dia por você
foi batizado de Senhor,
que tenho mil pecados
que não são originais:

e muita frustração
que se apaga assim no mais.

4. João, um certo dia,
foi jogado na prisão:
prendeu-se a liberdade,
mas o pensamento não.
Retorna, meu amigo,
e vem mostrar aos fariseus
o amor inigualável
do perdão do nosso Deus.

592 SEU NOME É JESUS CRISTO

1. Seu nome é Jesus Cristo
e passa fome
e grita pela boca dos famintos;
e a gente, quando o vê,
passa adiante,
às vezes, pra chegar
depressa à igreja.

**Entre nós está e não o conhecermos,
entre nós está e nós o desprezamos. (Bis)**

2. Seu nome é Jesus Cristo
e está sem casa,
e dorme pelas beiras da calçada.
E a gente, quando o vê,
apressa o passo,
e diz que ele dormiu embriagado.

3. Seu nome é Jesus Cristo
e é analfabeto,
e vive mendigando um subemprego.
E a gente quando o vê,
diz: "É um à toa!
Melhor que trabalhasse
e não pedisse!"

4. Seu nome é Jesus Cristo
e está doente,
e vive atrás das grades
da cadeia.
E nós tão raramente vamos vê-lo:
sabemos que ele é um marginal.

5. Seu nome é Jesus Cristo
e anda sedento
por um mundo
de amor e de justiça:
mas logo que contesta pela paz
a ordem o obriga a ser de guerra.

6. Seu nome é Jesus Cristo
e é todo homem
que vive neste mundo
ou quer viver,
pois pra ele
não existem mais fronteiras:
só quer fazer de nós todos irmãos.

593 BENDIREI AO SENHOR

Bendirei ao Senhor todo o tempo.
Minha boca vai sempre louvar.
A minh'alma o Senhor glorifica.
Os humildes irão se alegrar.

1. Vamos juntos dar glória ao Senhor
e ao seu amor fazer louvação.
Procurei o Senhor, me atendeu,
me livrou de uma grande aflição.
Olhem todos pra ele e se alegrem.
Todo o tempo sua boca sorria.
Este pobre gritou, e ele ouviu,
fiquei livre da minha agonia.

2. Acampou na batalha seu anjo,
defendendo seu povo e o livrando,
provem todos, pra ver como é bom,
o Senhor que nos vai abrigando.
Santos todos, adorem o Senhor.
Aos que o temem nenhum mal assalta.
Quem é rico empobrece e tem fome,
mas a quem busca a Deus nada falta.

3. Ó meus filhos, escutem o que eu digo:
pra aprender o temor do Senhor.
Qual homem que ama sua vida,
e a seus dias
quer dar mais valor?
Tua língua preserva do mal
e não deixes tua boca mentir.
Ama o bem e detesta a maldade.
Vem a paz procurar e seguir.

4. Sobre o justo o Senhor olha sempre,
seu ouvido se põe a escutar:
que teus olhos
se afastam dos maus,
pois ninguém deles vai se lembrar.
Deus ouviu
quando os justos clamaram
e livrou-os de sua aflição.
Está perto de quem se arrepende,
ao pequeno ele dá salvação.

5. Para o justo há momentos amargos,
mas vem Deus pra lhe dar proteção.
Ele guarda com amor os seus ossos;
nenhum deles terá perdição.
A malícia do ímpio o liquida,
quem persegue o inocente
é arrasado.
O Senhor a seus servos liberta,
quem o abraça não é castigado.

6. Demos glória a Deus Pai
e a seu Filho
e ao Espírito Santo também.
Seu louvor entoemos unidos,
hoje, agora e pra sempre.
Amém!

594 EXISTE UMA PALAVRA

1. Existe uma palavra
que o mundo quer gritar.
Porém está contida na garganta.
/:Uma palavra fácil de pronunciar,
mas com um poder enorme de mudar.:/ (Bis)

Solidariedade, solidariedade,
ajuda teu irmão,
cumpre a missão, solidariedade.
Solidariedade, solidariedade,
Só teremos paz e felicidade,
com solidariedade.

2. Um coro de crianças
   eu convido pra cantar
   comigo, esta palavrinha mágica.
   /:Quem sabe os poderosos
   possam escutar
   e o seu comportamento
   então mudar.:/ (Bis)

3. Àqueles que no mundo
   sofrem pela opressão
   de cor, partido ou religião,
   pra eles nós cantamos
   como em oração.
   Pelo poder da comunicação
   é a nossa mensagem
   em forma de canção
   pelo poder da comunicação.

595 TODOS UNIDOS NO AMOR

**Todos unidos no amor,
juventude unida,
transformando em vida
nossa história vai mudar.**

1. Somos jovens unidos no amor,
   abrindo caminho,
   cantando um louvor.
   Estudo, trabalho,
   paz e alegria, queremos
   em tudo viver a harmonia.

2. A juventude é um sonho novo,
   semente viva no chão do povo.
   Com força, amizade e união
   forjando juntos a libertação.

3. Em nome da vida, na liberdade,
   buscar justiça, fraternidade.
   Vamos com a vitória
   em nossas mãos
   cantar com garra esta canção.

596 PELOS CAMINHOS DA AMÉRICA

**Pelos caminhos da América (3x)
Latinoamérica.**

1. Pelos caminhos da América
   há tanta dor, tanto pranto,
   nuvens, mistérios e encantos
   que envolvem nosso caminhar.
   Há cruzes beirando a estrada,
   pedras manchadas de sangue
   apontando como setas
   que a liberdade é pra lá...

2. Pelos caminhos da América
   há monumentos sem rosto,
   heróis pintados, mau gosto,
   livros de história sem cor.
   Caveiras de ditadores,
   soldados tristes, calados,
   com olhos esbugalhados
   vendo avançar o Amor.

3. Pelos caminhos da América
   há mães gritando qual loucas.
   Antes que fiquem tão roucas,
   digam aonde acharão
   seus filhos mortos,
   levados na noite da tirania!
   Mesmos que matem o dia
   elas jamais calarão.

4. Pelos caminhos da América,
   no centro do Continente
   marcham punhados de gente
   com a vitória na mão.
   Nos mandam sonhos, cantigas
   em nome da liberdade.
   Com o fuzil da verdade
   combatem firme o dragão.

5. Pelos caminhos da América,
   bandeiras de um novo tempo
   vão semeando no vento
   frases teimosas de paz.
   Lá, na mais alta montanha
   há um pau-d'arco florido,
   um guerrilheiro querido
   que foi buscar o amanhã.

6. Pelos caminhos da América,
   há um índio tocando flauta,

recusando a velha pauta
que o sistema lhe impôs.
No violão um menino,
e um negro toca tambores,
há sobre a mesa umas flores
pra festa que vem depois.

597 EU FICO COM A PUREZA

Eu fico com a pureza
da resposta das crianças.
É a vida, é bonita e é bonita.

Viver e não ter a vergonha de ser feliz.
Cantar, e cantar, e cantar
a beleza de ser um eterno aprendiz.

(ai meu Deus)

Eu sei que a vida devia ser bem melhor.
E será!
Mas isso não impede que eu repita:
é bonita, é bonita e é bonita.

Mas e a vida, e a vida
o que é? Diga lá, meu irmão!
Ela é a batida de um coração.
Ela é uma doce ilusão, Ê Ô.
Mas e a vida? Ela é maravilha
ou é sofrimento?
Ela é alegria ou lamento?
O que é, o que é, meu irmão?

Há quem fale que a vida
da gente é um nada no mundo.
É uma gota, é um tempo
que não dá um segundo.
Há quem fale que é um divino
mistério profundo:
É o sopro do Criador,
numa atitude repleta de amor.

Você diz que é luta e prazer,
ele diz que a vida é viver.
Ela diz que o melhor é morrer
pois amada não é,
e o verbo é sofrer.

Eu só sei que eu confio no moço,
e na moça eu ponho a força da fé.
Somos nós que fazemos a vida,
como der, ou puder ou quiser.

Sempre desejada
por mais que esteja errada.
Ninguém quer a morte,
só saúde e sorte.
E a pergunta rola e a cabeça agita.
Eu fico com a pureza...

598 RENDEI GRAÇAS AO SENHOR

Aleluia, aleluia!
Aleluia, aleluia! (Bis)

1. Rendei graças ao Senhor,
que seu amor é sem fim!
Diga o povo de Israel,
que seu amor é sem fim!
Digam os seus Sacerdotes,
que seu amor é sem fim!
Digam todos que o temem,
que seu amor é sem fim!

2. Invoquei-o na aflição,
eis que o Senhor me ouviu!
O Senhor está comigo,
eis que o Senhor me ouviu!
Vencerei meus inimigos,
eis que o Senhor me ouviu!
É melhor confiar nele,
eis que o Senhor me ouviu!

3. As nações me rodearam,
mas o Senhor eu venci!
Todas me encurralaram,
mas o Senhor eu venci!
Como abelhas me atacaram,
mas o Senhor eu venci!
Como fogo no espinheiro,
mas o Senhor eu venci!

4. Empurraram e não caí,
pois o Senhor me salvou!
Nele está a minha força,

pois o Senhor me salvou!
Alegraram-se os justos,
pois o Senhor me salvou!
Sua mão fez grandes coisas,
pois o Senhor me salvou!

5. Viverei, não morrerei,
pra seu amor proclamar!
Castigou-me, mas livrou-me,
pra seu amor proclamar!
Do triunfo abri-me as portas,
pra seu amor proclamar!
E virão os vencedores,
pra seu amor proclamar!

6. Fui ouvido e agradeço,
pois o Senhor me escolheu!
Olhai só que maravilha,
pois o Senhor me escolheu!
De uma pedra rejeitada,
pois o Senhor me escolheu!
Fez a pedra angular,
pois o Senhor me escolheu!

7. Eis o dia do Senhor,
alegres nele exultemos!
Eis o dia em que Ele agiu,
alegres nele exultemos!
Eis o dia que Ele fez,
alegres nele exultemos!
Vem salvar-nos, ó Senhor,
alegres nele exultemos!

8. Sim, bendito o que vem,
nós todos vos bendizemos!
Vem em nome do Senhor,
nós todos vos bendizemos!
O Senhor, sim, que é Deus,
nós todos vos bendizemos!
O Senhor nos ilumina,
nós todos vos bendizemos!

9. Rendei graças ao Senhor,
pois seu amor é sem fim!
Deus é bom, rendei-lhe graças,
pois seu amor é sem fim!
Cantemos nós suas maravilhas,
pois seu amor é sem fim!
De Jesus a nova vida,
pois seu amor é sem fim!

599 SE PERGUNTAREM

1. Se perguntarem sobre
o dia da vitória
tu dirás com esperança:
tudo aqui vai melhorar!
O povo alegre realizará a história
e no fim do tempo certo
a colheita se dará.

A fome haverá? Não!
Violência haverá? Não!
Se a nossa busca
for além da romaria
o Senhor da harmonia
afastará de nós a dor. (Bis)
Lá, lá, lá...

2. É caminhando com
os olhos no futuro,
clareando onde é escuro,
com a força da união,
que venceremos quem
vai contra a natureza.
Pois sabemos com certeza
haverá ressurreição.

A fome haverá? Não!
Violência haverá? Não!
A nossa terra terá
vida abundante
pra que a gente cante
e dance a plenitude do amor. (Bis)
Lá, lá, lá...

600 XOTE ECOLÓGICO

Não posso respirar.
Não posso mais nadar.
A terra está morrendo.
Não dá mais pra plantar.
E se plantar não nasce,

e se nascer não dá.
Até pinga da boa
é difícil de encontrar.
Cadê a flor daqui?
Poluição comeu.
O peixe que é do mar?
Poluição comeu.
O verde onde é que está?
Poluição comeu.
E nem o Chico Mendes sobreviveu.

601 LADAINHA DOS SANTOS

Senhor, tende piedade de nós!
Jesus Cristo, tende piedade de nós!
Senhor, tende piedade de nós!

1. Maria, Mãe de Deus,
   rogai a Deus por nós!
   A Virgem Imaculada,
   rogai a Deus por nós!
   Senhora Aparecida,
   rogai a Deus por nós!
   Das Dores, Mãe Amada,
   rogai a Deus por nós!

Rogai por nós! Rogai por nós!

2. Ó Anjos do Senhor,
   Miguel e Rafael,
   de Deus os mensageiros,
   Arcanjo Gabriel.

3. Sant'Ana e São Joaquim,
   Isabel e Zacarias,
   João, o Precursor,
   Esposo de Maria.

4. São Pedro e São Paulo,
   São João e São Mateus,
   São Marcos e São Lucas,
   São Judas Tadeu.

5. Estêvão e Lourenço,
   São Cosme e Damião,
   Inácio de Antioquia,
   Mártir Sebastião.

6. Maria Madalena,
   Inês e Luzia,
   Santa Felicidade,
   Perpétua e Cecília.

7. Gregório e Atanásio,
   Basílio e Agostinho,
   São Bento e Santo Amaro,
   Ambrósio e São Martinho.

8. Francisco e Domingos,
   Antônio e Gonçalo,
   Vianney e Benedito,
   São Raimundo Nonato.

9. Teresa e Teresinha,
   Santa Rosa de Lima,
   Margarida Maria,
   de Sena Catarina.

- Ó Senhor, sede nossa proteção,
  OUVI-NOS, SENHOR!
- Para que nos livreis de todo mal,
- Para que nos livreis da morte eterna,
- Vos pedimos, por vossa encarnação,
- Pela vossa paixão e ascensão,
- Pelo envio do Espírito Santo de Amor,
- Apesar de nós sermos pecadores,
- Conduzi e protegei a vossa Igreja,
- Conservai o Santo Padre como guia,
- Abençoai os nossos bispos
  e nossos padres,
- Os catequistas e toda liderança,
- Associações e movimentos populares,
- Nossos jovens, crianças e velhinhos,
- Nossos pais,
  vossos filhos trabalhadores,
- Conservai-nos em nossa pastoral,
- Concedei vossa paz e união,
- Conservai-nos na luta pela Justiça,
- E pedimos a bênção para o povo.

Jesus Cristo, ouvi-nos!
Jesus Cristo, atendei-nos! (Bis)

602 HÁ UM TEMPO PARA TUDO

1. Há um tempo para tudo:
   de nascer e de morrer;
   tempo de chorar a vida,
   de sorrir e agradecer.
   Para quem sente que a vida
   é um presente do Senhor,
   sempre é tempo de alegria,
   sempre é tempo de amor.

2. Pela lua, pelas estrelas,
   por este mundo: Obrigado, Senhor.
   Pelo homem, rei do universo,
   pelo progresso, obrigado, Senhor.
   Por Jesus Cristo, obrigado, Senhor.
   Pela história, obrigado, Senhor.

3. Pela esperança de um mundo novo
   em cada dia que vai começar.
   Pela certeza de que, um dia,
   os inimigos irão se abraçar.
   Pela Esperança, obrigado, Senhor.
   Pela Amizade, obrigado, Senhor.

4. Pelos que lutam pela justiça,
   pelo direito de a gente se amar.
   Pelo esforço de quem caminha
   com a certeza de que vai chegar.
   Pela Justiça, obrigado, Senhor.
   Pela Certeza, obrigado, Senhor.

5. Pela alegria que a gente sente
   de cada dia poder começar.
   Pela bondade de mãos amigas
   que se estendem pra nos ajudar.
   Pela Alegria, obrigado, Senhor.
   Pela Bondade, obrigado, Senhor.

6. Neste mundo tudo passa,
   nós também vamos passar...
   Ilusões e vaidades
   vão, um dia, terminar.
   Só o amor e a verdade
   vão pra sempre perdurar.
   Meus irmãos, enquanto é tempo,
   vamos aprender a amar.

603 FICA MAL COM DEUS

**Fica mal com Deus quem não sabe dar!
Fica mal comigo quem não sabe amar!**

1. Pelo meu caminho vou,
   vou como quem vai chegar.
   Quem quiser comigo ir
   tem que vir do amor,
   tem que ter pra dar.
   Vida que não tem valor,
   homem que não sabe dar,
   Deus que se descuide dele,
   um jeito a gente ajeita
   dele se acabar.

604 QUANTO CAMINHO TEM DE ANDAR

**Quanto caminho tem de andar
o rei pretinho, rei Baltasar. (Bis)**

1. Ele viu uma grande estrela,
   no escuro céu brilhar.
   /:Mas que novidade é esta?
   Ele pôs-se a imaginar.:/

2. Deve ser alguma coisa,
   coisa nova que não sei.
   /:Deve ser alguém que nasce,
   deve ser um novo Rei.:/

3. Deve ser um mundo novo,
   deve ser um mundo irmão.
   /:Um mundo sem falsidade,
   mundo sem exploração.:/

4. Alguém vai nascer de novo,
   no presépio de Belém.
   /:E fazer-se companheiro
   de quem menos, menos tem.:/

5. E vai ser um povo unido,
   pondo fim à solidão.
   /:E vai ser um povo forte,
   pondo fim à escravidão.:/

605 DESCREVE DO JEITO

1. Descreve do jeito
que bem entender,
descreve seu moço,
porém, não te esqueças
de acrescentar
que eu também sei amar,
que eu também sei sonhar,
que meu nome é mulher.

2. Descreve meus olhos,
meu corpo, meu porte,
me diz que sou forte,
que sou como a flor,
nos teus preconceitos
de mil frases feitas,
diz que sou perfeita
e sou feita de amor.

3. Descreve a beleza
da pele morena,
me chama de loira,
selvagem serena,
nos teus preconceitos
de mil frases feitas,
diz que sou perfeita
e sou feita de mel.

4. Descreve do jeito
que bem entender
descreve, seu moço,
porém, não te esqueças
de acrescentar,
que eu também sei sonhar,
que eu também sei lutar,
que meu nome é mulher.

5. Descreve a tristeza
que tenho nos olhos,
comenta a malícia
que tenho no andar;
nos teus preconceitos
de mil frases feitas,
diz que sou perfeita
na hora de amar.

6. Descreve as angústias
da forma e do medo,
descreve o segredo
que eu guardo pra mim;
nos teus preconceitos
de mil frases feitas,
diz que sou perfeita,
qual puro jasmim.

7. Descreve do jeito
que bem entender,
descreve seu moço,
porém, não te esqueças
de acrescentar,
que eu também sei
amar, que eu também sei lutar,
que meu nome é mulher.

8. Descreve também
a tristeza que sinto,
confesso e não minto
que choro de dor;
tristeza de ver
humilhado o meu homem,
meus filhos com fome,
meu lar sem amor.

9. Descreve, seu moço,
a mulher descontente,
de ser objeto
do macho e senhor.
Descreve este sonho
que levo na mente
de ser companheira
no amor e na dor.

10. Descreve do jeito
que bem entender,
descreve, seu moço,
porém não te esqueças
de acrescentar
que eu também sei amar,
que eu também sei lutar,
que meu nome é mulher.

606 FELIZ A QUEM DEUS PERDOA

1. Feliz aquele a quem Deus perdoa, quem de suas culpas recebeu perdão, /:feliz aquele a quem Deus não condena, porque é sincero no seu coração.:/

2. Enquanto eu não confessei minhas culpas, o dia inteiro fiquei a chorar; /:me castigavas, Deus, e minhas forças eram sereno no sol a secar.:/

3. Os meus pecados então confessei, minha maldade não te escondi; /:tu perdoaste todas minhas faltas, pois confessar-te tudo eu resolvi.:/

4. Os que te amam, quando angustiados, devem assim fazer sua oração... /:e podem vir as ondas mais pesadas, grandes tormentos não os ferirão.:/

5. Tu és, ó Deus, o meu esconderijo, tu quem me livras de toda aflição; /:porque, ó Deus, tu me tens protegido, bem alto eu canto a tua salvação.:/

6. Deus disse: "Eu vou te mostrar o caminho, por onde andares, vou te ensinar. /:Não sejas feito um burro, sem juízo, e de cabresto e rédea precisar!":/

7. Sofrem os maus, mas quem confia em Deus, do seu amor recebe proteção. /:Vós que andais pelo caminho certo, ficai contentes, fazei louvação!:/

8. Pelo que Deus tem feito, alegrai-vos; vós, que honestos sois de coração! /:Ao Pai, ao Filho e ao Santificador dos perdoados sempre louvação!:/

607 QUANDO O SENHOR

1. Quando o Senhor mudou a sorte do seu povo, parecia um sonho, sonho maravilhoso!

Lará, lará, lari! (3x)

2. Encheu-se a nossa boca de tanta alegria; o pessoal dizia: "Mas que maravilha!"

3. O Senhor fez conosco suas maravilhas! Que grande alegria! Que grande alegria!

4. Como os riachos secos lá do meu sertão, muda, Senhor, assim nossa situação!

5. Quem vai, penando vai, semeando a semente, mas chegou a safra, a gente vem contente!

608 O POVO ESTÁ CANSADO

1. O povo está cansado com tanta opressão. O mal da injustiça cegou seu coração. /:E Deus, que não se esquece do povo sofredor, precisa de profetas que levem seu amor.:/

Eu quero te ouvir, eu vou te seguir! "Senhor, eis-me aqui!" (Bis)

2. Coragem, esperança, vigor em sua mão. Olhares de denúncia, firmeza na missão. /:Amor e confiança, num grito aterrador. Profeta tem na boca palavras do Senhor.:/

3. Do mal, as estruturas Deus manda demolir, buscar suas raízes, cortar e destruir.

/:Abrir caminhos novos
e nunca desistir,
fazer feliz o povo,
plantar e construir.:/

4. Profetas derramaram
seu sangue por amor,
e há tantos perseguidos
por causa do Senhor.
/:Semente que se espalha
na terra dos irmãos,
é voz que não se cala
e converte o coração.:/

609 ORAÇÃO DA FAMÍLIA

1. Que nenhuma família
comece em qualquer de repente.
Que nenhuma família
termine por falta de amor.
Que o casal seja um para o outro
de corpo e de mente.
E que nada no mundo
separe um casal sonhador.

Que nenhuma família
se abrigue debaixo da ponte.
Que ninguém interfira no lar
e na vida dos dois.
Que ninguém os obrigue a viver
sem nenhum horizonte.
Que eles vivam do ontem,
no hoje e em função de um depois.

Que a família comece
e termine sabendo onde vai
e que o homem carregue nos ombros
a graça de um pai
que a mulher seja um céu de ternura,
aconchego e calor
e que os filhos conheçam a força
que brota do amor.

Abençoa, Senhor, as famílias, amém!
Abençoa, Senhor, a minha também! (Bis)

2. Que o marido e mulher
tenham força de amar sem medida.
Que ninguém vá dormir
sem pedir ou sem dar seu perdão.
Que as crianças aprendam no colo
o sentido da vida.
Que a família celebre a partilha
do abraço e do pão.

Que o marido e mulher
não se traiam nem traiam seus filhos.
Que o ciúme não mate
a certeza do amor entre os dois.
Que no seu firmamento a estrela
que tem maior brilho.
Seja a firme esperança de um céu
aqui mesmo e depois.

610 SENHOR, TOMA MINHA VIDA NOVA

1. Senhor, toma minha vida nova,
Antes que a espera desgaste anos em mim.
Estou disposto ao que queiras,
não importa o que seja,
tu chamas-me a servir.

Leva-me aonde os homens
necessitem tua Palavra,
necessitem de força de viver.
Onde falte a esperança,
onde falte a alegria,
simplesmente por não saber de ti.

2. Te dou meu coração sincero
para gritar sem medo,
formoso é teu amor.
Senhor, tenho alma missionária,
conduza me à terra que
tenha sede de ti.

3. E, assim eu partirei cantando,
por terras anunciando
tua beleza, Senhor.
Terei meus braços sem cansaço,
Tua história em meus lábios
e a força na oração.

611 AO SENHOR DOS SENHORES

1. Ao Senhor dos senhores cantai.
   Ao Senhor Deus dos deuses louvai.
   Maravilhas só ele é quem faz:
   Bom é Deus, ao Senhor pois amai.
   Com saber ele fez terra e céu,
   sobre as águas a terra firmou,
   para o dia reger fez o sol
   e as estrelas pra noite criou.

   Porque eterno é seu amor por nós
   Eterno é seu amor (Bis)

2. Primogênitos todos feriu
   do Egito, um povo opressor.
   E dali Israel fez sair.
   O poder de sua mão o salvou.
   No mar bravo ele fez perecer
   os soldados e o tal Faraó.
   Aliança ele fez com Israel.
   No deserto seu povo guiou.

3. Poderosos sem dó abateu.
   A famosos reis desbaratou.
   Sua terra Israel recebeu
   como herança a seu povo entregou.
   Se lembrou de nós na humilhação.
   Ao Senhor "Salvador" proclamai.
   Dele nós recebemos o pão.
   Ao Senhor, Deus dos céus, celebrai.

612 CANTO DOS 3 JOVENS

1. De Deus criaturas e todos mortais,
   dizei-lhe cantando: bendito sejais!
   Ó anjos celestes, que a Deus adorais,
   dizei-lhe cantando: bendito sejais!

   Bendito sejais, ó Pai Criador
   Pai Santo e Senhor, bendito sejais (Bis)

2. Estrelas e lua e sol que brilhais
   dizei-lhe cantando: bendito sejais!
   Ó noites e dias, manhãs que raiais,
   dizei-lhe cantando: bendito sejais!

3. Ó ventos e nuvens, que as chuvas formais,
   dizei-lhe cantando: bendito sejais!
   Montanhas e vales que o mundo enfeitais
   dizei-lhe cantando: bendito sejais!

4. Florestas e campos, lavouras, quintais,
   dizei-lhe cantando: bendito sejais!
   Ó aves e peixes, e os animais,
   dizei-lhe cantando: bendito sejais!

5. Crianças e jovens, ó filhos e pais,
   dizei-lhe cantando: bendito sejais!
   Profetas e justos de Cristo sinais
   dizei-lhe cantando: bendito sejais!

   (3 jovens de fé desafiaram o Rei
   e no fogaréu louvavam a Deus)

613 RECONCILIAI-VOS

Reconciliai-vos com Deus!
Em nome de Cristo rogamos,
que não recebais em vão
sua graça, seu perdão.
Eis o tempo favorável,
o dia da salvação!

1. Quem tem sede, venha à fonte,
   quem tem fome, venha à mesa,
   vinho, trigo, leite e mel
   comereis, manjar dos céus!

2. Vinde, vinde, e se me ouvirdes,
   vida nova vivereis,
   Aliança nós faremos,
   minhas promessas cumprirei!

3. Um sinal de vós farei,
   das nações sereis o guia,
   chamareis os que estão longe
   e virão todos um dia.

4. Ao Senhor vinde e buscai,
   pois se deixa encontrar,
   ao Senhor vinde, invocai,
   pois tão perto ele está!

5. O mau deixe sua maldade,
   pecador, deixe seus planos,

ao Senhor volte e verá
o perdão de seus enganos.

6. Meu pensar não é o vosso,
vosso agir não é o meu,
tão distantes um do outro,
quanto a terra está do céu!

7. Como a chuva cai do céu
e não volta sem molhar,
sem encher de vida o chão,
sem nos dar o trigo e o pão.

8. Assim faz minha palavra,
nunca volta a mim em vão,
sem fazer minha vontade,
sem cumprir sua missão!

9. Partireis com alegria
e em paz caminhareis,
pelos montes, pelos bosques,
aclamados passareis...

10. Os espinhos do facheiro,
galhos de pau-d'arco em flor,
o sertão verde canteiro,
glória eterna ao Senhor

614 LOUVAÇÃO FINAL

Aleluia, Aleluia, Aleluia! (Bis)
Aleluia, Aleluia, Aleluia! (Bis)

1. Louvação ao Senhor na sua casa.
Louvação no azul do firmamento:
louvação pelos seus vistosos feitos,
Louvação pelo seu amor imenso!

2. Louvação co'afoxês e tamborins.
Louvação com pandeiros e pistões.
Louvação co'atabaques e com danças.
Louvação com sanfonas, violões!

3. Louvação com ganzá e cavaquinhos.
Louvação, guizos, flautas e tambor.
Louvação ao Senhor com vibração,
com prazer entoai o seu louvor.

4. Louvação seja ao Pai e a Jesus Cristo.
Louvação ao Espírito-Mãe de amor.
Tudo aquilo que tem respiração
concelebre o louvor do seu Senhor!

615 TODO POVO SOFREDOR

Todo o povo sofredor (Bis)
o seu pranto esquecerá, (Bis)
pois o que plantar na dor (Bis)
na alegria colherá! (Bis)

1. Retornar do cativeiro
fez-se sonho verdadeiro,
sonho de libertação.
Ao voltarem os exilados,
Deus trazendo os deportados
libertados pra Sião!

2. Nós ficamos tão felizes,
nossa boca foi sorrisos,
nossos lábios só canções!
Nós vibramos de alegria:
"O Senhor fez maravilhas",
publicaram as nações!

3. Ó Senhor, Deus poderoso,
não esquecais o vosso povo
a sofrer na escravidão.
Nos livrai do cativeiro,
qual chuvada de janeiro
alagando o sertão!

4. Semeando na agonia,
espalhando cada dia
a semente do amanhã;
A colheita é uma alegria,
Muito canto e euforia:
É fartura, é Canaã!

616 QUEM NOS SEPARARÁ

Quem nos separará, quem vai nos separar
do amor de Cristo, quem nos separará?
Se Ele é por nós,
Quem será, quem será contra nós?
Quem vai nos separar
do amor de Cristo quem será?

1. Nem a angústia, nem a fome,
   nem nudez ou tribulação,
   perigo ou espada,
   toda perseguição!

2. Nem a morte, nem a vida,
   nem os anjos, dominações,
   presente e nem futuro,
   poderes e nem pressões!

3. Nem as forças das alturas,
   nem as forças das profundezas,
   nenhuma das criaturas,
   nem toda a natureza!

617 ETERNAMENTE JUVENTUDE

**Na alegria de viver
fazendo a história acontecer;
estamos amando, sonhando e lutando.
A Juventude unida é o novo germinando.**

1. É pela vida que cantamos
   com arte, amor e rebeldia.
   Em todo canto nós estamos,
   na escola, no trabalho e na periferia.

2. É contra a morte, a opressão
   a nossa bandeira, o nosso pranto.
   Em todo canto nós estamos
   com garra e paixão, beleza e encanto.

3. É por um mundo solidário
   que estamos nas praças e gritamos.
   Em todo canto nós estamos
   no abraço e no beijo, na ternura, no encontro.

4. É com Jesus ao nosso lado
   brilhando juntos, teimosia.
   Em todo canto nós estamos
   Com reza e com dança, com festa e alegria.

618 ESPERANÇA JOVEM

**A juventude unida, clamando noite e dia
com grito de esperança e de paz, de paz.**

1. Estamos pelas praças e somos milhões,
   nos campos e favelas somos multidões;
   perdidos procuramos o caminho.
   Ninguém vai ser feliz se andar sozinho.

**Laiá, laiá, laiá, láiá, lá! ê...
Laiá, laiá, laiá, láiá, lá! ê...**

2. A fome entre os dentes e a morte no chão
   fizeram do prazer a maldição.
   Nas mãos dos opressores nós sofremos.
   Ser livres nós queremos e seremos!

3. A flor da liberdade em nosso olhar Paixão,
   ternura e sonho em nosso ar.
   De olho no futuro nós estamos.
   É a vida que amamos e buscamos.

619 CÂNTICO DOS CÂNTICOS

1. Amado, por favor, aonde vai o teu rebanho,
   onde descansa ao meio-dia,
   pra que eu não vague, meu amor,
   entre rebanhos e temor,
   buscando a tua companhia?

2. Roubaste meu amor, meu coração arrebataste
   com um só dos teus olhares.
   Mas, como é belo o teu amor,
   o teu perfume é fina flor,
   mel de favo são teus lábios!

3. Sou a rosa de Saron, a mais formosa açucena,
   neste jardim vens me colher.
   Meu bem-amado, tu és meu
   e eu sou tua, bem querer.
   És o pastor das açucenas!

4. Me digam, por favor, como aurora, quem desponta,
   quem como a lua é tão bela,
   quem como o sol tão radiante
   e como tropa desfilante?
   É minha amada, e só ela!

620 UN NUEVO SOL

1. Una patria que no tiene fronteras.
   Sino manos que juntas formarán una cadena
   más fuerte que el odio y que la muerte.
   Lo sabemos, el camino es el Amor...
   Una patria más justa y más fraterna
   donde todos construyamos la unidad.
   Donde nadie es despreciado porque todos
   son amados. Lo sabemos, el camino es el
   Amor...

Un nuevo sol se levanta sobre la nueva civilización que nasce hoy.
Una cadena más fuerte que el odio y que la muerte.
Lo sabemos el camino es el Amor.

2. La justicia es la fuerza de la paz.
   El amor, quien hace perdonar.
   La verdad, la fuerza que nos da liberación.
   Lo sabemos, el camino es el Amor...

3. El que tiene comparte su riqueza.
   Y el que sabe no impone su verdad.
   El que manda entiende que el poder es un
   servicio.
   Lo sabemos, el camino es el Amor...

4. El que cree contagia con su vida.
   Y el dolor se cubre con Amor,
   porque el hombre se siente solidario con el
   mundo.
   Lo sabemos, el camino es el Amor...

621 O TEMPO É PESADO

1. O tempo é pesado, eu sei,
   há fome de pão e de paz,
   não é este o país que eu sonhei, tá demais!
   Já chega de medo e mentira,
   violência e roubo à nação,
   o sim é só para a verdade, o resto é não!

Eu vou por aí com meu canto,
abrindo estradas, quebrando encantos;
rompendo as barreiras do coração,
rasgando mentiras e ilusão.
Meu canto é arma, eu sei,
e há tempos estou na luta!

2. Quem diz que a dor é eterna,
   que o cego não pode enxergar,
   que a morte é quem nos governa, vejam lá:
   os raios de sol batem forte, a gente já sabe,
   já vê
   a força do amor vence a morte, faz viver!

622 ESTRELA DA MADRUGADA

Uma estrela sempre a brilhar
na noite linda do nosso amor,
e a nossa gente sonha, contente,
um sonho bom pra nunca acabar!

1. Acorda minha gente que o galo já cantou;
   o sol aquece a vida, o orvalho despertou;
   passarinhos cantando saudando o novo dia;
   é tempo de ternura, de amor, mais alegria!

2. Acorda minha gente que o povo já gritou:
   Justiça e paz na terra, pra luta eu também vou!
   Há mesas com fartura, há flor pra se ofertar
   e corpos que se encontram querendo festejar!

623 XOTE DA SOLIDARIEDADE

Solidariedade é amor no coração
É vida vivida em favor do nosso irmão!

1. Solidário é ter ternura,
   ter carinho e amizade,
   abraçar a caminhada
   buscando fraternidade.

2. Juventude solidária,
   sinal de luta e esperança,
   braços dados, voz unida,
   no passo da mesma dança.

3. Caminhar de mãos unidas
   com vontade de lutar,
   pra viver o mesmo sonho
   e vida plena conquistar.

624 ABRE A JANELA, MEU BEM

Abre a janela, meu bem,
vem ver o dia que vem.
Deixa o sol entrar e o vento falar
que eu te quero bem.

1. Deixa a brisa da manhã te abraçar,
   ver a rosa no canteiro a te sorrir.
   Vou pedir galo-campina pra cantar,
   vou mandar te dar bom dia o bem-te-vi.

2. Esta vida só é vida com amor,
   acordado é o melhor jeito de sonhar.
   Que o carinho seja sempre o bom sabor
   e a razão pra toda hora começar.

3. Se a saudade ou o cansaço te bater,
   busque a força e o segredo da paixão.
   Não esqueça, que eu não vou te esquecer,
   somos um neste país que é o coração.

625 CANCIÓN CON TODOS

Salgo a caminar por la cintura cósmica del Sur,
piso en la región más vegetal del tiempo y de la luz,
siento al caminar toda la piel de América en mi piel
y anda en mi sangre un rio que libera en mi voz su caudal.
Sol de alto Perú, rostro Bolivia estaño y soledad,
un verde Brasil, besa mi Chile cobre y mineral,
subo desde el Sur hacia la entraña América y total,
una raíz y un grito destinado a crecer y a estallar.
Todas las voces, todas. Todas las manos, todas.
Toda la sangre puede ser canción en el viento.
Canta conmigo, canta, hermano americano,
libera tu esperanza con un grito en la voz!

626 PELOS PRADOS E CAMPINAS

1. Pelos prados e campinas verdejantes,
   eu vou...
   É o Senhor que me leva a descansar.
   Junto às fontes de águas puras repousantes,
   eu vou!
   Minhas forças o Senhor vai animar.

Tu és Senhor, o meu Pastor,
por isso, nada em minha vida faltará! (Bis)

2. Nos caminhos mais seguros junto dele,
   eu vou!
   E pra sempre o seu nome eu honrarei.
   Se eu encontro mil abismos nos caminhos,
   eu vou!
   Segurança sempre tenho em suas mãos.

3. No banquete em sua casa, muito alegre,
   eu vou!
   Um lugar em sua mesa, me preparou.
   Ele unge minha fronte e me faz ser feliz.
   E transborda minha taça em seu amor.

4. Co'alegria e esperança caminhando eu vou!
   Minha vida está sempre em suas mãos.
   E na casa do Senhor, eu irei habitar
   e este canto para sempre irei cantar!

627 O SENHOR É O MEU PASTOR

O Senhor é o meu Pastor,
Nada me pode faltar.

1. O Senhor é o Pastor que me conduz;
   não me falta coisa alguma.
   - Pelos prados e campinas verdejantes
   ele me leva a descansar.
   - Para as águas repousantes me encaminha
   e restaura as minhas forças.

2. Ele me guia no caminho mais seguro,
   pela honra do seu nome.
   - Mesmo que eu passe pelo vale tenebroso,
   nenhum mal eu temerei.
   - Estais comigo com bastão e com cajado;
   eles me dão a segurança.

3. Preparais à minha frente uma mesa,
   bem à vista do inimigo
   – E com óleo vós ungis minha cabeça;
   o meu cálice transborda.
4. Felicidade e todo bem
   hão de seguir-me por toda a minha vida.
   – E, na casa do Senhor, habitarei
   pelos tempos infinitos.

628 CÂNTICO DO APOCALIPSE

**Eu vi novo céu, nova terra, eu vi,
Meninas, Meninos do povo, eu vi!**

1. Pois o céu primitivo passou
   e a terra de antes, também.
   E esse mar que se via, afundou,
   deles já não ao existe ninguém!
   Vi descer lá do céu, lá de Deus (Bis)
   uma nova cidade também. (Bis)
   Pro seu noivo enfeitado ela veio, (Bis)
   jovem, bela, era Jerusalém! (Bis)
2. E do trono uma voz a bradar:
   "Deus chegou pra morar com seu povo,
   seu barraco aqui vai levantar.
   Deus da gente será Deus conosco!
   Toda lágrima vai enxugar. (Bis)
   E de morte ninguém mais ouviu; (Bis)
   todo grito de dor vai cessar, (Bis)
   o passado já era, sumiu"! (Bis)
3. "Tudo novo eu estou a fazer,
   coisas novas já vão existir,
   pois de tudo eu sou 'A' e sou 'Z',
   o princípio eu sou e o fim!
   Quem tem sede vai logo beber, (Bis)
   pois da fonte água viva eu vou dar. (Bis)
   Quem vencer me terá como Deus (Bis)
   e meu filho em herança será!" (Bis)

629 MISTÉRIOS

**Todas as coisas são mistérios!
Todas as coisas são mistérios! (Bis)**

1. O que me faz viver, o que me faz te amar,
   nem sequer quando penso em você não
   consigo explicar.
   O vento que sopra na rosa, a luz que brilha
   em teu olhar,
   o que ferve aqui dentro do peito ao te beijar.
2. Por que tanta dor pelas ruas?
   Por que tanta morte no ar?
   Por que os homens promovem a guerra,
   em nome da paz?
   Por que o cientista não mostra,
   um jeito bem feito, afinal,
   que seja vacina do amor contra o vírus
   do mal?!
3. Aquele encanto surpreso, aquela emoção ao
   te ver...
   Não me peça qualquer explicação,
   eu não posso dizer.
   O que há de segredo amanhã,
   o que vai ser do meu coração.
   Te procuro amor, por favor,
   neste instante o que vale é a canção.

630 POR UM DIA DE GRAÇA

Um dia...
Um dia meus olhos ainda hão de ver
na luz do olhar do amanhecer
sorrir o dia de graça.
Poesias brindando esta manhã feliz,
o mal cortado na raiz
do jeito que o Mestre sonhava.

O não chorar (ai o não chorar)
e o não sofrer se alastrando,
no céu da vida o amor vibrando,
a paz reinando em santa paz.
Em cada palma de mão,
cada palmo de chão,
sementes de felicidade.

O fim de toda a opressão,
o cantar com emoção,
raiou a liberdade.

Chegou! Chegou ô ô,
o áureo tempo de justiça,
ao esplendor de preservar a natureza,
respeito a todos os artistas.
A porta aberta ao irmão,
de qualquer chão, de qualquer raça.
O povo todo em louvação
por este dia de graça.

631 CORAÇÃO LIVRE

1. Eu vejo que a juventude tem muito amor,
carrega a esperança viva no seu cantar,
conhece caminhos novos não tem segredos,
anseia pela justiça e deseja a paz.
Mas vejo também a dor da insegurança
que dói quando é hora certa de decidir;
tem medo de deixar tudo e então se cansa
diz não ao caminho certo e não é feliz.

Ei juventude – rosto do mundo!
Teu dinamismo logo encontra quem te vê.
A liberdade aposta tudo.
Não perde nada na certeza de vencer. (Bis)

2. Vai vende tudo o que tens
dá a quem precisa mais.
Vem e segue-me depois,
vem comigo espalhar a paz.
Jesus convida – conta contigo,
mas é preciso ter coragem de morrer.
Coração livre, comprometido,
partilha tudo sem ter medo de perder. (Bis)

632 MEU CORAÇÃO SE ENCHE DE ALEGRIA

Meu coração se enche de alegria.
Minha energia exalta o meu Deus. (Bis)

1. Bem diante dos meus inimigos,
minha boca se abre a cantar.
Mais que a rocha é Javé, meu abrigo,
não há santo maior pra eu louvar.
Nosso Deus é inteligência.
Eu me alegro em sua salvação.
O discurso cheio de ciência
não precisa Ele pesa a ação.

2. Toda arma dos fortes quebrou,
mas a força do fraco acendeu.
Deus, da vida e da morte é Senhor
e beleza do mundo nos deu.
Os que sempre esbanjaram fartura
se obrigam a ir trabalhar.
Os que gemem na fome e amargura
com certeza irão se fartar.

3. A mulher estéril concebeu
e as crianças encheram seu lar.
Mas aquela que a Deus esqueceu
de repente para de gerar.
Nosso Deus empobrece e exalta,
favorece a humilha também.
Ele desce da Glória mais alta
Pra salvar todo pobre Ele vem.

4. Deus levanta do lixo o abatido,
guarda os pés de seu povo fiel.
O que vive da força iludido
fica mudo, perdido, ao léu...
O arrogante, metido a divino
Deus confunde e não tarda em julgar.
Toda terra conhece o domínio
do Senhor que nos vem libertar.

5. Quem cantou no passado este canto
foi Ana, a mãe de Samuel.
E a história guardou seu encanto
Por Javé, Deus da vida, o fiel.

633 PAI NOSSO (ABBA, PAI)

Abba, Pai, Pai nosso, Abinu! (Bis)

Pai nosso, nosso Pai, que estais no céu,
santificado seja o vosso nome,
venha a nós o vosso Reino,
seja feita a vossa vontade
assim na terra como no céu, Pai.
O pão nosso de cada dia nos dai hoje,
nos dai hoje, ó Pai!

E perdoai-nos as nossas ofensas,
assim como nós perdoamos
a quem nos tem ofendido
e não nos deixeis cair em tentação,
mas livrai-nos do mal, ó Pai!

634 PAI NOSSO

Pai, Pai, Pai...
Pai nosso que estais nos céus!

1. Santificado seja o vosso nome,
venha a nós o vosso Reino!
Seja feita a vossa vontade,
assim na terra como no céu!

2. O pão nosso de cada dia nos dai hoje,
perdoai as nossas ofensas
assim como nós perdoamos
a quem nos tem ofendido!

3. E não nos deixeis cair em tentação,
mas livrai-nos do mal!

635 BATAM PALMAS

1. Batam palmas, povos todos, com alegria,
batam palmas ao Senhor!
Celebrando ao Senhor Deus com euforia,
batam palmas ao Senhor!
Pois o altíssimo Senhor é o mais sublime,
batam palmas ao Senhor!
Sobre a terra, nosso Deus é o rei supremo,
batam palmas ao Senhor!

Com alegria, com gratidão,
ao nosso Deus e nosso rei a saudação. (Bis)

2. Sobre os povos nos fez ele vencedores,
sob os pés nós temos hoje seus senhores!
Escolheu pra nós a terra como herança,
grande orgulho do seu povo que ele ama!

3. Vai subindo, aclamando para o trono,
a trombeta marcial anunciando!
Com a harpa ao Senhor cantem louvores,
porque Deus é o grande rei da terra toda!

4. No seu trono glorioso está sentado,
Sobre todas as nações é seu reinado!
Os governos se reúnem com os pobres,
Pois é Deus o dono desses poderosos!

636 DEIXA-TE MODELAR

1. Deixa-te modelar!
Tu não sabes o que Deus fará de ti!
Dá-lhe teu coração,
e permite que ele assuma a direção!
Deixa-te te trabalhar:
Maravilhas há de o Pai realizar!
Ele só quer o teu bem, o que te convém!

Nas mãos do Pai estarás livre, seguro, em paz!
Não tenhas medo, ele é teu segredo!
Deus, ninguém mais!

2. Deixa-te despojar:
Teu vazio se encherá da sua luz!
Sem nada em Ti reter,
ao Senhor entrega inteiro o teu ser!
Deixa-te libertar,
e nas asas do amor tu voarás.
Deus cuidará do que é seu:
Ele te escolheu!

3. Deixa-te conduzir
e o Espírito de Deus te levará,
por céu e mar sem fim,
se lhe deres todo o espaço e fores sim.
Deixa-te possuir pelo amor,
que arder fará teu coração.
Quem tua vida assim quis,
te fará feliz!

637 EU VIM DE LONGE

1. Eu vim de longe pra encontrar o meu caminho,
tinha um sorriso e o sorriso ainda valia.
Achei difícil a viagem até aqui,
mas eu cheguei, mas eu cheguei...

2. Eu vim depressa, eu não vim de caminhão,
eu vim a jato neste asfalto e neste chão.

Achei difícil a viagem até aqui,
mas eu cheguei, mas eu cheguei...

3. Eu vim por causa daquilo que não se vê
Vim nu, descalço, sem dinheiro e na pior.
Achei difícil a viagem até aqui,
mas eu cheguei, mas eu cheguei...

4. Eu tive ajuda de quem você não acredita,
tive a esperança de chegar até aqui.
Vim caminhando, aqui estou, me decidi.
Eu vou ficar, eu vou ficar...

638 TANTO QUE ESPEROU

1. Tanto que esperou pudesse um dia
chegar bem perto, dizendo tudo!...
Se não conseguiu como queria,
o seu silêncio não ficou mudo.

Ela muito amou, tem a minha paz;
vai seguir caminho sem temor!
Sabe quem eu sou, e será capaz
de espalhar na terra o meu amor!

2. Ela ultrapassou toda medida,
não lhe bastando meros preceitos.
Lágrimas, perfume – que acolhida!
Nem se importando com preconceitos.

3. Se ninguém ousou dizer bem claro
o que pensava daquele gesto,
ele revelou como era raro
esse carinho tão manifesto.

4. Ele é sempre mais que um convidado,
se põe à mesa, nutrindo a vida;
olha os corações e põe de lado
toda aparência, cura a ferida!

639 A VERDADE VOS LIBERTARÁ

A verdade vos libertará, libertará! (Bis)

1. Não temais os que matam o corpo.
Não temais os que armam ciladas.
Não temais os que vos caluniam,
nem aqueles que portam espadas.
Não temais os que tudo deturpam
pra não ver a justiça vencer.
Tende medo somente do medo,
de quem mente pra sobreviver.

2. Não temais os que vos ameaçam
com a morte ou com difamação.
Não temais os poderes que passam,
eles tremem de armas na mão.
Não temais os que ditam as regras
na certeza de nunca perder.
Tende medo somente do medo
de quem cala ou quem finge não ver.

3. Não temais os que gritam nas praças
que está tudo perfeito e correto.
Não temais os que afirmam de graça
que vós nada trazeis de concreto.
Não temais o papel dos profetas
que o papel do profeta é falar.
Tende medo somente do medo
de quem acha melhor não cantar.

640 DOCE É SENTIR

Doce é sentir em meu coração,
humildemente vai nascendo o amor.
Doce é saber: não estou sozinho,
sou uma parte de uma imensa vida.
Que generosa reluz em torno a mim,
imenso dom do teu amor sem fim.
O céu nos destes e as estrelas claras,
nosso irmão sol, nossa irmã lua,
nossa mãe terra com frutos, campos,
flores, o fogo, o vento, o ar e água pura,
fonte de vida de tua criatura,
imenso dom do teu amor sem fim.

641 EU TE EXALTAREI

1. Eu te exaltarei, meu Deus e Rei,
por todas as gerações.
És o meu Senhor, Pai que me quer no amor.

Entoai ação de graças e cantai um canto novo
Aclamai a Deus Javé, aclamai com amor e fé.

2. Eu vou reunir Jerusalém pra te louvar, ó Senhor.
Te glorificar ao dar-me a Tua paz!

3. Ao me revelar a Tua lei, as tuas mãos eu senti.
Sim, te louvarei enquanto eu existir.

642 HÁ UM BARCO ESQUECIDO NA PRAIA

1. Há um barco esquecido na praia,
já não leva ninguém a pescar.
É o barco de André e de Pedro
que partiram pra não mais voltar.
Quantas vezes partiram seguros,
enfrentando os perigos do mar.
Era chuva, era noite, era escuro,
mas os dois precisavam pescar.

De repente aparece Jesus,
pouco a pouco se acende uma luz.
É preciso pescar diferente
que o povo já sente que o tempo chegou.
E partiram sem mesmo pensar
nos perigos de profetizar.
Há um barco esquecido na praia,
há um barco esquecido na praia,
um barco esquecido na praia.

2. Há um barco esquecido na praia,
já não leva ninguém a pescar
É o barco de João e Tiago
que partiram pra não mais voltar.
Quantas vezes em tempos sombrios,
enfrentando os perigos do mar,
barco e rede voltaram vazios,
mas os dois precisavam pescar.

3. Quantos barcos deixados na praia,
entre eles o meu deve estar.
Era o barco dos sonhos que eu tinha
mas eu nunca deixei de sonhar.
Quanta vez enfrentei o perigo
no meu barco de sonho a singrar.
Jesus Cristo remava comigo,
eu no leme, Jesus a remar...

De repente me envolve uma luz
e eu entrego o meu leme a Jesus.
É preciso pescar diferente
que o povo já sente que o tempo chegou.
E partimos pra onde Ele quis,
tenho cruzes mas vivo feliz.
Há um barco esquecido na praia,
há um barco esquecido na praia,
um barco esquecido na praia.

643 MEU DEUS, COMO ÉS GRANDE

Meu Deus, como és grande!
Imenso é teu amor.

1. À noite ao ver o céu, a lua e as estrelas
eu penso que criaste o mundo por amor.
Pergunto quem sou eu, pra Deus me amar assim.

2. Dos lábios das crianças, dos simples,
dos humildes recebes o louvor, que sobe até os céus,
e mostra teu poder que vence pelo amor.

3. Tu me fizeste livre pra amar e ser feliz
e me deste o poder de te chamar de Pai.
Que mais poderei ser que ser filho de Deus?

4. Eu amo a beleza e tudo que criaste,
os pássaros do céu, os peixes e o mar,
a vida,
a natureza e os homens, meus irmãos.

644 MINHA TERRA TEM UM SALVADOR

1. Eu bem sei que na vida andarei
tanto quanto meu passo puder alcançar.
Também sei que o Senhor me convida a viver
peregrino em busca do bem.
Quando a dor vem morar perto do coração,
e a saudade procura o perdão,
vejo Cristo viver e morrer por amor,
vejo a vida em mim renascer.

2. Toda vez que acontece uma quebra,
   não sinto mais nada, não consigo ver.
   Eu descubro a verdade profunda em meu ser,
   eu só vivo a procura de Deus.
   Quando o amor vem morar perto do coração
   e o mistério vem me dar a mão,
   vejo Cristo, a alegria que ressuscitou,
   vejo a vida em mim florescer.

3. Já sofri no caminho o bastante,
   mas sigo adiante, preciso viver.
   Aprendi que é preciso saber ser irmão.
   Pé no chão, caminhar mão na mão.
   Quando a paz vem morar perto do coração,
   e a esperança me chama de irmão,
   vejo Cristo Senhor, Cristo meu Redentor.
   Minha terra tem um Salvador.

4. Nostalgia de Deus em minh'alma,
   me empurra, me chama, me acende o querer.
   Eu não sei o que sei nem mais nada direi,
   só que a vida é maior do que eu.
   Quando Deus vem morar perto do coração,
   minha história começa a mudar.
   Já não sou eu quem vive, o Senhor vive em mim,
   e o amor fez-se meu Salvador.

645 OBRIGADO, SENHOR

1. Obrigado, Senhor, porque és meu amigo,
   porque sempre comigo tu estás a falar,
   no perfume das flores, na harmonia das cores
   e no mar que murmura
   o teu nome a rezar.

   **Escondido tu estás, no verde das florestas,
   nas aves em festa, no sol a brilhar,
   na sombra que abriga, na brisa amiga,
   na fonte que corre ligeira a cantar.**

2. Te agradeço ainda porque na alegria
   ou na dor de cada dia posso te encontrar.
   Quando a dor me consome,
   murmuro o teu nome,
   e mesmo sofrendo, eu posso cantar.

646 POR CAUSA DE UM CERTO REINO

1. Por causa de um certo reino,
   estradas eu caminhei,
   buscando sem ter sossego,
   o Reino que eu vislumbrei.
   Brilhava a estrela d'alva,
   e eu, quase sem dormir,
   buscando este certo Reino,
   e a lembrança dele a me perseguir.

2. Por causa daquele Reino,
   mil vezes eu me enganei,
   tomando o caminho errado,
   errando quando acertei.
   Chegava o cair da tarde,
   e eu quase sem dormir,
   Buscando este certo Reino,
   e a lembrança dele a me perseguir.

3. Um filho de carpinteiro,
   que veio de Nazaré,
   mostrou-se tão verdadeiro,
   pôs vida na minha fé.
   Falava de um novo Reino,
   de flores e de pardais.
   De gente arrastando a rede,
   que eu tive sede de sua paz.

4. O filho de carpinteiro
   falava de um mundo irmão,
   de um Pai que era companheiro,
   de amor e libertação.
   Lançou-me um olhar profundo,
   gelando meu coração,
   Depois me falou do mundo
   e me deu o selo da vocação.

5. Agora quem me conhece,
   pergunta se eu encontrei
   o Reino que eu procurava,
   se é tudo o que eu desejei.

E eu digo, pensando nele,
no meio de vós está.
O Reino que andais buscando,
e quem tem amor compreenderá.

6. Jesus me ensinou de novo
as coisas que eu aprendi.
Por isso eu amei meu povo
e o livro da vida eu li.
E em cada menina moça,
em cada moço e rapaz,
eu sonho que a minha gente
será semente de eterna paz!

647 POVO MEU, QUE TE FIZ EU?

1. Povo meu, que te fiz eu?
Dize: em que te contristei?
Por que à morte me entregaste?
Em que foi que eu te faltei?

   Eu te fiz sair do Egito,
   com maná te alimentei.
   Preparei-te bela terra:
   tu, a cruz para o teu rei!

Deus santo! Deus forte! Deus imortal!
Tende piedade de nós! (Bis)

2. Bela vinha eu te plantara,
tu plantaste a lança em mim;
águas doces eu te dava,
foste amargo até o fim!

   Flagelei por ti o Egito,
   primogênitos matei;
   tu, porém, me flagelaste,
   entregaste o próprio rei!

3. Eu te abri o mar vermelho,
me rasgaste o coração.
A Pilatos me levaste,
eu te levei pela mão.

   Só na cruz tu me exaltaste,
   quando em tudo te exaltei;
   Que mais podia ter feito?
   Em que foi que eu te faltei?

648 QUE MAIS PODIA EU TER FEITO?

Que mais podia eu ter feito?
Que mais podia eu te dar? (Bis)

1. Plantei-te como vinha nova,
toda graciosa, nada havia igual.
E castiguei os malfeitores
que te perseguiam pra fazer-te mal.
Abri o mar na tua passagem
e da escravidão eu te levei à paz.
E fiz caminho no deserto
para o lugar certo, para o bem total.
E esqueceste o amor e entregaste o Senhor.
O mundo inteiro se esqueceu da luz
e pregou seu salvador na cruz.

2. Eu dei o pão da nova vida,
e a pedra ferida a sede apagou.
E fiz para o meu povo eleito
os maiores feitos como ninguém viu.
Eu dei o sol da liberdade,
o sol da verdade, onde nasce o amor.
E dei o pão da caridade
na fraternidade do mundo melhor.
E esqueceste o amor e entregaste o Senhor.
O mundo inteiro se esqueceu da luz
e pregou seu salvador na cruz.

649 TEU NOME, SENHOR

1. Teu nome é, Senhor, maravilhoso,
por todo o universo conhecido.
No céu manifesta a tua glória,
com teu resplendor, é revestido.

2. Até por crianças pequeninas
perfeito louvor te é cantado.
É força que barra o inimigo,
Reduz ao silêncio o adversário.

3. Olhando este céu que modelaste,
a lua e as estrelas a conter.
Que é, ó Senhor, o ser humano
pra tanto cuidado merecer?

4. A um deus semelhante o fizeste,
Coroado de glória e de valor.

De ti recebeu poder e força
de tudo vencer e ser senhor.

5. Dos bois, das ovelhas nos currais,
das feras que vivem pelas matas.
Dos peixes do mar, dos passarinhos,
de tudo o que corta o ar e águas.

650 VOU CANTAR

1. Vou cantar, entoar um canto novo.
Vou sair, chamar o povo pra louvar, aleluia!
Assim toda criatura:
nossa terra, sol e lua vão louvar e cantar.

**Se alguém te louva em silêncio,
Tu acolhes, ó Senhor, sua oração.
Se alguém entoa um canto novo,
Tu acolhes, ó Senhor, sua canção.
Aleluia!**

2. É feliz quem em ti fez a morada.
Vida nova, outra casa pra ficar, aleluia!
Tu preparas mesa farta e alimentas pra jornada
dando amor, luz e paz.

3. O nascer de uma aurora radiante
Vai dourando a cada instante os trigais, aleluia!
E os pequenos e sofridos, nos teus braços
acolhidos vão louvar e cantar.

651 SEQUÊNCIA PASCAL

1. Cantai, cristãos, afinal:
"Salve, ó vítima pascal!"
Cordeiro inocente, o Cristo
abriu-nos do Pai o aprisco.

2. Por toda ovelha imolado,
do mundo lava o pecado.
Duelam forte e mais forte:
é a vida que vence a morte.

3. O Rei da vida, cativo,
foi morto, mas reina vivo!

Responde, pois, ó Maria:
No caminho o que havia?

4. "Vi Cristo ressuscitado,
o túmulo abandonado,
os anjos da cor do sol,
dobrado ao chão o lençol.

5. O Cristo que leva aos céus
caminha à frente dos seus!"
Ressuscitou, de verdade,
ó Cristo, rei, piedade!

652 ÁGUA VIVA

Eu te peço desta água que tu tens.
És água viva, meu Senhor.
Tenho sede e tenho fome de amor
e acredito nesta fonte de onde vens.
Vens de Deus, estás em Deus, também és Deus.
E Deus contigo faz um só.
Eu, porém, que vim da terra e volto ao pó,
quero viver eternamente ao lado teu.
És Água viva, és vida nova,
e todo dia me batizas outra vez.
Me fazes renascer, me fazes reviver,
eu quero água desta fonte de onde vens.
(Bis)

653 PERSEVERAVAM

**Perseveraram todos unidos em oração,
os doze apóstolos, com Maria e os irmãos.
Chegando o dia de Pentecostes
veio um tremor e de repente
o Santo Espírito os animou!**

1. É outro vinho que nos anima,
entendei todos nossa alegria,
Joel profeta já predissera,
sucederá nos últimos dias...
E sucedeu nos últimos dias:
Fechou-se o templo, abriu-se o céu!
Cumpriu-se, então, outra profecia
Que Deus falou por Ezequiel:

2. De toda terra vos tirarei,
vos tomarei de entre as nações,
todos unidos conduzirei
pra terra santa da promissão!...
Na terra santa da promissão
com água pura vos lavarei,
toda imundície, toda ilusão,
de tudo vos purificarei!

3. E vos darei novo coração
e novo espírito em vós porei.
Não mais tereis coração de pedra,
um coração de carne darei!...
Um coração de carne darei
e o meu espírito em vós porei:
na minha lei havereis de andar,
meu mandamento ireis praticar!

4. E habitareis uma nova terra,
terra que a vossos pais destinei;
e assim sereis sempre o meu povo
e vosso Deus pra sempre serei!...
E vosso Deus pra sempre serei,
da terra os frutos irei vos dar;
da vida o pão multiplicarei
jamais a fome vos matará!

5. No dia em que vos purificar
de todas vossas iniquidades,
vossos desertos serão povoados
e habitadas vossas cidades!...
E habitadas vossas cidades,
os vossos campos florescerão.
E a terra inteira será jardim,
nações, dai glória ao Amor sem fim!

654 NOVO TEMPO

1. No novo tempo, apesar dos castigos.
Estamos crescidos, estamos atentos,
estamos mais vivos
pra nos socorrer.
No novo tempo, apesar dos perigos,
da força mais bruta, da morte que assusta,
estamos na luta
pra sobreviver.
Pra que a nossa esperança
seja mais que vingança.
Seja sempre um caminho
que se deixa de herança.

2. No novo tempo, apesar dos castigos.
De toda fadiga, de toda injustiça,
estamos na briga
pra nos socorrer.
No novo tempo, apesar dos perigos,
de todos pecados, de todos enganos,
estamos marcados
pra sobreviver.

3. No novo tempo, apesar dos castigos.
Estamos em cena, estamos na rua,
quebrando as algemas
pra nos socorrer.
No novo tempo, apesar dos perigos,
a gente se encontra, cantando na praça,
fazendo pirraça
pra sobreviver.

655 TEIMOSIA

1. Muitos já me disseram...
Por traz desse mar
não há vida nenhuma
nem terra habitada.
não suba esse morro,
não vá nesse vale,
não vá nessa estrada.
Mas eu vou... eu vou...

2. Muitos já me disseram...
Que além desse mato
começa o deserto
e a estrada termina.
Que não tem sentido
seguir o caminho
além dessa praia.

3. Muitos já me disseram...
Do verso que faço
que é efêmero traço
da palha no vento.

Que a paz não é certa
e a morte não deixa
esquecer seu momento.

4. Muitos já me disseram...
Que a vida que eu levo
não vale a saudade
nem vale a esperança.
Que nada compensa
ouvir o chamado
do Deus da Aliança.
Caminhar é o nome da felicidade!
Chegar é o nome da felicidade!
E eu vou... eu vou...

656 CELEBREMOS

1. Celebremos Javé, pois ele é bom.
Pois ele é bom! Pois ele é bom!
É pra sempre, é eterno o seu amor.
Pois ele é bom! Pois ele é bom!
Digam isso os que ele libertou,
Pois ele é bom! Pois ele é bom!
Os remidos da mão do opressor.
Pois ele é bom! Pois ele é bom!

Celebrem o Senhor por seu amor,
porque ama assim seus filhos.
Celebrem o Senhor por seu amor,
por suas maravilhas.

2. Os que de longe terras congregou,
do nascente, poente, norte e sul.
No deserto afora estavam só,
desolados, sem-terra e sem lugar.

3. Tão famintos, sedentos, quase pó.
Na angústia clamaram ao Senhor.
Por caminhos direitos os levou
pra cidade segura habitar.

657 SENHOR, ME ESCUTA E RESPONDE

1. Senhor, me escuta e responde.
Sou fraco e necessitado.
Me salva, sou teu amigo.
Teu servo em ti confiado.

2. Tu és meu Deus, tem piedade.
O dia todo te invoco.
Alegra meu coração.
Pra ti, Senhor, eu me volto.

3. Tu és perdão e bondade.
Acolhes aos que te imploram.
Atende agora esta prece.
No meu sofrer me consola.

4. Na angústia chamo por ti,
pois tu respondes, Senhor.
Que deus faria o que fazes?
Ninguém te iguala em amor.

5. Os povos todos virão
louvar a tua majestade.
Tu fazes grandes prodígios,
só tu és Deus de verdade.

6. Me ensina o caminho reto
pra andar em tua verdade.
Reúne meu coração,
que siga tua vontade.

7. De coração agradeço
tão grande amor tens por mim.
Tiraste-me do abismo,
Assim te louvo, sem fim.

8. Furiosos se levantaram,
querendo me derrubar.
Contigo não se incomodam,
altivos querem matar.

9. Mas tu, Senhor de ternura,
paciente, cheio de amor.
De mim tem pena, ó Deus,
atento a teu servidor.

10. Me dá tua força, Senhor,
teu servo vem libertar.
E aqueles que me odeiam
calados hão de ficar.

11. Ao Pai, Senhor, demos glória.
A Jesus Cristo também.
Ao Espírito-Mãe de amor,
Deus uno e trino. Amém.

658 QUANDO O DIA DA PAZ RENASCER

1. Quando o dia da paz renascer,
   quando o sol da esperança brilhar,
   eu vou cantar.
   Quando o povo nas ruas sorrir
   e roseira de novo florir,
   eu vou cantar.
   Quando as cercas caírem no chão,
   quando as mesas
   se encherem de pão,
   eu vou cantar.
   Quando os muros
   que cercam os jardins
   destruídos então,
   os jasmins vão perfumar.

   **Vai ser tão bonito se ouvir a canção
   cantada de novo.
   No olhar do homem a certeza do irmão
   reinado do povo!**

2. Quando as armas da destruição,
   destruídas em cada nação,
   eu vou sonhar.
   E o decreto
   que encerra a opressão,
   assinado só no coração,
   vai triunfar.
   Quando a voz
   da verdade se ouvir,
   e a mentira não mais existir,
   será enfim
   tempo novo de eterna justiça,
   sem mais ódio, sem sangue
   ou cobiça, vai ser assim.

659 CANÇÃO AO CORAÇÃO DE JESUS

1. Vou falar de um amor infinito,
   que se faz pequeno, frágil;
   amor de um ser humilhado.
   Vou falar de um amor apaixonado.
   Com a dor carrega os nossos pecados.
   Sendo rei, se faz escravo;
   fogo de amor poderoso.
   Salvador, humilde, fiel, silencioso.

   **Amor que abre seus braços de acolhida.
   Vou falar do caminho para a vida,
   coração paciente, amor ardente.
   Vou falar de alguém que venceu a morte.**

2. Vou falar de um amor generoso,
   faz e cala, amor a todos;
   que busca a nós todo o tempo,
   esperando a resposta, o encontro.
   Vou falar de um amor diferente,
   Misterioso, infalível.
   Amor que vence na cruz.
   Vou falar do Coração de Jesus.
   Vou falar de alguém que venceu a morte!

660 CANTO DAS TRÊS RAÇAS

Ninguém ouviu um soluçar de dor
no canto do Brasil,
um lamento triste sempre ecoou
desde que o índio guerreiro
foi pro cativeiro e de lá cantou.

Negro entoou um canto de revolta pelos ares,
do Quilombo dos Palmares onde se refugiou.
Fora a luta dos inconfidentes
pela quebra das correntes nada adiantou.
E de guerra em paz de paz em guerra
todo o povo desta terra quando pode cantar,
canta de dor, ô ô ô...

Ecoa noite e dia, é ensurdecedor.
Ai, mais que agonia o canto do trabalhador,
esse canto que devia ser um canto de alegria,
soa apenas como um soluçar de dor, ô ô ô...

ORAÇÕES EUCARÍSTICAS

ORAÇÃO EUCARÍSTICA I

PR: Pai de misericórdia, a quem sobem nossos louvores, suplicantes, vos rogamos e pedimos por Jesus Cristo, vosso Filho e Senhor nosso, que aceiteis e abençoeis estes dons, estas oferendas, este sacrifício puro e santo, que oferecemos, antes de tudo, pela vossa Igreja santa e católica: concedei-lhe paz e proteção, unindo-a num só corpo e governando-a por toda a terra, em comunhão com o vosso servo o Papa N., o nosso Bispo N., e todos os que guardam a fé católica que receberam dos Apóstolos.

AS: Abençoai nossa oferenda, ó Senhor!

PR: Lembrai-vos, ó Pai, dos vossos filhos e filhas N. N. e de todos os que circundam este altar, dos quais conheceis a fé e a dedicação ao vosso serviço. Por eles nós vos oferecemos e também eles vos oferecem este sacrifício de louvor por si e por todos os seus, e elevam a vós as suas preces, Deus eterno, vivo e verdadeiro, para alcançar o perdão de suas faltas, a segurança em suas vidas e a salvação que esperam.

AS: Lembrai-vos, ó Pai, de vossos filhos!

PR: Em comunhão com toda a Igreja, celebramos em primeiro lugar a memória da Mãe de nosso Deus e Senhor Jesus Cristo, a gloriosa sempre Virgem Maria, a de seu esposo São José, e também a dos Santos Apóstolos e Mártires: Pedro e Paulo, André, (Tiago e João, Tomé, Tiago e Filipe, Bartolomeu e Mateus, Simão e Tadeu, Lino, Cleto, Clemente, Sisto, Cornélio e Cipriano, Lourenço e Crisógono, João e Paulo, Cosme e Damião), e todos os vossos Santos. Por seus méritos e preces concedei-nos sem cessar a vossa proteção. (Por Cristo, nosso Senhor. Amém.)

AS: Em comunhão com os vossos Santos vos louvamos!

PR: Dignai-vos, ó Pai, aceitar, abençoar e santificar estas oferendas, recebei-as como sacrifício espiritual perfeito, a fim de que se tornem para nós o Corpo e o Sangue de vosso amado Filho, nosso Senhor Jesus Cristo.

AS: Enviai o vosso Espírito Santo!

PR: Na véspera de sua paixão, ele tomou o pão em suas santas e veneráveis mãos, elevou os olhos ao céu, a vós, ó Pai, todo-poderoso, pronunciou a bênção de ação de graças, partiu o pão e o deu a seus discípulos, dizendo:

TOMAI, TODOS, E COMEI: ISTO É O MEU CORPO, QUE SERÁ ENTREGUE POR VÓS.

Do mesmo modo, ao fim da Ceia, ele tomou este precioso cálice em suas santas e veneráveis mãos, pronunciou novamente a bênção de ação de graças e o deu a seus discípulos, dizendo:

TOMAI, TODOS, E BEBEI: ESTE É O CÁLICE DO MEU SANGUE, O SANGUE DA NOVA E ETERNA ALIANÇA, QUE SERÁ DERRAMADO POR VÓS E POR TODOS, PRA REMISSÃO DOS PECADOS. FAZEI ISTO EM MEMÓRIA DE MIM.

Mistério da fé!

AS: Anunciamos, Senhor, a vossa morte e proclamamos a vossa ressurreição. Vinde, Senhor Jesus!

Ou:
Mistério da fé e do amor!

AS: Todas as vezes que comemos deste pão e bebemos deste cálice, anunciamos, Senhor, a vossa morte, enquanto esperamos a vossa vida!

Ou:
Mistério da fé para a salvação do mundo!

AS: Salvador do mundo, salvai-nos, vós que nos libertastes pela cruz e ressurreição.

PR: Celebrando, pois, a memória da bem-aventurada paixão do vosso Filho, da sua ressurreição dentre os mortos e gloriosa ascensão aos céus, nós, vossos servos, e também vosso povo santo, vos oferecemos, ó Pai, dentre os bens que nos destes, o sacrifício puro, santo e imaculado, Pão santo da vida eterna e Cálice da perpétua salvação.

PR: Recebei, ó Pai, com olhar benigno, esta oferta, como recebestes os dons do justo Abel, o sacrifício de nosso patriarca Abraão e a oblação pura e santa do sumo sacerdote Melquisedeque.

AS: Aceitai, ó Senhor, a nossa oferta!

PR: Suplicantes, vos pedimos, ó Deus onipotente, que esta nossa oferenda seja levada à vossa presença, no altar do céu, pelas mãos do vosso santo Anjo, para que todos nós, participando deste altar, pela comunhão do santíssimo Corpo e Sangue do vosso Filho, sejamos repletos de todas as graças e bênçãos do céu. (Por Cristo, nosso Senhor. Amém.)

AS: O Espírito nos una num só corpo!

PR: Lembrai-vos, ó Pai, dos vossos filhos e filhas N. N. que nos precederam com o sinal da fé e dormem o sono da paz. A eles, e a todos os que descansam no Cristo, concedei o repouso, a luz e a paz. (Por Cristo, nosso Senhor. Amém.)

AS: Concedei-lhes, ó Senhor, a luz eterna!

PR: E a todos nós pecadores, que esperamos na vossa infinita misericórdia, concedei, não por nossos méritos, mas por vossa bondade, o convívio dos Apóstolos e Mártires: João Batista e

Estêvão, Matias e Barnabé, (Inácio, Alexandre, Marcelino e Pedro, Felicidade e Perpétua, Águeda e Luzia, Inês, Cecília, Anastácia) e de todos os vossos Santos. Por Cristo, nosso Senhor.

PR: Por ele não cessais de criar e santificar, vivificar, abençoar estes bens e distribuí-los entre nós.

PR: Por Cristo, com Cristo, e em Cristo, a vós, Deus Pai todo-poderoso, na unidade do Espírito Santo, toda a honra e toda a glória, por todos os séculos dos séculos.

AS: Amém.

ORAÇÃO EUCARÍSTICA II

PR: Na verdade, é digno e justo, é nosso dever e salvação dar-vos graças sempre e em todo o lugar, Senhor, Pai santo, por vosso amado Filho, Jesus Cristo. Ele é a vossa Palavra, pela qual tudo criastes. Ele é o nosso Salvador e Redentor, que se encarnou pelo Espírito Santo e nasceu da Virgem Maria. Ele, para cumprir a vossa vontade e adquirir para vós um povo santo, estendeu os braços na hora da sua paixão, a fim de vencer a morte e manifestar a ressurreição. Por isso, com os Anjos e todos os Santos, proclamamos vossa glória, cantando (dizendo) a uma só voz:

AS: Santo, Santo, Santo, Senhor Deus do universo! O céu e a terra proclamam a vossa glória. Hosana nas alturas! Bendito o que vem em nome do Senhor! Hosana nas alturas!

PR: Na verdade, ó Pai, vós sois Santo, fonte de toda santidade. Santificai, pois, estes dons, derramando sobre eles o vosso Espírito, a fim de que se tornem para nós o Corpo e o Sangue de nosso Senhor Jesus Cristo.

AS: Enviai o Vosso Espírito Santo!

PR: Estando para ser entregue e abraçando livremente a paixão, Jesus tomou o pão, pronunciou a bênção de ação de graças, partiu e o deu a seus discípulos, dizendo:

TOMAI, TODOS, E COMEI: ISTO É O MEU CORPO, QUE SERÁ ENTREGUE POR VÓS.

Do mesmo modo, no fim da Ceia, ele tomou o cálice em suas mãos e, dando graças novamente, o entregou a seus discípulos, dizendo:

TOMAI, TODOS, E BEBEI: ESTE É O CÁLICE DO MEU SANGUE, O SANGUE DA NOVA E ETERNA ALIANÇA, QUE SERÁ DERRAMADO POR VÓS E POR TODOS, PARA A REMISSÃO DOS PECADOS. FAZEI ISTO EM MEMÓRIA DE MIM.

Mistério da fé!

AS: Anunciamos, Senhor, a vossa morte e proclamamos a vossa ressurreição. Vinde, Senhor Jesus!

Ou:
Mistério da fé e do amor!

AS: Todas as vezes que comemos deste pão e bebemos deste cálice, anunciamos, Senhor, a vossa morte, enquanto esperamos a vossa vinda!

Ou:
Mistério da fé para a salvação do mundo!

AS: Salvador do mundo, salvai-nos, vós que nos libertastes pela cruz e ressurreição.

PR: Celebrando, pois, o memorial da morte e ressurreição do vosso Filho, nós vos oferecemos, ó Pai, o Pão da vida e o Cálice da salvação; e vos agradecemos porque nos tornastes dignos de estar aqui na vossa presença e vos servir.

AS: Aceitai, ó Senhor, a nossa oferta!

PR: Suplicantes, vos pedimos que, participando do Corpo e Sangue de Cristo, sejamos reunidos pelo Espírito Santo num só corpo.

AS: O Espírito nos una num só corpo!

PR: Lembrai-vos, ó Pai, da vossa Igreja que se faz presente pelo mundo inteiro; que ela cresça na caridade, em comunhão com o papa N., com o nosso bispo N., os bispos do mundo inteiro, os presbíteros, os diáconos e todos os ministros do vosso povo.

AS: Lembrai-vos, ó Pai, da vossa Igreja!

PR: Lembrai-vos também, na vossa misericórdia, dos (outros) nossos irmãos e irmãs que adormeceram na esperança da ressurreição e de todos os que partiram desta vida; acolhei-os junto a vós na luz da vossa face.

AS: Concedei-lhes, ó Senhor, a luz eterna!

PR: Enfim, nós vos pedimos, tende piedade de todos nós e dai-nos participar da vida eterna, com a Virgem Maria, Mãe de Deus, São José, seu esposo, os Apóstolos, (São N.: Santo do dia ou padroeiro) e todos os Santos que neste mundo viveram na vossa amizade, a fim de vos louvarmos e glorificarmos por Jesus Cristo, vosso Filho.

PR: Por Cristo, com Cristo, e em Cristo, a vós, Deus Pai todo-poderoso, na unidade do Espírito Santo, toda a honra e toda a glória, por todos os séculos dos séculos.

AS: Amém!

ORAÇÃO EUCARÍSTICA III

PR: Na verdade, vós sois Santo, ó Deus do universo, e tudo o que criastes proclama o vosso louvor, porque, por Jesus Cristo, vosso Filho e Senhor nosso, e pela força do Espírito Santo, dais vida e santidade a todas as coisas e não cessais de reunir para vós um povo que vos ofereça em toda parte, do nascer ao pôr do sol, um sacrifício perfeito.

PR: Por isso, ó Pai, nós vos suplicamos: santificai pelo Espírito Santo as oferendas que vos apresentamos para serem consagradas a fim de que se tornem o Corpo e o Sangue de vosso Filho, nosso Senhor Jesus Cristo, que nos mandou celebrar estes mistérios.

AS: Enviai o vosso Espírito Santo!

PR: Na noite em que ia ser entregue, Jesus tomou o pão, pronunciou a bênção de ação de graças, partiu e o deu a seus discípulos, dizendo:

TOMAI, TODOS, E COMEI: ISTO É O MEU CORPO, QUE SERÁ ENTREGUE POR VÓS.

Do mesmo modo, ao fim da Ceia, ele tomou o cálice em suas mãos, pronunciou a bênção de ação de graças, e o deu a seus discípulos, dizendo:

TOMAI, TODOS, E BEBEI: ESTE É O CÁLICE DO MEU SANGUE, O SANGUE DA NOVA E ETERNA ALIANÇA, QUE SERÁ DERRAMADO POR VÓS E POR TODOS, PARA A REMISSÃO DOS PECADOS. FAZEI ISTO EM MEMÓRIA DE MIM.

Mistério da fé!

AS: Anunciamos, Senhor, a vossa morte e proclamamos a vossa ressurreição. Vinde, Senhor Jesus!

Ou:
Mistério da fé e do amor!

AS: Todas as vezes que comemos deste pão e bebemos deste cálice, anunciamos, Senhor, a vossa morte, enquanto esperamos a vossa vinda!

Ou:
Mistério da fé para a salvação do mundo!

AS: Salvador do mundo, salvai-nos, vós que nos libertastes pela cruz e ressurreição.

PR: Celebrando agora, ó Pai, o memorial da paixão redentora do vosso Filho, da sua gloriosa ressurreição e ascensão ao céu, e enquanto esperamos sua nova vinda, nós vos oferecemos em ação de graças este sacrifício vivo e santo.

AS: Aceitai, ó Senhor, a nossa oferta!

PR: Olhai com bondade a oblação da vossa Igreja e reconhecei nela o sacrifício que nos reconciliou convosco; concedei que, alimentando-nos com o Corpo e o Sangue do vosso Filho, repletos do Espírito Santo, nos tornemos em Cristo um só corpo e um só espírito.

AS: O Espírito nos una num só corpo!

PR: Que o mesmo Espírito faça de nós uma eterna oferenda para alcançarmos a herança com os vossos eleitos: a santíssima Virgem Maria, Mãe de Deus, São José, seu esposo, os vossos santos Apóstolos e gloriosos Mártires, N. (Santo do dia ou padroeiro) e todos os Santos, que não cessam de interceder por nós na vossa presença.

AS: Fazei de nós uma perfeita oferenda!

PR: Nós vos suplicamos, Senhor, que este sacrifício da nossa reconciliação estenda a paz e a salvação ao mundo inteiro. Confirmai na fé e na caridade a vossa Igreja que caminha neste mundo com o vosso servo o Papa N., e o nosso Bispo N., com os bispos do mundo inteiro, os presbíteros e diáconos, os outros ministros e o povo por vós redimido. Atendei propício às preces desta família, que reunistes em vossa presença. Reconduzi a vós, Pai de misericórdia, todos os vossos filhos e filhas dispersos pelo mundo inteiro.

AS: Lembrai-vos, ó Pai, da vossa Igreja!

PR: Acolhei com bondade no vosso reino os nossos irmãos e irmãs que partiram desta vida e todos os que morreram na vossa amizade. Unidos a eles, esperamos também nós saciar-nos eternamente da vossa glória, por Cristo, Senhor nosso. Por ele dais ao mundo todo bem e toda graça.

PR: Por Cristo, com Cristo, e em Cristo, a vós, Deus Pai todo-poderoso, na unidade do Espírito Santo, toda honra e toda glória, por todos os séculos dos séculos.

AS: Amém!

ORAÇÃO EUCARÍSTICA IV

PR: Na verdade, ó Pai, é nosso dever dar-vos graças, é nossa salvação dar-vos glória. Só vós sois o Deus vivo e verdadeiro que existis antes de todo o tempo e permaneceis para sempre, habitando em luz inacessível. Mas, porque sois o Deus de bondade e a fonte da vida, fizestes todas as coisas para cobrir de bênçãos as vossas criaturas e a muitos alegrar com a vossa luz.

PR: Eis, pois, diante de vós os inumeráveis coros dos Anjos que dia e noite vos servem e, contemplando a glória de vossa face, vos louvam sem cessar. Com eles também nós e, por nossa voz, tudo o que criastes celebramos o vosso Nome, e exultantes de alegria, cantamos (dizemos) a uma só voz:

AS: Santo, Santo, Santo, Senhor Deus do universo! O céu e a terra proclamam a vossa glória. Hosana nas alturas! Bendito o que vem em nome do Senhor! Hosana nas alturas!

PR: Nós proclamamos vossa grandeza, Pai santo, a sabedoria e o amor com que fizestes todas as coisas. Criastes o ser humano à vossa imagem e lhe confiastes todo o universo para que, servindo somente a vós, seu Criador, cuidasse de toda criatura. E quando pela desobediência perdeu a vossa amizade, não o abandonastes ao poder da morte. A todos, porém, socorrestes com misericórdia, para que, ao procurar-vos, vos encontrassem. Muitas vezes oferecestes aliança à família humana e a instruístes pelos profetas na esperança da salvação.

AS: A todos socorrestes com bondade!

PR: E de tal modo, Pai santo, amastes o mundo que, chegada a plenitude dos tempos, nos enviastes vosso próprio Filho para ser o nosso Salvador. Encarnado pelo poder do Espírito Santo e nascido da Virgem Maria, Jesus viveu em tudo a condição humana, menos o pecado; anunciou aos pobres a salvação, aos oprimidos, a liberdade, aos tristes, a alegria. Para cumprir o vosso plano de amor, entregou-se à morte e, ressuscitando, destruiu a morte e renovou a vida.

AS: Por amor nos enviastes vosso Filho!

PR: E, a fim de não mais vivermos para nós, mas para ele, que por nós morreu e ressuscitou, enviou de vós, ó Pai, como primeiro dom aos vossos fiéis, o Espírito Santo, que continua sua obra no mundo para levar à plenitude toda a santificação.

PR: Por isso, nós vos pedimos, ó Pai, que o mesmo Espírito Santo santifique estas oferendas, a fim de que se tornem o Corpo e o Sangue de Jesus Cristo, vosso Filho e Senhor nosso, para celebrarmos este grande mistério que ele nos deixou em sinal da eterna aliança.

AS: Enviai o vosso Espírito Santo!

PR: Quando, pois, chegou a hora em que por vós, ó Pai, ia ser glorificado, tendo amado os seus que estavam no mundo, amou-os até o fim. Enquanto ceavam, Jesus tomou o pão, pronunciou a bênção de ação de graças, partiu e o deu a seus discípulos, dizendo:

TOMAI, TODOS, E COMEI: ISTO É O MEU CORPO, QUE SERÁ ENTREGUE POR VÓS.

Do mesmo modo, ele tomou em suas mãos o cálice com o vinho, deu-vos graças novamente e o deu a seus discípulos, dizendo:

TOMAI, TODOS, E BEBEI: ESTE É O CÁLICE DO MEU SANGUE, O SANGUE DA NOVA E ETERNA ALIANÇA, QUE SERÁ DERRAMADO POR VÓS E POR TODOS, PRA REMISSÃO DOS PECADOS. FAZEI ISTO EM MEMÓRIA DE MIM.

Mistério da fé!

AS: Anunciamos, Senhor, a vossa morte e proclamamos a vossa ressurreição. Vinde, Senhor Jesus!

Ou:
Mistério da fé e do amor!

AS: Todas as vezes que comemos deste pão e bebemos deste cálice, anunciamos, Senhor, a vossa morte, enquanto esperamos a vossa vinda!

Ou:
Mistério da fé para a salvação do mundo!

AS: Salvador do mundo, salvai-nos, vós que nos libertastes pela cruz e ressurreição.

PR: Celebrando, agora, ó Pai, o memorial da nossa redenção, anunciamos a morte de Cristo e sua descida entre os mortos, proclamamos a sua ressurreição e ascensão à vossa direita e, esperando a sua vinda gloriosa, nós vos oferecemos o seu Corpo e Sangue, sacrifício do vosso agrado e salvação do mundo inteiro.

AS: Aceitai, ó Senhor, a nossa oferta!

PR: Olhai, com bondade, a oblação que destes à vossa Igreja e concedei aos que vamos participar do mesmo pão e do mesmo cálice que, reunidos pelo Espírito Santo num só corpo, nos tornemos em Cristo uma oferenda viva para o louvor da vossa glória.

AS: O Espírito nos una num só corpo!

PR: E agora, ó Pai, lembrai-vos de todos pelos quais vos oferecemos este sacrifício: o vosso servo o Papa N., o nosso Bispo N., os bispos do mundo inteiro, os presbíteros, os diáconos, e todos os ministros da vossa Igreja, os fiéis que, ao redor deste altar, se unem à nossa oferta, o povo que vos pertence e todos aqueles que vos procuram de coração sincero.

AS: Lembrai-vos, ó Pai, da vossa Igreja!

PR: Lembrai-vos também dos que morreram na paz do vosso Cristo e de todos os defuntos dos quais só vós conhecestes a fé.

AS: Concedei-lhes, ó Senhor, a luz eterna!

PR: E a todos nós, vossos Filhos e Filhas, concedei, ó Pai de bondade, alcançar a herança eterna, com a Virgem Maria, Mãe de Deus, São José, seu esposo, os Apóstolos e todos os Santos, no vosso reino, onde, com todas as criaturas, libertas da corrupção do pecado e da morte, vos glorificaremos por Cristo, Senhor nosso, por quem dais ao mundo todo bem e toda graça.

PR: Por Cristo, com Cristo, e em Cristo, a vós, Deus Pai todo-poderoso, na unidade do Espírito Santo, toda a honra e toda a glória, por todos os séculos dos séculos.

AS: Amém!

ORAÇÃO EUCARÍSTICA V

PR: É justo e nos faz todos ser mais santos, louvar a vós, ó Pai, no mundo inteiro, de dia e de noite, agradecendo com Cristo, vosso Filho, nosso irmão. É ele o sacerdote verdadeiro que sempre se oferece por nós todos, mandando que se faça a mesma coisa que fez naquela ceia derradeira. Por isso, aqui estamos bem unidos, louvando e agradecendo com alegria, juntando nossa voz à voz dos Anjos e dos Santos todos, para cantar (dizer):

AS: Santo, Santo, Santo, Senhor Deus do universo! O céu e a terra proclamam a vossa glória. Hosana nas alturas! Bendito o que vem em nome do Senhor! Hosana nas alturas!

PR: Ó Pai, vós que sempre quisestes ficar muito perto de nós, vivendo conosco no Cristo, falando conosco por ele, mandai o vosso Espírito Santo, a fim de que as nossas ofertas se mudem no Corpo e no Sangue de nosso Senhor Jesus Cristo.

AS: Mandai vosso Espírito Santo!

PR: Na noite em que ia ser entregue, ceando com seus Apóstolos, Jesus tomou o pão em suas mãos, olhou para o céu e vos deu graças, partiu o pão e o entregou a seus discípulos, dizendo:

TOMAI, TODOS, E COMEI: ISTO É O MEU CORPO, QUE SERÁ ENTREGUE POR VÓS.

Do mesmo modo, no fim da Ceia, tomou o cálice em suas mãos, deu-vos graças novamente e o entregou a seus discípulos, dizendo:

TOMAI, TODOS, E BEBEI: ESTE É O CÁLICE DO MEU SANGUE, O SANGUE DA NOVA E ETERNA ALIANÇA, QUE SERÁ DERRAMADO POR VÓS E POR TODOS, PARA A REMISSÃO DOS PECADOS. FAZEI ISTO EM MEMÓRIA DE MIM.

Tudo isto é mistério da fé!

AS: Toda vez que comemos deste Pão, toda vez que bebemos deste Vinho, recordamos a paixão de Jesus Cristo e ficamos esperando sua vinda.

PR: Recordando, ó Pai, neste momento, a paixão de Jesus, nosso Senhor, sua ressurreição e ascensão, nós queremos a vós oferecer este Pão que alimenta e que dá vida, este Vinho que nos salva e dá coragem.

AS: Recebei, ó Senhor, a nossa oferta!

PR: E quando recebermos Pão e Vinho, o Corpo e Sangue dele oferecidos, o Espírito nos una num só corpo, para sermos um só povo em seu amor.

AS: O Espírito nos una num só corpo!

PR: Protegei vossa Igreja que caminha nas estradas do mundo rumo ao céu, cada dia renovando a esperança de chegar junto a vós, na vossa paz.

AS: Caminhamos na estrada de Jesus!

PR: Dai ao vosso servo, o Papa N., ser bem firme na fé, na caridade, e a N., que é Bispo desta Igreja, muita luz para guiar o vosso povo.

AS: Lembrai-vos, ó Pai, da vossa Igreja!

PR: Esperamos entrar na vida eterna com Maria, Mãe de Deus e da Igreja, São José, seu esposo, os Apóstolos, e todos os que na vida souberam amar Cristo e seus irmãos.

AS: Esperamos entrar na vida eterna!

PR: Abri as portas da misericórdia aos que chamastes para a outra vida; acolhei-os juntos a vós, bem felizes no reino que para todos preparastes.

AS: A todos dai a luz que não se apaga!

PR: E a todos nós, aqui reunidos, que somos povo santo e pecador, dai-nos a graça de participar do vosso reino que também é nosso.

PR: Por Cristo, com Cristo, em Cristo, a vós, Deus Pai todo poderoso, na unidade do Espírito Santo, toda honra e toda a glória, por todos os séculos dos séculos.

AS: Amém!

ORAÇÃO EUCARÍSTICA PARA DIVERSAS CIRCUNSTÂNCIAS I

(A Igreja a caminho da unidade)

CP: Na verdade, é digno e justo, é nosso dever e salvação dar-vos graças e cantar-vos um hino de glória e louvor, Senhor, Pai de infinita bondade. Pela palavra do Evangelho do vosso Filho reunistes uma só Igreja de todos os povos, línguas e nações. Por ela, vivificada pela força do vosso Espírito, não deixais de congregar na unidade todo o gênero humano. Manifestando a aliança do vosso amor, a Igreja irradia sem cessar a alegre esperança do vosso reino e brilha como sinal da vossa fidelidade que prometestes para sempre em Cristo Jesus, Senhor nosso. Por isso, unidos a todos os Anjos dos céus, nós vos celebramos na terra, cantando (dizendo) com a Igreja inteira a uma só voz:

AS: Santo, Santo, Santo, Senhor Deus do universo! O céu e a terra proclamam a vossa glória. Hosana nas alturas! Bendito o que vem em nome do Senhor! Hosana nas alturas!

CP: Na verdade, vós sois Santo e digno de louvor, ó Deus, que amais os seres humanos e sempre os acompanhais no caminho da vida. Na verdade, é bendito o vosso Filho, presente no meio de nós, quando nos reunimos por seu amor. Como outrora aos discípulos de Emaús, ele nos revela as Escrituras e parte o Pão para nós.

AS: Bendito o vosso Filho, presente entre nós!

CC: Por isso, nós vos suplicamos, Pai de bondade: enviai o vosso Espírito Santo para que santifique estes dons do pão e do vinho, e se tornem para nós o Corpo e o Sangue de nosso Senhor Jesus Cristo.

AS: Enviai o vosso Espírito Santo!

CP: Na véspera de sua paixão, na noite da última Ceia, Jesus tomou o pão, pronunciou a bênção de ação de graças, partiu e o deu a seus discípulos, dizendo:

TOMAI, TODOS, E COMEI: ISTO É O MEU CORPO, QUE SERÁ ENTREGUE POR VÓS.

Do mesmo modo, no fim da Ceia, ele tomou o cálice em suas mãos, deu-vos graças novamente e o entregou a seus discípulos, dizendo:

TOMAI, TODOS, E BEBEI: ESTE É O CÁLICE DO MEU SANGUE, O SANGUE DA NOVA E ETERNA ALIANÇA, QUE SERÁ DERRAMADO POR VÓS E POR TODOS PARA REMISSÃO DOS PECADOS. FAZEI ISTO EM MEMÓRIA DE MIM.

Mistério da fé!

AS: Anunciamos, Senhor, a vossa morte e proclamamos a vossa ressurreição. Vinde, Senhor Jesus!

Ou:
Mistério da fé e do amor!

AS: Todas as vezes que comemos deste pão e bebemos deste cálice, anunciamos, Senhor, a vossa morte, enquanto esperamos a vossa vinda!

Ou:
Mistério da fé para a salvação do mundo!

AS: Salvador do mundo, salvai-nos, vós que nos libertastes pela cruz e ressurreição.

CC: Celebrando, pois, ó Pai santo, o memorial da Páscoa de Cristo, vosso Filho, nosso Salvador, anunciamos a obra do vosso amor; pela paixão e morte de cruz, vós o fizestes entrar na glória da ressurreição e o colocastes à vossa direita. Enquanto esperamos sua vinda gloriosa, nós vos oferecemos o Pão da vida e o Cálice da bênção.

AS: Aceitai, ó Senhor, a nossa oferta!

CC: Olhai com bondade a oferta da vossa Igreja; nela vos apresentamos o sacrifício pascal de Cristo, que nos foi entregue. E concedei que, pela força do Espírito do vosso amor, sejamos contados, agora e por toda a eternidade, entre os membros do vosso Filho, cujo Corpo e Sangue comungamos.

AS: O Espírito nos una num só corpo!

1C: Renovai, ó Pai, com a luz do Evangelho, a vossa Igreja (que está em N.). Fortalecei o vínculo da unidade entre os fiéis e os pastores do vosso povo, em comunhão com o nosso Papa N., o nosso Bispo N. e toda a ordem episcopal. Assim, neste mundo dilacerado por discórdias, o vosso povo brilhe como sinal profético de unidade e concórdia.

AS: Confirmai na unidade a vossa Igreja!

2C: Lembrai-vos dos nossos irmãos e irmãs (N. e N.), que adormeceram na paz do vosso Cristo, e de todos os falecidos, cuja fé só vós conhecestes: acolhei-os na luz da vossa face e, na ressurreição, concedei-lhes a plenitude da vida.

AS: Concedei-lhes, ó Senhor, a luz eterna!

3C: Concedei também a nós, no fim da nossa peregrinação terrestre, chegarmos todos à morada eterna, onde viveremos para sempre convosco e, com a Bem-aventurada Virgem Maria, Mãe de Deus, São José, seu esposo, os Apóstolos e Mártires, (São N.: Santo do dia ou padroeiro) e todos os Santos, vos louvaremos e glorificaremos, por Jesus Cristo, vosso Filho.

CP ou CC: Por Cristo, com Cristo, e em Cristo, a vós, Deus Pai todo-poderoso, na unidade do Espírito Santo, toda honra e toda glória, por todos os séculos dos séculos.

AS: Amém.

ORAÇÃO EUCARÍSTICA PARA DIVERSAS CIRCUNSTÂNCIAS II

(Deus conduz sua Igreja no caminho da Salvação)

CP: Na verdade, é digno e justo, é nosso dever e salvação dar-vos graças, sempre e em todo lugar, Senhor, Pai santo, criador do mundo e fonte de toda vida. Nunca abandonais a obra da vossa sabedoria, mas, em vossa providência, continuais agindo no meio de nós. Com braço estendido e mão forte, guiastes o vosso povo de Israel pelo deserto. Agora, com a força do Espírito Santo, acompanhais sempre a vossa Igreja, peregrina neste mundo, e a conduzis pelos caminhos da história até à felicidade perfeita em vosso reino por Jesus Cristo, Senhor nosso. Por isso, também nós, com os Anjos e Santos, proclamamos o hino de vossa glória, cantando (dizendo) sem cessar:

AS: Santo, Santo, Santo, Senhor Deus do universo! O céu e a terra proclamam a vossa glória. Hosana nas alturas! Bendito o que vem em nome do Senhor! Hosana nas alturas!

CP: Na verdade, vós sois Santo e digno de louvor, ó Deus, que amais os seres humanos e sempre os acompanhais no caminho da vida. Na verdade, é bendito o vosso Filho, presente no meio de nós, quando nos reunimos por seu amor. Como outrora aos discípulos de Emaús, ele nos revela as Escrituras e parte o Pão para nós.

AS: Bendito o vosso Filho, presente entre nós!

CC: Por isso, nós vos suplicamos, Pai de bondade: enviai e o vosso Espírito Santo para que santifique estes dons do pão e do vinho, e se tornem para nós o Corpo e o Sangue de nosso Senhor Jesus Cristo.

AS: Enviai o vosso Espírito Santo!

Na véspera de sua paixão, na noite da última Ceia, Jesus tomou o pão, pronunciou a bênção de ação de graças, partiu e o deu a seus discípulos, dizendo:

TOMAI, TODOS, E COMEI: ISTO É O MEU CORPO, QUE SERÁ ENTREGUE POR VÓS.

Do mesmo modo, no fim da Ceia, ele tomou o cálice em suas mãos, deu-vos graças novamente e o entregou a seus discípulos, dizendo:

TOMAI, TODOS, E BEBEI: ESTE É O CÁLICE DO MEU SANGUE, O SANGUE DA NOVA E ETERNA ALIANÇA, QUE SERÁ DERRAMADO POR VÓS E POR TODOS PARA REMISSÃO DOS PECADOS. FAZEI ISTO EM MEMÓRIA DE MIM.

Mistério da fé!

AS: Anunciamos, Senhor, a vossa morte e proclamamos a vossa ressurreição. Vinde, Senhor Jesus!

Ou:
Mistério da fé e do amor!

AS: Todas as vezes que comemos deste pão e bebemos deste cálice, anunciamos, Senhor, a vossa morte, enquanto esperamos a vossa vinda!

Ou:
Mistério da fé para a salvação do mundo!

AS: Salvador do mundo, salvai-nos, vós que nos libertastes pela cruz e ressurreição.

CC: Celebrando, pois, ó Pai santo, o memorial da Páscoa de Cristo, vosso Filho, nosso Salvador, anunciamos a obra do vosso amor; pela paixão e morte de cruz, vós o fizestes entrar na glória da ressurreição e o colocastes à vossa direita. Enquanto esperamos sua vinda gloriosa, nós vos oferecemos o Pão da vida e o Cálice da bênção.

AS: Aceitai, ó Senhor, a nossa oferta!

Olhai com bondade a oferta da vossa Igreja; nela vos apresentamos o sacrifício pascal de Cristo, que nos foi entregue. E concedei que, pela força do Espírito do vosso amor, sejamos contados, agora e por toda a eternidade, entre os membros do vosso Filho, cujo Corpo e Sangue comungamos.

AS: O Espírito nos una num só corpo!

1C: Ó Pai, confirmai na unidade os convidados a participar da vossa mesa, para que, seguindo na fé e na esperança pelos vossos caminhos, possamos irradiar no mundo alegria e confiança em comunhão com o nosso Papa N., o nosso Bispo N., todos os bispos, presbíteros, diáconos e todo o vosso povo.

AS: Confirmai na unidade a vossa Igreja!

2C: Lembrai-vos dos nossos irmãos e irmãs (N. e N.), que adormeceram na paz do vosso Cristo, e de todos os falecidos, cuja fé só vós conhecestes: acolhei-os na luz da vossa face e, na ressurreição, concedei-lhes a plenitude da vida.

AS: Concedei-lhes, ó Senhor, a luz eterna!

3C: Concedei também a nós, no fim da nossa peregrinação terrestre, chegarmos todos à morada eterna, onde viveremos para sempre convosco e, com a Bem-aventurada Virgem Maria, Mãe de Deus, São José, seu esposo, os Apóstolos e Mártires, (São N.: Santo do dia ou padroeiro) e todos os Santos, vos louvaremos e glorificaremos, por Jesus Cristo, vosso Filho.

CP ou CC: Por Cristo, com Cristo, e em Cristo, a vós, Deus Pai todo-poderoso, na unidade do Espírito Santo, toda honra e toda glória, por todos os séculos dos séculos.

AS: Amém.

ORAÇÃO EUCARÍSTICA PARA DIVERSAS CIRCUNSTÂNCIAS III

(Jesus, caminho para o Pai)

CP: Na verdade, é digno e justo, é nosso dever e salvação dar-vos graças, sempre e em todo lugar, Pai santo, Senhor do céu e da terra, por Cristo, Senhor nosso. De fato, pelo vosso Verbo criastes o universo e tudo governais com equidade. Vós nos destes vosso Filho, feito carne, como mediador; ele nos dirigiu a vossa palavra e nos chamou a seguir os seus passos. Ele é o caminho que nos conduz até vós, a verdade que nos liberta, a vida que nos enche de alegria. Por vosso Filho, reunis em uma só família os homens e as mulheres, criados para a glória do vosso nome, redimidos pelo sangue de sua cruz e marcados com o selo do vosso Espírito. Por isso, agora e para sempre, unidos a todos os Anjos, proclamamos a vossa glória, cantando (dizendo) com alegria:

AS: Santo, Santo, Santo, Senhor Deus do universo! O céu e a terra proclamam a vossa glória. Hosana nas alturas! Bendito o que vem em nome do Senhor! Hosana nas alturas!

CP: Na verdade, vós sois Santo e digno de louvor, ó Deus, que amais os seres humanos e sempre os acompanhais no caminho da vida. Na verdade, é bendito o vosso Filho, presente no meio de nós, quando nos reunimos por seu amor. Como outrora aos discípulos de Emaús, ele nos revela as Escrituras e parte o Pão para nós.

AS: Bendito o vosso Filho, presente entre nós!

CC: Por isso, nós vos suplicamos, Pai de bondade: enviai e o vosso Espírito Santo para que santifique estes dons do pão e do vinho, e se tornem para nós o Corpo e o Sangue de nosso Senhor Jesus Cristo.

AS: Enviai o vosso Espírito Santo!

Na véspera de sua paixão, na noite da última Ceia, Jesus tomou o pão, pronunciou a bênção de ação de graças, partiu e o deu a seus discípulos, dizendo:

TOMAI, TODOS, E COMEI: ISTO É O MEU CORPO, QUE SERÁ ENTREGUE POR VÓS.

Do mesmo modo, no fim da Ceia, ele tomou o cálice em suas mãos, deu-vos graças novamente e o entregou a seus discípulos, dizendo:

TOMAI, TODOS, E BEBEI: ESTE É O CÁLICE DO MEU SANGUE, O SANGUE DA NOVA E ETERNA ALIANÇA, QUE SERÁ DERRAMADO POR VÓS E POR TODOS PARA REMISSÃO DOS PECADOS. FAZEI ISTO EM MEMÓRIA DE MIM.

Mistério da fé!

AS: Anunciamos, Senhor, a vossa morte e proclamamos a vossa ressurreição. Vinde, Senhor Jesus!

Ou:
Mistério da fé e do amor!

AS: Todas as vezes que comemos deste pão e bebemos deste cálice, anunciamos, Senhor, a vossa morte, enquanto esperamos a vossa vinda!

Ou:
Mistério da fé para a salvação do mundo!

AS: Salvador do mundo, salvai-nos, vós que nos libertastes pela cruz e ressurreição.

CC: Celebrando, pois, ó Pai santo, o memorial da Páscoa de Cristo, vosso Filho, nosso Salvador, anunciamos a obra do vosso amor; pela paixão e morte de cruz, vós o fizestes entrar na glória da ressurreição e o colocastes à vossa direita. Enquanto esperamos sua vinda gloriosa, nós vos oferecemos o Pão da vida e o Cálice da bênção.

AS: Aceitai, ó Senhor, a nossa oferta!

Olhai com bondade a oferta da vossa Igreja; nela vos apresentamos o sacrifício pascal de Cristo, que nos foi entregue. E concedei que, pela força do Espírito do vosso amor, sejamos contados, agora e por toda a eternidade, entre os membros do vosso Filho, cujo Corpo e Sangue comungamos.

AS: O Espírito nos una num só corpo!

1C: Pela participação neste mistério, ó Pai todo-poderoso, vivificai-nos no Espírito, tornai-nos semelhantes à imagem do vosso Filho e confirmai-nos no vínculo da comunhão com o nosso Papa N., o nosso Bispo N., os outros bispos, os presbíteros e diáconos e todo o vosso povo.

AS: Confirmai na unidade a vossa Igreja!

2C: Fazei que todos os fiéis da Igreja, discernindo os sinais dos tempos à luz da fé, empenhem-se coerentemente no serviço do Evangelho. Tornai-nos atentos às necessidades de todas as pessoas para que, participando de suas dores e angústias, de suas alegrias e esperanças, fielmente lhes anunciemos a salvação e, com eles, sigamos no caminho do vosso reino.

AS: Ajudai-nos a criar um mundo novo!

3C: Lembrai-vos dos nossos irmãos e irmãs (N. e N.), que adormeceram na paz do vosso Cristo, e de todos os falecidos, cuja fé só vós conhecestes: acolhei-os na luz da vossa face e, na ressurreição, concedei-lhes a plenitude da vida.

AS: Concedei-lhes, ó Senhor, a luz eterna!

4C: Concedei também a nós, no fim da nossa peregrinação terrestre, chegarmos todos à morada eterna, onde viveremos para sempre convosco e, com a Bem-aventurada Virgem Maria, Mãe de Deus, São José, seu esposo, os Apóstolos e Mártires, (São N.: Santo do dia ou padroeiro) e todos os Santos, vos louvaremos e glorificaremos, por Jesus Cristo, vosso Filho.

CP ou CC: Por Cristo, com Cristo, e em Cristo, a vós, Deus Pai todo-poderoso, na unidade do Espírito Santo, toda honra e toda glória, por todos os séculos dos séculos.

AS: Amém.

ORAÇÃO EUCARÍSTICA PARA DIVERSAS CIRCUNSTÂNCIAS IV

(Jesus que passa fazendo o bem)

CP: Na verdade, é digno e justo, é nosso dever e salvação dar-vos graças, sempre e em todo lugar, Pai das misericórdias e Deus fiel, pois nos destes vosso Filho Jesus Cristo, como Senhor e Redentor. Ele sempre se mostrou cheio de misericórdia para com os pequenos e os pobres, os doentes e os pecadores, e se fez próximo dos aflitos e oprimidos. Por sua palavra e ação anunciou ao mundo que sois Pai e cuidais de todos os vossos filhos e filhas. Por isso, com todos os Anjos e Santos, nós vos louvamos e bendizemos, e proclamamos o hino de vossa glória, cantando (dizendo) sem cessar:

AS: Santo, Santo, Santo, Senhor Deus do universo! O céu e a terra proclamam a vossa glória. Hosana nas alturas! Bendito o que vem em nome do Senhor! Hosana nas alturas!

CP: Na verdade, vós sois Santo e digno de louvor, ó Deus, que amais os seres humanos e sempre os acompanhais no caminho da vida. Na verdade, é bendito o vosso Filho, presente no meio de nós, quando nos reunimos por seu amor. Como outrora aos discípulos de Emaús, ele nos revela as Escrituras e parte o Pão para nós.

AS: Bendito o vosso Filho, presente entre nós!

CC: Por isso, nós vos suplicamos, Pai de bondade: enviai e o vosso Espírito Santo para que santifique estes dons do pão e do vinho, e se tornem para nós o Corpo e o Sangue de nosso Senhor Jesus Cristo.

AS: Enviai o vosso Espírito Santo!

Na véspera de sua paixão, na noite da última Ceia, Jesus tomou o pão, pronunciou a bênção de ação de graças, partiu e o deu a seus discípulos, dizendo:

TOMAI, TODOS, E COMEI: ISTO É O MEU CORPO, QUE SERÁ ENTREGUE POR VÓS.

Do mesmo modo, no fim da Ceia, ele tomou o cálice em suas mãos, deu-vos graças novamente e o entregou a seus discípulos, dizendo:

TOMAI, TODOS, E BEBEI: ESTE É O CÁLICE DO MEU SANGUE, O SANGUE DA NOVA E ETERNA ALIANÇA, QUE SERÁ DERRAMADO POR VÓS E POR TODOS PARA REMISSÃO DOS PECADOS. FAZEI ISTO EM MEMÓRIA DE MIM.

Mistério da fé!

AS: Anunciamos, Senhor, a vossa morte e proclamamos a vossa ressurreição. Vinde, Senhor Jesus!

Ou:
Mistério da fé e do amor!

AS: Todas as vezes que comemos deste pão e bebemos deste cálice, anunciamos, Senhor, a vossa morte, enquanto esperamos a vossa vinda!

Ou:
Mistério da fé para a salvação do mundo!

Salvador do mundo, salvai-nos, vós que nos libertastes pela cruz e ressurreição.

CC: Celebrando, pois, ó Pai santo, o memorial da Páscoa de Cristo, vosso Filho, nosso Salvador, anunciamos a obra do vosso amor; pela paixão e morte de cruz, vós o fizestes entrar na glória da ressurreição e o colocastes à vossa direita. Enquanto esperamos sua vinda gloriosa, nós vos oferecemos o Pão da vida e o Cálice da bênção.

AS: Aceitai, ó Senhor, a nossa oferta!

Olhai com bondade a oferta da vossa Igreja; nela vos apresentamos o sacrifício pascal de Cristo, que nos foi entregue. E concedei que, pela força do Espírito do vosso amor, sejamos contados, agora e por toda a eternidade, entre os membros do vosso Filho, cujo Corpo e Sangue comungamos.

AS: O Espírito nos una num só corpo!

1C: Dignai-vos, Senhor, conduzir a vossa Igreja à perfeição na fé e no amor, em comunhão com o nosso Papa N. e o nosso Bispo N., com todos os bispos, presbíteros, diáconos e todo o povo que adquiristes para vós.

AS: Confirmai na unidade a vossa Igreja!

2C: Abri os nossos olhos para perceber as necessidades dos irmãos e irmãs; inspirai-nos palavras e ações para confortar os cansados e oprimidos; fazei que os sirvamos de coração sincero, seguindo o exemplo e o mandamento de Cristo. Vossa Igreja seja testemunha viva da verdade e da liberdade, da justiça e da paz, para que toda a humanidade se reanime com uma nova esperança.

AS: Ajudai-nos a criar um mundo novo!

3C: Lembrai-vos dos nossos irmãos e irmãs (N. e N.), que adormeceram na paz do vosso Cristo, e de todos os falecidos, cuja fé só vós conhecestes: acolhei-os na luz da vossa face e, na ressurreição, concedei-lhes a plenitude da vida.

AS: Concedei-lhes, ó Senhor, a luz eterna!

4C: Concedei também a nós, no fim da nossa peregrinação terrestre, chegarmos todos à morada eterna, onde viveremos para sempre convosco e, com a Bem-aventurada Virgem Maria, Mãe de Deus, São José, seu esposo, os Apóstolos e Mártires, (São N.: Santo do dia ou padroeiro) e todos os Santos, vos louvaremos e glorificaremos, por Jesus Cristo, vosso Filho.

CP ou CC: Por Cristo, com Cristo, e em Cristo, a vós, Deus Pai todo-poderoso, na unidade do Espírito Santo, toda honra e toda glória, por todos os séculos dos séculos.

AS: Amém.

ॐ ORAÇÃO EUCARÍSTICA SOBRE A RECONCILIAÇÃO I ॐ

CP: Na verdade, é digno e justo dar-vos graças sempre, Senhor, Pai santo, Deus eterno e todo-poderoso. Constantemente nos chamais a uma vida mais plena e, porque sois rico em misericórdia, sempre ofereceis o perdão e convidais os pecadores a confiar somente na vossa bondade.

E a nós, que tantas vezes quebramos a vossa aliança, nunca nos rejeitastes, mas, por Jesus, vosso Filho, nosso Redentor, unistes convosco a família humana com um vínculo novo de caridade, tão estreito e forte, que nada poderá romper.

Também hoje, ofereceis tempo de graça e reconciliação ao vosso povo e um novo alento para que, em Cristo, se converta a vós, enquanto, sempre mais dócil ao Espírito Santo, se coloca ao serviço de todos.

Por isso, cheios de admiração, exaltamos a força do vosso amor e, proclamando nossa alegria pela salvação, nos unimos às multidões dos céus, cantando (dizendo) sem cessar:

AS: Santo, Santo, Santo, Senhor Deus do universo! O céu e a terra proclamam a vossa glória. Hosana nas alturas! Bendito o que vem em nome do Senhor! Hosana nas alturas!

CP: Na verdade, ó Pai, vós sois Santo e, desde a origem do mundo, tudo fazeis para sermos santos como vós sois Santo.

CC: Olhai as oferendas do vosso povo e derramai sobre elas a força do vosso Espírito, para que se tornem o Corpo e o Sangue do vosso amado Filho, Jesus Cristo, no qual também nós somos vossos filhos.

AS: Enviai o vosso Espírito Santo!

Quando outrora estávamos perdidos e incapazes de vos encontrar, vós nos amastes com imenso amor, pois vosso Filho, o único Justo, entregou-se à morte, não rejeitando ser pregado no lenho da cruz. Antes, porém, de seus braços abertos traçarem entre o céu e a terra o sinal permanente da vossa aliança, Jesus quis celebrar a Páscoa com seus discípulos. Ceando com eles, tomou o pão, pronunciou a bênção de ação de graças, partiu e o deu a seus discípulos, dizendo:

TOMAI, TODOS, E COMEI: ISTO É O MEU CORPO, QUE SERÁ ENTREGUE POR VÓS.

Do mesmo modo, no fim da Ceia, Jesus, sabendo que ia reconciliar em si todas as coisas pelo sangue a ser derramado na cruz, tomou o cálice repleto do fruto da videira, deu-vos graças novamente e o entregou a seus discípulos, dizendo:

TOMAI, TODOS, E BEBEI: ESTE É O CÁLICE DO MEU SANGUE, O SANGUE DA NOVA E ETERNA ALIANÇA, QUE SERÁ DERRAMADO POR VÓS E POR TODOS PARA REMISSÃO DOS PECADOS. FAZEI ISTO EM MEMÓRIA DE MIM.

Mistério da fé!

AS: Anunciamos, Senhor, a vossa morte e proclamamos a vossa ressurreição. Vinde, Senhor Jesus!

Ou:
Mistério da fé e do amor!

AS: Todas as vezes que comemos deste pão e bebemos deste cálice, anunciamos, Senhor, a vossa morte, enquanto esperamos a vossa vinda!

Ou:
Mistério da fé para a salvação do mundo!

Salvador do mundo, salvai-nos, vós que nos libertastes pela cruz e ressurreição.

CC: Fazendo, pois, memória de vosso Filho, Jesus Cristo, nossa Páscoa e certeza da paz definitiva, celebramos sua morte e ressurreição e, aguardando o dia feliz de sua vinda gloriosa, nós vos oferecemos, Deus fiel e misericordioso, a vítima que nos reconcilia convosco.

AS: Aceitai, ó Senhor, a nossa oferta!

Olhai, com amor, Pai misericordioso, aqueles que unis a vós pelo sacrifício do vosso Filho, e concedei que, pela força do Espírito Santo, os que participam do único pão e do mesmo cálice sejam congregados em Cristo num só corpo, no qual todas as divisões sejam superadas.

AS: O Espírito nos una num só corpo!

CP: Conservai-nos sempre em comunhão de fé e amor unidos ao Papa N. e ao Bispo N. Ajudai-nos a esperar juntos a vinda do vosso reino, até o dia em que, diante de vós, formos santos entre os Santos na morada celeste, ao lado da Virgem Maria, Mãe de Deus, de São José, seu esposo, dos Apóstolos e todos os Santos e com nossos irmãos e irmãs já falecidos que confiamos à vossa misericórdia. Enfim, libertos das feridas do pecado e plenamente transformados em novas criaturas, felizes cantaremos a ação de graças do vosso Cristo que vive para sempre.

CP: Por Cristo, com Cristo, e em Cristo, a vós, Deus Pai todo-poderoso, na unidade do Espírito Santo, toda honra e toda glória, por todos os séculos dos séculos.

AS: Amém.

ORAÇÃO EUCARÍSTICA SOBRE A RECONCILIAÇÃO II

Na verdade, é digno e justo dar-vos graças e cantar vossos louvores, Deus Pai todo-poderoso, por tudo que operais neste mundo, por Cristo, nosso Senhor.

No meio da humanidade dividida por inimizades e discórdias, sabemos por experiência que vós levais as pessoas a se converter e buscar a reconciliação.

Pelo vosso Espírito Santo moveis os corações, de modo que os inimigos voltem à amizade, os adversários se deem as mãos e os povos procurem reencontrar a paz.

É também obra do vosso poder, ó Pai, quando o ódio é vencido pelo amor, a vingança dá lugar ao perdão e a discórdia se converte em mútua afeição.

Por isso, com os coros celestes, nós vos damos graças sem cessar e proclamamos aqui na terra a vossa glória, cantando (dizendo) a uma só voz:

AS: Santo, Santo, Santo, Senhor Deus do universo! O céu e a terra proclamam a vossa glória. Hosana nas alturas! Bendito o que vem em nome do Senhor! Hosana nas alturas!

CP: Pai onipotente, louvado sois por vosso Filho Jesus Cristo, que veio em vosso nome. Ele é a Palavra de salvação para a humanidade, a mão que estendeis aos pecadores e o caminho pelo qual nos é concedida a vossa paz. Quando vos abandonamos por nossos pecados, vós nos reconduzistes à reconciliação por vosso Filho, que por nós entregastes à morte, para que voltássemos a vós e nos amássemos uns aos outros.

CC: E agora, celebrando a reconciliação que Cristo nos trouxe, vos pedimos: santificai estas oferendas pela efusão do vosso Espírito, a fim de que se tornem o Corpo e o Sangue do vosso Filho que nos mandou celebrar estes mistérios.

AS: Enviai o vosso Espírito Santo!

Antes de dar a vida para nos libertar, estando à mesa, Jesus tomou o pão em suas mãos, pronunciou a bênção de ação de graças, partiu e o deu a seus discípulos, dizendo:

TOMAI, TODOS, E COMEI: ISTO É O MEU CORPO, QUE SERÁ ENTREGUE POR VÓS.

Do mesmo modo, naquela noite, ele tomou o cálice da bênção em suas mãos e, proclamando a vossa misericórdia, o deu a seus discípulos, dizendo:

TOMAI, TODOS, E BEBEI: ESTE É O CÁLICE DO MEU SANGUE, O SANGUE DA NOVA E ETERNA ALIANÇA, QUE SERÁ DERRAMADO POR VÓS E POR TODOS PARA REMISSÃO DOS PECADOS. FAZEI ISTO EM MEMÓRIA DE MIM.

Mistério da fé!

AS: Anunciamos, Senhor, a vossa morte e proclamamos a vossa ressurreição. Vinde, Senhor Jesus!

Ou:
Mistério da fé e do amor!

AS: Todas as vezes que comemos deste pão e bebemos deste cálice, anunciamos, Senhor, a vossa morte, enquanto esperamos a vossa vinda!

Ou:
Mistério da fé para a salvação do mundo!

Salvador do mundo, salvai-nos, vós que nos libertastes pela cruz e ressurreição.

CC: Fazendo, pois, memória da morte e ressurreição do vosso Filho que nos deixou esta prova de amor, nós vos oferecemos aquilo que nos destes: o sacrifício da perfeita reconciliação.

AS: Aceitai, ó Senhor, a nossa oferta!

Pai santo, neste banquete salvífico, suplicantes, vos pedimos: aceitai-nos também com vosso Filho e dai-nos o seu Espírito para que nos liberte de tudo que nos separa uns dos outros.

AS: O Espírito nos una num só corpo!

CP: Ele faça da vossa Igreja sinal de unidade do gênero humano e instrumento da vossa paz, e nos conserve em comunhão com o Papa N., o nosso Bispo N., os Bispos do mundo inteiro e todo o vosso povo.

AS: Lembrai-vos, ó Pai, da vossa Igreja!

CP: Ó Pai, que agora nos reunistes, à mesa do vosso Filho, congregai-nos também na Ceia da comunhão eterna nos novos céus e nova terra, onde brilha a plenitude da vossa paz, junto com a gloriosa Virgem Maria, Mãe de Deus, com São José, seu esposo, os Apóstolos e todos os Santos, os nossos irmãos e as pessoas de todos os povos e línguas que morreram na vossa amizade, em Cristo Jesus, Senhor nosso.

CP: Por Cristo, com Cristo, e em Cristo, a vós, Deus Pai todo-poderoso, na unidade do Espírito Santo, toda honra e toda glória, por todos os séculos dos séculos.

AS: Amém.

ᕰ ORAÇÃO EUCARÍSTICA PARA MISSA COM CRIANÇAS I ᕱ

Senhor, Pai de bondade, nos reunistes diante de vós para vos celebrar e proclamar vossos louvores com o coração em festa. Nós vos louvamos por todas as coisas bonitas que existem no mundo e pela alegria que dais a todos nós. Nós vos louvamos pela luz do dia e por vossa Palavra que nos ilumina. Nós vos louvamos também pela terra, pelas pessoas que nela habitam e pela vida que de vós recebemos.

AS: Glória a vós, Senhor, que tanto nos amais!

Sim, ó Pai, sois muito bom: vós nos amais e fazeis por nós coisas maravilhosas, sempre pensais em todas as pessoas e nunca desistis de estar perto delas. Enviastes vosso Filho querido para nos salvar. Ele curou os doentes, perdoou os pecadores, mostrou a todos o vosso amor, acolheu e abençoou as crianças.

AS: Glória a vós, Senhor, que tanto nos amais!

Pai de bondade, nós não estamos sozinhos para celebrar vossos louvores, pois em toda a terra o vosso povo vos glorifica. Por isso, rezamos com a Igreja inteira, com o Papa N. e o nosso Bispo N. No céu também vos louvam sem cessar Maria, a Mãe de Jesus, São José, os Apóstolos e todos os Santos. Unidos a eles e aos Anjos nós vos adoramos, cantando (dizendo) a uma só voz:

AS: Santo, Santo, Santo, Senhor Deus do universo! O céu e a terra proclamam a vossa glória. Hosana nas alturas! Bendito o que vem em nome do Senhor! Hosana nas alturas!

CP: Pai santo, para vos agradecer, trouxemos este pão e este vinho; pela ação do Espírito Santo fazei que eles se tornem o Corpo e o Sangue de Jesus Cristo, vosso Filho muito amado. Assim, ó Pai, possamos oferecer o mesmo dom que vós nos dais.

AS: Enviai o vosso Espírito Santo!

Jesus, na noite antes de sua morte na cruz, pôs-se à mesa com seus apóstolos, tomou o pão em suas mãos, e, rezando, deu graças; partiu o pão e o deu a seus amigos, dizendo:

TOMAI, TODOS, E COMEI: ISTO É O MEU CORPO, QUE SERÁ ENTREGUE POR VÓS.

Do mesmo modo, no fim da Ceia, Jesus tomou em suas mãos o cálice com vinho, rezou, de novo, em ação de graças e o deu a seus amigos, dizendo:

TOMAI, TODOS, E BEBEI: ESTE É O CÁLICE DO MEU SANGUE, O SANGUE DA NOVA E ETERNA ALIANÇA, QUE SERÁ DERRAMADO POR VÓS E POR TODOS PARA REMISSÃO DOS PECADOS. FAZEI ISTO EM MEMÓRIA DE MIM.

Mistério da fé!

AS: Anunciamos, Senhor, a vossa morte e proclamamos a vossa ressurreição. Vinde, Senhor Jesus!

CC: Nesta Eucaristia, nós fazemos com amor o que Jesus mandou e, anunciando a sua morte e ressurreição, vos oferecemos o Pão da vida e o Cálice da salvação. Pai querido, é Jesus que nos conduz a vós; por isso, vos pedimos, recebei-nos com Ele.

AS: Com Jesus, recebei a nossa vida!

Pai, que tanto nos amais, deixai-nos aproximar desta mesa e enviai sobre nós o Espírito Santo para que, alimentando-nos com o Corpo e Sangue do vosso Filho, sejamos um só coração e uma só alma.

AS: Fazei de nós um só corpo e um só espírito!

CP: Senhor, que sempre vos lembrais de todos, nós vos pedimos por aqueles que amamos: o Papa N. e o nosso Bispo N., nossos pais, irmãos, amigos e os que cuidam de nós. Lembrai-vos também dos que sofrem em suas dores e andam tristes, e dos que morreram na vossa paz. Ó Pai, olhai com carinho o povo cristão e as pessoas do mundo inteiro. Diante de tudo o que fazeis em nosso favor por meio de Jesus Cristo, vosso Filho, nós vos bendizemos e louvamos.

CP: Por Cristo, com Cristo, e em Cristo, a vós, Deus Pai todo-poderoso, na unidade do Espírito Santo, toda honra e toda glória, por todos os séculos dos séculos.

AS: Amém.

✦ ORAÇÃO EUCARÍSTICA PARA MISSA COM CRIANÇAS II ✦

Ó Pai querido, que tanto nos amais, como é grande a nossa alegria em vos agradecer e com Jesus, na vossa Igreja, cantar vosso louvor.

Vós nos amastes tanto que criastes para nós este mundo imenso e maravilhoso. Vós nos amais tanto que nos dais vosso Filho Jesus para nos guiar até vós. Vós nos amais tanto que nos reunis em vosso Filho Jesus e, pelo Espírito Santo, nos tornais filhos e filhas da mesma família.

Por este amor tão grande nós vos agradecemos e com os Anjos e os Santos, que vos adoram, cantamos (dizemos) a uma só voz:

AS: Santo, Santo, Santo, Senhor Deus do universo! O céu e a terra proclamam a vossa glória. Hosana nas alturas! Bendito o que vem em nome do Senhor! Hosana nas alturas!

CP: Sim, bendito seja Jesus que vós nos enviastes, amigo das crianças e dos pobres. Ele nos ensina a vos amar, ó Pai querido, e amar-nos uns aos outros.

AS: Glória a vós, Senhor, que tanto nos amais!

Jesus veio tirar do coração o pecado, a maldade e o ódio que impedem a amizade e não nos deixam ser felizes. Ele prometeu que o Espírito Santo ficaria sempre conosco para vivermos bem unidos a vós como filhos e filhas.

AS: Glória a vós, Senhor, que tanto nos amais!

CC: Ó Deus, nosso Pai, enviai vosso Espírito Santo para que estes dons do pão e do vinho se tornem o Corpo e o Sangue de nosso Senhor Jesus Cristo.

AS: Enviai o vosso Espírito Santo!

Jesus, na noite antes de sua morte na cruz, nos mostrou como é grande vosso amor. Quando ele estava à mesa com os apóstolos, tomou o pão em suas mãos e rezou, louvando e agradecendo. Depois partiu o pão e o deu a seus amigos, dizendo:

TOMAI, TODOS, E COMEI: ISTO É O MEU CORPO, QUE SERÁ ENTREGUE POR VÓS.

Jesus tomou em suas mãos o cálice com vinho, rezou, de novo, em ação de graças e o deu a seus amigos, dizendo:

TOMAI, TODOS, E BEBEI: ESTE É O CÁLICE DO MEU SANGUE, O SANGUE DA NOVA E ETERNA ALIANÇA, QUE SERÁ DERRAMADO POR VÓS E POR TODOS PARA REMISSÃO DOS PECADOS. FAZEI ISTO EM MEMÓRIA DE MIM.

Mistério da fé!

AS: Anunciamos, Senhor, a vossa morte e proclamamos a vossa ressurreição. Vinde, Senhor Jesus!

CC: Por isso, Pai querido, celebramos a memória da morte e ressurreição de Jesus, Salvador do mundo. Ele mesmo se colocou em nossas mãos para ser este dom de reconciliação e de paz, nosso sacrifício que agora vos oferecemos e pelo qual somos atraídos para vós.

AS: Com Jesus, recebei a nossa vida!

CP: Escutai-nos, Senhor nosso Deus, e dai o Espírito do vosso amor aos que participam desta Ceia, para que fiquem sempre mais unidos na vossa Igreja, com o nosso Papa N., o nosso Bispo N., os outros bispos e todos aqueles que servem o vosso povo.

AS: Fazei de nós um só corpo e um só espírito!

CP: Não vos esqueçais daqueles que amamos: nossos pais, parentes, amigos e os que cuidam de nós; e também daqueles que ainda não amamos bastante. Lembrai-vos dos que em paz partiram desta vida (N. N.); acolhei-os com amor na alegria da vossa casa.

AS: Fazei de nós um só corpo e um só espírito!

CP: Um dia, enfim, ó Pai, reuni a todos nós em vosso reino, com a Virgem Maria, Mãe de Deus e nossa Mãe, com São José, seu esposo, para celebrar a festa que no céu nunca se acaba, onde todos os amigos de Jesus cantam sem cessar o vosso louvor.

CP: Por Cristo, com Cristo, e em Cristo, a vós, Deus Pai todo-poderoso, na unidade do Espírito Santo, toda honra e toda glória, por todos os séculos dos séculos.

AS: Amém.

ORAÇÃO EUCARÍSTICA PARA MISSA COM CRIANÇAS III

Deus, nosso Pai, nós vos agradecemos, porque nos criastes, a fim de vivermos para vós, amando-nos como irmãos. Por vosso dom, podemos viver como amigos e repartir uns com os outros as coisas bonitas que temos e as dificuldades que passamos. Porque sois o Deus dos vivos, nos chamastes à vida e quereis que sejamos felizes para sempre. Jesus é o primeiro que vós ressuscitastes dentre os mortos e lhe destes a vida nova. Também a nós prometestes vida sem fim, sem miséria e sem dor. Por isso, ó Pai, felizes e agradecidos, em comunhão com todos os que acreditam em vós, com os Santos e os Anjos, exultantes, cantamos (dizemos) a uma só voz:

AS: Santo, Santo, Santo, Senhor Deus do universo! O céu e a terra proclamam a vossa glória. Hosana nas alturas! Bendito o que vem em nome do Senhor! Hosana nas alturas!

CP: Na verdade, ó Pai, vós sois santo, sois muito bom para nós e amais todas as pessoas do mundo. Agradecemos, em primeiro lugar, pelo vosso Filho, Jesus Cristo. Ele veio ao mundo porque as pessoas se afastaram de vós pelo pecado e não conseguiam mais se entender. Ele abriu nossos olhos e ouvidos para vos conhecer como Pai e nos amarmos como irmãos e irmãs.

AS: Glória a vós, ó Pai, que em Cristo nos salvais.

Ele nos anunciou a vida plena da ressurreição que viveremos para sempre junto de vós. Ele percorreu, antes de nós, o caminho do amor para que seguíssemos seus passos. Jesus agora nos reúne ao redor deste altar para fazermos o que na última Ceia ele mesmo fez com seus discípulos.

AS: Glória a vós, ó Pai, que em Cristo nos salvais.

CC: Ó Pai, vós que sois tão bom, mandai vosso Espírito Santo para santificar estes dons do pão e do vinho. Eles serão para nós o Corpo e o Sangue de Jesus Cristo, vosso Filho.

AS: Enviai o vosso Espírito Santo.

Na noite antes de morrer por nós, Jesus pôs-se à mesa com seus apóstolos, tomou o pão em suas mãos, e, rezando, deu graças; partiu o pão e o deu a seus amigos, dizendo:

TOMAI, TODOS, E COMEI: ISTO É O MEU CORPO, QUE SERÁ ENTREGUE POR VÓS.

Do mesmo modo, no fim da Ceia, Jesus tomou em suas mãos o cálice com vinho, rezou em ação de graças e o deu a seus amigos, dizendo:

TOMAI, TODOS, E BEBEI: ESTE É O CÁLICE DO MEU SANGUE, O SANGUE DA NOVA E ETERNA ALIANÇA, QUE SERÁ DERRAMADO POR VÓS E POR TODOS PARA REMISSÃO DOS PECADOS. FAZEI ISTO EM MEMÓRIA DE MIM.

Mistério da fé!

AS: Anunciamos, Senhor, a vossa morte e proclamamos a vossa ressurreição. Vinde, Senhor Jesus!

Por isso, Pai santo, aqui estamos diante de vós, e, com alegria, celebramos a memória do que Jesus Cristo fez para nossa salvação. Neste santo sacrifício, que ele confiou à sua Igreja, celebramos sua morte e ressurreição. Pai santo, que estais nos céus, aceitai-nos com vosso Filho amado. Ele sofreu livremente a morte por nós; vós, porém, o ressuscitastes.

AS: Com Jesus, recebei a nossa vida!

Ó Pai, Jesus agora vive sempre junto de vós, mas ao mesmo tempo está aqui conosco. Um dia, ele virá em sua glória e o seu reino não terá fim. Então, ninguém mais vai sofrer, ninguém mais vai chorar, ninguém mais vai ficar triste: o pecado e a morte não mais dominarão.

AS: Glória a vós, ó Pai, que em Cristo nos salvais.

Pai santo, vós nos chamastes para recebermos nesta mesa, com alegria, o Corpo de Cristo. Fortificados por este alimento, possamos agradar-vos sempre mais e pela comunhão do Espírito Santo nos tornemos um só corpo no amor.

AS: Fazei de nós um só corpo e um só espírito!

CP: Lembrai-vos, ó Pai, do nosso Papa N., do nosso Bispo N. e dos outros bispos. Ajudai os discípulos de Cristo, para que vivam em paz e repartam com todos o dom da alegria.

Concedei que, um dia, estejamos junto a vós, morando para sempre em vossa casa com Jesus e Maria, sua Mãe, São José, São N. e todos os Santos, e com nossos irmãos falecidos.

CP: Por Cristo, com Cristo, e em Cristo, a vós, Deus Pai todo-poderoso, na unidade do Espírito Santo, toda honra e toda glória, por todos os séculos dos séculos.

AS: Amém.

ÍNDICE ALFABÉTICO

122	A BANDEIRA DO DIVINO	563	ACORDEM, LEVANTEM
205	A BÍBLIA NOS ENSINA	570	AGORA, SENHOR, PODES DEIXAR
172	A DEUS PEDIMOS PERDOAR	652	ÁGUA VIVA
59	A GENTE TEM UM MUNDO	220	AI DE MIM SE EU NÃO DISSER
335	A MESA TÃO GRANDE E VAZIA	187	ALÊ! ALELUIA!
393	A MINH'ALMA ENGRANDECE O SENHOR	439	ALEGRAI-VOS SEMPRE CANTANDO
513	A MINH'ALMA TEM SEDE DE DEUS	435	ALEGRAI-VOS TODA GENTE
451	A MISERICÓRDIA DO SENHOR	434	ALEGRAI-VOS TODOS
522	A MORRER CRUCIFICADO	207	ALELUIA, ALEGRIA, MINHA GENTE
555	A MORTE JÁ NÃO MATA	113	ALELUIA, BATEI PALMAS
104	A NÓS DESCEI	218	ALELUIA: BEM-AVENTURADOS
103	A NÓS DESCEI, DIVINA LUZ	217	ALELUIA: MINHA REDE TÃO VAZIA
188	A PALAVRA DE DEUS É A VERDADE	506	ALMA DE CRISTO
203	A PALAVRA DE DEUS É LUZ	466	AMAR A TI, SENHOR
208	A PALAVRA DE DEUS JÁ CHEGOU	332	ANTES DA MORTE E RESSURREIÇÃO
189	A PALAVRA DE DEUS OUVIDA	116	ANTES QUE TE FORMASSES
221	A PALAVRA DO SENHOR	611	AO SENHOR DOS SENHORES
209	A PALAVRA É A SEMENTE	74	AQUI CHEGANDO, SENHOR
197	A PALAVRA SE FEZ CARNE	261	AS MESMAS MÃOS
232	A PALAVRA VAI CHEGANDO	260	AS NOSSAS MÃOS SE ABREM
153	A PÁSCOA NÃO É SÓ HOJE	237	ATENDEI
314	A PAZ SEJA CONTIGO	391	AVE, CHEIA DE GRAÇA
590	A TERRA É SANTA	407	AVE, MARIA DOS OPRIMIDOS
282	A TI, MEU DEUS!	408	AVE MARIA, MÃE DO SALVADOR
266	A TI, Ó DEUS, CELEBRA A CRIAÇÃO	405	AVE MARIA MORENA
639	A VERDADE VOS LIBERTARÁ	635	BATAM PALMAS
214	A VOSSA PALAVRA, SENHOR	515	BELÉM É AQUI
387	À VOSSA PROTEÇÃO	373	BÊNÇÃO
581	ABRA A PORTA	593	BENDIREI AO SENHOR
624	ABRE A JANELA, MEU BEM	546	BENDITA E LOUVADA SEJA
58	ABRE, SENHOR, OS MEUS LÁBIOS	520	BENDITA E LOUVADA SEJA NO CÉU
246	ACEITA, Ó PAI	257	BENDITO SEJA DEUS PAI
283	ACEITA, SENHOR, NOSSOS DONS	569	BENDITO SEJA O SENHOR DEUS
468	ACENDAMOS A LAMPARINA	73	BENDITO SEJA, SEJA O SENHOR

274	BENDITO SEJAS	455	CONFIEMO-NOS AO SENHOR
544	BOCA DE POVO	160	CONHEÇO UM CORAÇÃO
273	BRINDE AO AMOR	166	CORAÇÃO DE JESUS
230	BUSCAI PRIMEIRO	631	CORAÇÃO LIVRE
275	CADA VEZ QUE EU VENHO	319	CORDEIRO (I)
516	CAMINHANDO E CANTANDO	320	CORDEIRO (II)
378	CAMINHAREI	321	CORDEIRO (III)
659	CANÇÃO AO CORAÇÃO DE JESUS	322	CORDEIRO (IV)
402	CANÇÃO DE MARIA	323	CORDEIRO (V)
625	CANCIÓN CON TODOS	324	CORDEIRO (VI)
577	CANTA, CANTA, MENINADA	325	CORDEIRO (VII)
582	CANTA, FRANCISCO	326	CORDEIRO (VIII)
346	CANTAR A BELEZA DA VIDA	327	CORDEIRO (IX)
377	CANTE A ESPERANÇA	264	CORES DA VIDA
134	CANTE AO SENHOR	234	CREIO EM DEUS PAI
453	CANTEM CÉUS E TERRA	235	CREIO, SENHOR
628	CÂNTICO DO APOCALIPSE	88	CRISTO ESTÁ VIVO
619	CÂNTICO DOS CÂNTICOS	66	CRISTÃOS, VINDE TODOS
524	CANTO A VIDA	339	CRISTO, QUERO SER INSTRUMENTO
660	CANTO DAS TRÊS RAÇAS	75	CRISTO RESSUSCITOU
463	CANTO DO POVO DE UM LUGAR	384	CRISTO VENCE
612	CANTO DOS 3 JOVENS	147	CRISTO VENCEU, ALELUIA!
371	CARNAVALITO DE ANDAR	359	DA CEPA BROTOU A RAMA
508	CATEQUISTA, MISSIONÁRIO E POETA	449	DÁ-NOS A PAZ
656	CELEBREMOS	385	DÁ-NOS UM CORAÇÃO
98	CELEBREMOS COM ALEGRIA	576	DA TERRA TÃO SECA
199	CHEGOU A HORA DA ALEGRIA	457	DÁ TUA PAZ
311	CHEGOU A HORA DE APERTAR A SUA MÃO	70	DAS ALTURAS ORVALHEM OS CÉUS
348	CIRANDA DA COMUNHÃO	226	DEIXA-ME FICAR EM PAZ
263	COM AS MÃOS ABERTAS	558	DEIXE-ME SER JOVEM
409	COM MARIA EM DEUS EXULTEMOS	636	DEIXA-TE MODELAR
553	COM MEU PEITO CHEIO DE AMOR	106	DENTRO DE MIM
80	COMO O RAIAR, RAIAR DO DIA	117	DERRAMA, DEUS, TEU ESPÍRITO
71	COMO O SOL NASCE DA AURORA	605	DESCREVE DO JEITO
585	COMO TE CANTAREI, SENHOR	76	DEUS CHAMA A GENTE
503	COMPANHEIROS QUE ENTRE OS POVOS	540	DEUS DE AMOR
340	COMUNGAR É TORNAR VIVA A ALIANÇA	469	DEUS É AMOR
357	COMUNHÃO E MISSÃO	465	DEUS É LUZ
448	CONFIAR NO SENHOR	537	DEUS INFINITO

461	DEUS TE SALVE, CASA SANTA	532	EU CONFIO EM NOSSO SENHOR
99	DEUS VOS SALVE, A CASA SANTA	412	EU ERA PEQUENO
69	DIZEI AOS CATIVOS	597	EU FICO COM A PUREZA
488	DIZEM QUE ESTE PAÍS	579	EU LOUVAREI
640	DOCE É SENTIR	588	EU ME ENTREGO, SENHOR
312	É BONITA DEMAIS	110	EU OLHEI PRO CÉU
229	É COMO A CHUVA QUE LAVA	376	EU QUERO ACREDITAR
347	É O MEU CORPO	538	EU QUERO VER
344	É PRECISO QUE O MUNDO	333	EU QUIS COMER ESTA CEIA AGORA
276	É PROVA DE AMOR	545	EU SÓ PEÇO A DEUS
361	É TEMPO DO MEU ADVENTO	641	EU TE EXALTAREI
89	EIS A PROCISSÃO	277	EU TE OFEREÇO O MEU VIVER
137	EIS-ME AQUI, SENHOR!	426	EU TE SAÚDO, MARIA
138	EIS-ME AQUI, SENHOR, ENVIA-ME!	178	EU VI A ÁGUA
533	EIS O LENHO DA CRUZ	637	EU VIM DE LONGE
56	EIS O TEMPO DE CONVERSÃO	231	EU VIM PARA ESCUTAR
360	EIS QUE DE LONGE VEM O SENHOR	328	EU VIM PARA QUE TODOS TENHAM VIDA
212	EIS QUE VEM PALAVRA VIVA	107	EU VIM PRA CELEBRAR
584	ELE ASSUMIU NOSSAS DORES	365	EU VOS DOU UM NOVO MANDAMENTO
496	ELE TEM O MUNDO EM SUAS MÃOS	594	EXISTE UMA PALAVRA
521	EM JERUSALÉM	548	EXULTE DE ALEGRIA
433	EM NOSSA ESCURIDÃO	191	FALA, SENHOR
253	EM PROCISSÃO	202	FALA, SENHOR
500	EM TODAS AS COISAS AMAR	606	FELIZ A QUEM DEUS PERDOA
410	ENSINA TEU POVO A REZAR	370	FELIZ CIDADE
514	ENVIA TEU ESPÍRITO, SENHOR	77	FELIZES OS POBRES REUNIDOS
241	ESCUTA-NOS	358	FICA CONOSCO, SENHOR
618	ESPERANÇA JOVEM	603	FICA MAL COM DEUS
148	ESPÍRITO DE DEUS	97	FIQUEI FOI CONTENTE
94	ESTAMOS AQUI, SENHOR	125	FOI NESTA NOITE VENTUROSA
131	ESTAMOS AQUI, SENHOR	180	GLÓRIA A DEUS LÁ NAS ALTURAS
353	ESTE É O HINO DO POVO DE DEUS	182	GLÓRIA A DEUS NAS ALTURAS
315	ESTEJA SEMPRE COM VOCÊ	184	GLÓRIA A DEUS NAS ALTURAS
526	ESTOU PENSANDO EM DEUS	185	GLÓRIA, GLÓRIA, ALELUIA
622	ESTRELA DA MADRUGADA	183	GLÓRIA NAS ALTURAS
617	ETERNAMENTE JUVENTUDE	181	GLÓRIA NOS ALTOS CÉUS
168	EU CANTO A ALEGRIA, SENHOR	128	GLORIFICADO SEJA
411	EU CANTO LOUVANDO MARIA	118	HÁ MISTÉRIO NAS ÁGUAS, POR ISTO
175	EU CONFESSO	642	HÁ UM BARCO ESQUECIDO NA PRAIA

602	HÁ UM TEMPO PARA TUDO	472	LOUVAÇÃO DE NATAL (II)
509	HINO A SÃO JOSÉ DE ANCHIETA	476	LOUVAÇÃO DE PENTECOSTES
68	HOJE É DIA DA GENTE	485	LOUVAÇÃO DE SANTO INÁCIO DE LOYOLA
556	HOJE NA ESTRADA	470	LOUVAÇÃO DO ADVENTO
111	HOJE UMA LUZ BRILHOU	481	LOUVAÇÃO DO TEMPO COMUM (PARA OS DOMINGOS DE JULHO)
222	HONRA, GLÓRIA, PODER E LOUVOR		
573	HOSANA HEI	482	LOUVAÇÃO DO TEMPO COMUM (PARA OS DOMINGOS DE AGOSTO)
430	IMACULADA, MARIA DE DEUS		
505	INÁCIO, PAI AMIGO E COMPANHEIRO	483	LOUVAÇÃO DO TEMPO COMUM (PARA OS DOMINGOS DE SETEMBRO)
200	INCLINEMOS O OUVIDO		
464	INDO E VINDO	484	LOUVAÇÃO DO TEMPO COMUM (PARA OS DOMINGOS DE OUTUBRO)
560	IRÁ CHEGAR		
395	IRMÃ MARIA	479	LOUVAÇÃO DOS FIÉIS DEFUNTOS
83	IRMÃO SOL, COM IRMÃ LUZ	614	LOUVAÇÃO FINAL
139	JAVÉ, O DEUS DOS POBRES	475	LOUVAÇÃO PASCAL
223	JESUS CRISTO, ALELUIA	473	LOUVAÇÃO QUARESMAL (I)
380	JESUS CRISTO É O SENHOR	474	LOUVAÇÃO QUARESMAL (II)
198	JESUS CRISTO VEM FALAR	133	LOUVADO SEJA
460	JESUS, EM TI CONFIO	381	LOUVADO SEJA MEU SENHOR
535	JESUS ERGUENDO-SE DA CEIA	93	LOUVAI AO SENHOR
518	JESUS, EU IREI	121	LOUVAI O CRIADOR
462	JESUS, O CRISTO	452	LOUVAREI A DEUS
285	JUNTO AO PÃO E AO VINHO, SENHOR	440	LOUVEMOS AO SENHOR
162	KYRIE ELEISON (I)	155	LOUVEMOS TODOS JUNTOS
163	KYRIE ELEISON (II)	429	MÃE DAS DORES
164	KYRIE ELEISON (III)	413	MÃE DE TODOS OS HOMENS
165	KYRIE ELEISON (IV)	425	MÃE DO CÉU MORENA
156	LÁ VEM, LÁ VEM	550	MARAVILHAS, SIM
601	LADAINHA DOS SANTOS	72	MARCHA DA IGREJA
447	LAUDATE PUERI	414	MARIA DA NOITE ESCURA
536	LAVA-PÉS	403	MARIA DE AMOR
176	LAVAI-ME, SENHOR, LAVAI-ME!	389	MARIA DE NAZARÉ
554	LIBERDADE	190	MARIA, GUARDAVAS TUDO
450	LOUVA O NOME DO SENHOR	397	MARIA LIBERTADORA
458	LOUVA O SENHOR	428	MARIA, MÃE DO UNIVERSO
477	LOUVAÇÃO DA VIRGEM MARIA: "ASSUNÇÃO"	431	MARIA, MÃE DOS CAMINHANTES
478	LOUVAÇÃO DA VIRGEM MARIA: "CONCEIÇÃO"	427	MARIA, MARIA, MARIA
480	LOUVAÇÃO DE CRISTO REI	396	MARIA, MULHER DO POVO
471	LOUVAÇÃO DE NATAL (I)	415	MARIA, Ó MÃE CHEIA DE GRAÇA

404	MARIAS DA LIBERTAÇÃO	215	O EVANGELHO É A BOA-NOVA
159	ME CHAMASTES PARA CAMINHAR	445	Ó LUZ DO SENHOR
437	MESMO AS TREVAS	416	Ó MÃE, NESTE DIA
632	MEU CORAÇÃO SE ENCHE DE ALEGRIA	394	Ó MARIA, VIRGEM MÃE
643	MEU DEUS, COMO ÉS GRANDE	354	O MEU REINO TEM MUITO A DIZER
583	MEU DEUS, Ó MEU DEUS	342	O NOSSO DEUS COM AMOR SEM MEDIDA
401	MINH'ALMA DÁ GLÓRIAS AO SENHOR	57	Ó PAI, SOMOS NÓS O POVO ELEITO
564	MINHA FORÇA E MEU CANTO	258	O PÃO AMASSADO
644	MINHA TERRA TEM UM SALVADOR	331	O PÃO DA VIDA
254	MINHA VIDA TEM SENTIDO	269	O PÃO, O TRIGO, A TERRA
629	MISTÉRIOS	355	O PÃO SAGRADO
424	MORENA DE GUADALUPE	351	O PÃO SOFRIDO DA TERRA
467	MOTUMBÁ AXÉ	96	O PASSARINHO ENCONTROU
364	NA MESA SAGRADA	527	O POVO DE DEUS
436	NA TUA CRUZ	574	O POVO DE DEUS PELO DESERTO
108	NAÇÕES DA TERRA	608	O POVO ESTÁ CANSADO
444	NADA TE TURBE	114	Ó QUANTO É BOM O BOM DEUS
158	NÃO FIQUEM TRISTES	100	Ó QUE COISA BONITA
250	NÃO SE DEVE DIZER	84	O QUE ERA NOITE
443	NÃO TE PERTURBES	236	Ó SENHOR
130	NAS HORAS DE DEUS, AMÉM	571	O SENHOR DISSE
587	NASCEU-NOS HOJE UM MENINO	551	O SENHOR É MEU PASTOR
67	NATAL É VIDA QUE NASCE	627	O SENHOR É O MEU PASTOR
399	NEGRA MARIAMA	308	O SENHOR É SANTO
278	NESTA MESA A MAIS QUERIDA	299	O SENHOR É SANTO (I)
270	NESTA MESA DA IRMANDADE	300	O SENHOR É SANTO (II)
262	NESTA PRECE, SENHOR	301	O SENHOR É SANTO (III)
531	NOITE FELIZ	417	O SENHOR FEZ EM MIM MARAVILHAS
454	NÓS TE ADORAMOS	81	O SENHOR ME CHAMOU A VIVER
242	NÓS TE DAMOS	356	O SENHOR ME CHAMOU E ME UNGIU
490	NOSSA ALEGRIA	79	O SENHOR NECESSITOU DE BRAÇOS
372	NOSSOS PASSOS, SENHOR	240	Ó SENHOR, NESTE DIA
272	NOSSOS PRESENTES	528	Ó SENHOR, NOS ENSINASTE
375	NOVA GERAÇÃO	140	Ó SENHOR, NÓS ESTAMOS AQUI
654	NOVO TEMPO	141	O SENHOR RESSURGIU
132	O AMOR DE DEUS	252	O SONHO DE TANTAS MARIAS
194	Ó CRISTO, PALAVRA	621	O TEMPO É PESADO
491	Ó DEUS, SALVE O ORATÓRIO	578	O TEU GRANDE AMOR
60	O ESPÍRITO DO SENHOR	329	Ó TRINDADE, VOS LOUVAMOS

87	Ó VEM, SENHOR	596	PELOS CAMINHOS DA AMÉRICA
523	O VENTO, SENHOR	626	PELOS PRADOS E CAMPINAS
78	Ó VINDE, ENFIM, ETERNO DEUS	179	PERDOAI-NOS, Ó PAI
645	OBRIGADO, SENHOR	565	PEREGRINO NAS ESTRADAS
256	OFERTAMOS AO SENHOR	653	PERSEVERAVAM
286	OFERTAR NOSSA VIDA QUEREMOS	201	PERTO DE NÓS
287	OFERTAR PRA MEU POVO	224	PONHO-ME A OUVIR
279	OFERTAS SINGELAS	646	POR CAUSA DE UM CERTO REINO
91	OI, QUE PRAZER, QUE ALEGRIA	492	POR MELHOR QUE SEJA ALGUÉM
129	OLHA A GLÓRIA DE DEUS	61	POR SUA MORTE
487	OLHO EM TUDO	630	POR UM DIA DE GRAÇA
438	ONDE REINA O AMOR	343	POR UM PEDAÇO DE PÃO
559	ONIPOTENTE E BOM SENHOR	382	PORQUE ÉS SENHOR
609	ORAÇÃO DA FAMÍLIA	109	POVO QUE ÉS PEREGRINO
498	ORAÇÃO DE SANTO INÁCIO (I)	647	POVO MEU, QUE TE FIZ EU?
499	ORAÇÃO DE SANTO INÁCIO (II)	512	POVO QUE LUTA
510	ORAÇÃO DE SÃO FRANCISCO (I)	247	PREPARO ESTA MESA
511	ORAÇÃO DE SÃO FRANCISCO (II)	233	PROCISSÃO DA BÍBLIA
177	ORÊ PORIAHU	486	PROCURANDO A LIBERDADE
589	OS CÉUS PROCLAMAM	366	PROVA DE AMOR
567	OS FILHOS DOS HEBREUS	142	QUANDO CHAMASTE OS DOZE PRIMEIROS
249	OS GRÃOS QUE FORMAM A ESPIGA	658	QUANDO O DIA DA PAZ RENASCER
562	OS PUNHOS NO AR	82	QUANDO O ESPÍRITO DE DEUS SOPROU
244	OUVE-NOS	607	QUANDO O SENHOR
243	OUVI-NOS	126	QUANDO TU, SENHOR
267	OUVINDO O APELO DE DEUS	604	QUANTO CAMINHO TEM DE ANDAR
280	PAI, NO ALTAR COLOCAMOS	350	QUANTO TEMPO EU DESEJEI
634	PAI NOSSO	192	QUE ALEGRIA, CRISTO RESSURGIU!
633	PAI NOSSO (ABBA, PAI)	501	QUE FIZ, QUE FAÇO, QUE FAREI
541	PAI NOSSO DOS MÁRTIRES	648	QUE MAIS PODIA EU TER FEITO?
543	PAI, QUE CRIASTES O CÉU	265	QUE PODEREI AO MEU SENHOR
225	PALAVRA BONITA	259	QUE PODEREI RETRIBUIR
196	PALAVRA NÃO FOI FEITA	284	QUEM DISSE QUE NÃO SOMOS NADA
288	PÃO E VINHO TE DAREI	423	QUEM É ESSA MULHER RADIANTE
313	PAZ DE CRISTO PRA VOCÊ	616	QUEM NOS SEPARARÁ
310	PAZ, PAZ DE CRISTO	154	QUEM TEM A GRAÇA
193	PELA PALAVRA DE DEUS	268	QUEREMOS, SENHOR
388	PELAS ESTRADAS DA VIDA	363	QUEREMOS SER JOVENS
525	PELO BATISMO RECEBI	552	QUERO A UTOPIA

493	QUERO CANTAR AO SENHOR	248	SE MEU IRMÃO ME ESTENDE A MÃO
386	QUERO OUVIR TEU APELO, SENHOR	599	SE PERGUNTAREM
318	QUERO TE DAR A PAZ	151	SE OUVIRES A VOZ DO VENTO
336	RECEBER A COMUNHÃO	149	SEDUZISTE-ME, SENHOR
613	RECONCILIAI-VOS	441	SEJA BENDITO QUEM CHEGA
400	REGINA CAELI LAETARE	174	SENHOR, CONFESSO QUE ERREI
549	REIS E NAÇÕES	239	SENHOR, DEUS DOS AFLITOS
598	RENDEI GRAÇAS AO SENHOR	566	SENHOR DEUS, MISERICÓRDIA
143	RESSUSCITOU	62	SENHOR E CRIADOR
442	RESSUSCITOU DE VERDADE	144	SENHOR, EIS AQUI O TEU POVO
432	ROMARIA	657	SENHOR, ME ESCUTA E RESPONDE
495	SAI DA TUA TERRA	572	SENHOR, NO SILÊNCIO DA NOITE
392	SALVE, MARIA	173	SENHOR, PIEDADE DE NÓS
418	SALVE, RAINHA, MÃE DE DEUS	494	SENHOR, QUANTO MAIS CAMINHO
419	SANTA MÃE MARIA	195	SENHOR, QUE A TUA PALAVRA
289	SANTO (I)	119	SENHOR, QUE QUERES QUE EU FAÇA?
290	SANTO (II)	167	SENHOR QUE VIESTES SALVAR
291	SANTO (III)	65	SENHOR, QUEM ENTRARÁ
292	SANTO (IV)	64	SENHOR, SE TU ME CHAMAS
293	SANTO (V)	255	SENHOR, SENHOR DO MUNDO
294	SANTO (VI)	161	SENHOR, TEM PIEDADE DE NÓS
295	SANTO (VII)	171	SENHOR, TEM PIEDADE DE NÓS
296	SANTO (VIII)	169	SENHOR, TENDE PIEDADE
297	SANTO (IX)	170	SENHOR, TENDE PIEDADE DE NÓS
298	SANTO (X)	610	SENHOR, TOMA MINHA VIDA NOVA
304	SANTO É DEUS	422	SENHORA D'APARECIDA
305	SANTO É O SENHOR (I)	398	SENHORA DA GRAÇA
306	SANTO É O SENHOR (II)	651	SEQUÊNCIA PASCAL
307	SANTO, ELE É SANTO	592	SEU NOME É JESUS CRISTO
309	SANTO NUESTRO DIOS	316	SHALOM, MEU AMIGO
303	SANTO, SANTO É O SENHOR	228	SHEMÁ, ISRAEL
302	SANTO, SENHOR DEUS	63	SIM, EU QUERO
507	SÃO FRANCISCO XAVIER	330	SÓ HÁ LUGAR NESTA MESA
591	SÃO QUASE DOIS MIL ANOS	580	SOL E LUA, BENDIZEI O SENHOR
529	SE AS ÁGUAS DO MAR DA VIDA	489	SOMOS GENTE NOVA
341	SE CALAREM A VOZ DOS PROFETAS	497	SOMOS, SENHOR, TEUS COMPANHEIROS
379	SE CAMINHAR É PRECISO	502	SOU PEQUENO, SENHOR
575	SE É PRA IR PRA LUTA	345	TÁ NA HORA DE PARTILHAR
150	SE EU NÃO TIVER AMOR	638	TANTO QUE ESPEROU

539	TÃO SUBLIME SACRAMENTO	383	VAI, VAI MISSIONÁRIO
157	TE LOUVO, MEU SENHOR	90	VAMOS TODOS AO BANQUETE
655	TEIMOSIA	216	VAMOS TODOS BENDIZER
369	TERRA MOLHADA	338	VEJAM, EU ANDEI PELAS VILAS
86	TERRA TODA ACLAMAI AO SENHOR	102	VEJAM QUE BELO
406	TEU NOME, Ó MARIA	92	VEJO A MULTIDÃO
649	TEU NOME, SENHOR	352	VEM, E EU MOSTRAREI
504	TEU PROCEDER	145	VEM E SEGUE-ME
446	THUMA MINA	456	VEM, ESPÍRITO CRIADOR
112	TODA A BÍBLIA É COMUNICAÇÃO	127	VEM, ESPÍRITO SANTO DE AMOR
186	TODA PALAVRA DE VIDA	459	VEM, ESPÍRITO, VEM
211	TODA SEMENTE	390	VEM, MARIA, VEM
362	TODO FERMENTO É POUCO	561	VEM, ME FALA
615	TODO POVO SOFREDOR	135	VEM, Ó SANTO ESPÍRITO
210	TODOS DE PÉ VAMOS OUVIR	227	VEM, SENHOR
534	TODOS NÓS DEVEMOS GLORIAR-NOS	85	VEM, SENHOR JESUS
204	TODOS OS POVOS DA TERRA	557	VEM, VEM CANTANDO
595	TODOS UNIDOS NO AMOR	519	VEM, VEM, PECADOR
238	TRANSFIGURA, SENHOR	101	VENCE A TRISTEZA
568	TU ÉS A LUZ, SENHOR	146	VENCENDO O PECADO, VEM!
349	TU ÉS MINHA VIDA	547	VENHAM TODOS, CANTEMOS UM CANTO
542	TU ME CONHECES	105	VIMOS SUA ESTRELA
530	TU TE ABEIRASTE DA PRAIA	95	VINDE, CRISTÃOS!
374	TUA BÊNÇÃO, SENHOR (SL 67)	152	VINDE, ESPÍRITO DE DEUS
271	TUDO O QUE TEMOS	123	VITÓRIA, TU REINARÁS (I)
317	UM ABRAÇO DE PAZ	124	VITÓRIA, TU REINARÁS (II)
337	UM CÁLICE FOI LEVANTADO	421	VIVA A MÃE DE DEUS E NOSSA
586	UM CANTO NOVO AO SENHOR	213	VIVA A VIDA
281	UM CORAÇÃO PARA AMAR	251	VIVO O OFERTÓRIO DE MARIA
115	UM DIA ESCUTEI TEU CHAMADO	368	VOU CANTANDO
517	UM DIA NUMA LAPINHA	650	VOU CANTAR
136	UM HINO AO DIVINO	245	VOU TE OFERECER A VIDA
120	UM POUCO ALÉM DO PRESENTE	334	VÓS SOIS O CAMINHO
420	UMA ENTRE TODAS	206	VOZ QUE CLAMA NO DESERTO
620	UN NUEVO SOL	623	XOTE DA SOLIDARIEDADE
219	VAI FALAR	600	XOTE ECOLÓGICO
367	VAI GENTE BOA		

RELAÇÃO DE AUTORES

A. Marques Ferreira
Adão M. Silva
Adelino Gatto
Adolfo Temme
Airton Freire
Albertina
Alceu Valença
Alfredo Dórea
Amaury Vieira
Anastácio
André Zamur
Antonieta Mendes
Antonio Haddad
Arlindo Trevisan
Augusto Brito
Áurea Sigrist
Caetano Veloso
Carlinhos Velloso
Carlos Alberto Navarro
Carlos Mejia
Cecília Vaz Castilho
Cesareo Gabarain
Clara Luz Ajo Lazaro
Cleiton Pinheiro de Miranda
Costa Junior
Daniel Vieira Ramos Filho
David Julien
Dom Pedro Brito Guimarães
Dulce
Edmilson de Jesus
Edmundo Reinhart
Edson C.
Edson Rodrigues
Eduardo, Tadeu e P. Henrique (OPA Brasília)
Eduardo Viana
Elias Muniz
Ernesto B. Cardoso
Everaldo Peixoto
Expedito Barbosa de Macedo
Felipe Centeno e Leonardo Fagundes
Félix Zabala
Flávio Irala
Flávio Wozniack
Focolares
Folcmúsica religiosa
Francisco Barbosa
Francisco Brant
Francisco de Aquino Júnior
Frankreich
Franz Grüber
Frei Beraldo J. Hanlon
(Frei) Domingos dos Santos
Frei Fabreti
Frei Luiz Turra
Gebhardi
Gen Verde Focolares
Geraldo Pennock
Geraldo Vandré
Gildasio Mendes
Gildes Bezerra
Gilio Felício
Gilvan S. Santos
Gonzaguinha
Grace Gomes
Hélio Athaíde
Hélio Maranhão
I. Vale
Inez Carvalho
Ir. Damião Clemente
Ir. Lindberg Pires
Ir. Míria T. Kolling
Irene Gomes
Ivaldo R.
Ivan Lins
J. Gregório
J. Thomaz Filho
J. Ximenes Coutinho
Jaci C. Maraschin
Jaina Santos
João Alves Oliveira
João Araújo
João Carlos Ribeiro
João Francisco Esvael
Joel Ivo Catapan
Joel Postma

Jorge de Propriá
Jorge Trevisol
José Acácio Santana
José Alves
José Cândido da Silva
José Edson R. Freitas
José Fernandes de Oliveira
José Freitas Campos
José Generino de Lina
José Geraldo de Souza
José Luiz Rizzieri
José P. Queiroz
José Passos da Silva
José Raimundo Galvão
José Weber
Josenildo do Pajeú
Josmar Braga
Laan Barros
Lavradores de Goiás
Lenira
Lucas P. Almeida
Lúcia Silva
Lúcio Floro
Luis A. Passos
Luiz Carlos da Vila
Luiz Carlos Suzin
Luiz Edgar de Carvalho
Luiz Gonzaga
Luizinho
M. Espinosa
M. H. Toigo

M. Sanches
Madalena de Maria
Manoelão
Maria Batista
Maria Cecília Domezzi
Maria Célia e Luizinho
Maria de Fátima de Oliveira
Maria Emília
Maria Luiza P. Ricciardi
Maria Sandenberg
Maria Stela T. Grillo
Marieny B. Leite
Marta (OPA Brasília)
Maucyr Gibin
Maurício F. Mendes
Metodistas – SP
Milton Nascimento
Ney Brasil Pereira
Nizan Guanaes
Olívio de Melo
Pablo Sosa
Paulo Pinheiro e Mauro Duarte
Pe. Casimiro Irala
Pe. Cireneu Kuhn
Pe. Cristóbal Fones
Pe. Eduardo T. Henriques
Pe. Eliomar Ribeiro de Souza
Pe. Francys A. Silvestrini
Pe. Geraldo Leite Bastos
Pe. Joãozinho
Pe. Jocy Rodrigues

Pe. Manuel Machado
Pe. Valmir Silva
Pedro Casaldáliga
Pedro Tierra
Pedro Triana Fernandes
R. Silva
Raimundo Martins
Regina Squarizi
Reginaldo Veloso
Renato Teixeira
Roberto Lima de Souza
Roberto Malvezzi
Ronoaldo Pelaquim
Sérgio Marcus Lopes
Sérgio Schaefer
Silvino A. Turco
Silvio Meinecke
Sílvio Milanez
Simei Monteiro
Simei Pereira do Amaral
Taizé
Tavinho Moura
Théo
Ulisse L. Montovani
Valdomiro Oliveira
Verinha
Vigne
Waldeci Farias
Zé Martins
Zé Rufino
Zé Vicente

Edições Loyola

editoração impressão acabamento
Rua 1822 n° 341 – Ipiranga
04216-000 São Paulo, SP
T 55 11 3385 8500/8501, 2063 4275
www.loyola.com.br